# La rebelión de las masas
y otros ensayos

José Ortega y Gasset

# La rebelión de las masas y otros ensayos

**Alianza** editorial
El libro de bolsillo

Primera edición: 2014
Séptima reimpresión: 2025

Diseño de colección: Estrada Design
Diseño de cubierta: Manuel Estrada
Fotografía de Juan Manuel Sanz

Reservados todos los derechos. El contenido de esta obra está protegido por la Ley, que establece penas de prisión y/o multas, además de las correspondientes indemnizaciones por daños y perjuicios, para quienes reprodujeren, plagiaren, distribuyeren o comunicaren públicamente, en todo o en parte, una obra literaria, artística o científica, o su transformación, interpretación o ejecución artística fijada en cualquier tipo de soporte o comunicada a través de cualquier medio, sin la preceptiva autorización.

© *La rebelión de las masas* (1930). Herederos de José Ortega y Gasset.
© *Dinámica del tiempo* (1927). Herederos de José Ortega y Gasset.
© *La rebelión de las masas.– VI. [Borrador]* (1929). Herederos de José Ortega y Gasset.
© *La rebelión de las masas.– VIII. [Borrador]* (1929). Herederos de José Ortega y Gasset.
© *¿Quién manda en el mundo?– IV* (1930). Herederos de José Ortega y Gasset.
© *César, los conservadores y el futuro.– II* (1930). Herederos de José Ortega y Gasset.
© *¿Qué pasa en el mundo? Algunas observaciones sobre nuestro tiempo* (1933). Herederos de José Ortega y Gasset.
© *[Sobre* La rebelión de las masas*]* (1951). Herederos de José Ortega y Gasset.
© Alianza Editorial, S. A., Madrid, 2014, 2025
 Calle Valentín Beato, 21
 28037 Madrid
 www.alianzaeditorial.es

ISBN: 978-84-206-8607-3
Depósito legal: M. 2.960-2014
Printed in Spain

Si quiere recibir información periódica sobre las novedades de Alianza Editorial, envíe un correo electrónico a la dirección: alianzaeditorial@anaya.es

# Índice

11 Nota preliminar

LA REBELIÓN DE LAS MASAS

Prólogo para franceses
23    I.
27    II.
35    III.
48    IV.
60    V.

Primera parte: La rebelión de las masas
65    I. El hecho de las aglomeraciones
74    II. La subida del nivel histórico
84    III. La altura de los tiempos
95    IV. El crecimiento de la vida
105    V. Un dato estadístico
112    VI. Comienza la disección del hombre-masa
120    VII. Vida noble y vida vulgar, o esfuerzo e inercia
128    VIII. Por qué las masas intervienen en todo y por qué sólo intervienen violentamente

- 138 IX. Primitivismo y técnica
- 149 X. Primitivismo e historia
- 159 XI. La época del «señorito satisfecho»
- 171 XII. La barbarie del «especialismo»
- 179 XIII. El mayor peligro, el Estado

Segunda parte: ¿Quién manda en el mundo?
- 193 XIV. ¿Quién manda en el mundo?
- 261 XV. Se desemboca en la verdadera cuestión

Epílogo para ingleses
- 267 Epílogo para ingleses
- 275 En cuanto al pacifismo...

[*Addenda*]
- 315 En cuanto al pacifismo... [Sobre la «eternal Spain»]


OTROS ENSAYOS

- 329 Dinámica del tiempo
- 329 Masas
- 336 Los escaparates mandan
- 342 Juventud
- 354 ¿Masculino o femenino?

- 368 La rebelión de las masas.– VI. [Borrador]

- 373 La rebelión de las masas.– VIII. [Borrador]
- 377 [*Addenda*]

- 380 ¿Quién manda en el mundo?– IV

386  César, los conservadores y el futuro
386     I.
393     II.

399  ¿Qué pasa en el mundo.– Algunas observaciones sobre nuestro tiempo
399     I.
417     II.

432  [Sobre *La rebelión de las masas*]

# Nota preliminar

Este libro es el más publicado y traducido de José Ortega y Gasset. Apareció en agosto de 1930 pero ya en aquella fecha tenía tras de sí su pequeña intrahistoria, que agrandaría después con varios añadidos y revisiones hasta mediados de los años 40 en que Ortega fijó en sus *Obras completas* la que ofrecemos aquí como versión definitiva. El origen de este libro está en un artículo que el 7 de mayo de 1927 publicó en *El Sol* titulado «Dinámica del tiempo.– Masas». Era el primero de una serie de prensa que pensó publicar también como libro. Así lo anunció en varias ocasiones. Se conservan unas pruebas de imprenta aunque no llegó a ver la luz como tal. Ortega utilizó algunos párrafos e ideas de estos artículos en las conferencias sobre *Meditación de nuestro tiempo. Introducción al presente* que en 1928 pronunció en Buenos Aires. Partes de las lecciones cuarta y quinta pasaron a una nueva serie de prensa titulada «La rebelión de las masas», cuya publicación se inició en *El Sol* el 24 de octubre de 1929. El primer artículo, «La rebelión de las masas I. El hecho de las aglomeraciones», es una reelaboración del ya citado de 1927, que Ortega fecha erróneamente en una nota al pie como de 1926. Esta serie de catorce entregas se concluyó el 8 de febrero de 1930 y se convirtió después en la primera parte del libro. La segunda está formada sustancialmente por otra larga serie de diez artículos titulada «¿Quién manda en el mundo?», la cual se publicó en el diario madrileño entre 23 de febrero y el 10 de agosto de 1930. Pocos días después, el 26, se terminaba de imprimir la monografía. Ortega hizo constar la fecha de 1929 seguramente para remitir a la de publicación de la primera serie.

Algunos artículos de estas dos tandas se publicaron también en el diario argentino *La Nación*. En concreto, los dos primeros de la serie «La rebelión de las masas» salieron en Buenos Aires los días 11 y 8 de diciembre de 1929 y «Peligro en Europa» vio la luz el 20 de agosto de 1930. Éste incluye párrafos de la última entrega de «¿Quién manda en el mundo?» junto a otros originales que después pasaron al libro.

La primera edición no estaba dividida todavía en dos partes sino en quince capítulos. Las catorce entregas de la serie «La rebelión de las masas» se convirtieron en los trece primeros capítulos, al juntarse dos de ellos, el XI y el XII. El capítulo XIV incluía toda la serie «¿Quién manda en el mundo?», dividida en nueve apartados al agrupar en el séptimo las entregas VII y VIII. Además, en el mismo introdujo algunos párrafos de la primera entrega de la serie «César los conservadores y el futuro», publicada en *El Sol* el 22 de junio de 1930, y algunas líneas de la segunda entrega que apareció el 6 de julio. Se presentan aquí estos dos artículos por su vinculación con el proyecto inicial periodístico de *La rebelión de las masas*. Los recuperó por primera vez Paulino Garagorri en su edición de *Las Atlántidas y Del Imperio Romano* (Madrid, Revista de Occidente, 1976).

De la serie «¿Quien manda en el mundo?» aparecieron dos artículos numerados como «IV», uno el 30 de marzo de 1930, que no pasó al libro y que aquí se publica de forma independiente como ya hizo por primera vez en su edición crítica Domingo Hernández (Madrid, Tecnos, 2003), y otro el 20 de abril, que fue el que se incorporó a *La rebelión de las masas*.

Ortega enlazó las dos series con un párrafo introductorio de la segunda y añadió un breve capítulo XV que no había sido publicado previamente en la prensa.

El libro se convirtió pronto en un *best-seller* tanto en España como fuera, pues inmediatamente se tradujo al alemán, al inglés y a otras muchas lenguas. Su análisis de la sociedad de masas que entonces se empezaba a configurar y su apuesta por una unión política europea llamaron la atención en todo el mundo. En septiembre 1937 vio la luz la traducción francesa que incorporó un nuevo prólogo, el cual también pasó a la edición de la colección Austral de Espasa-Calpe Argentina este mismo año. Había sido publicado previamente en *La Nación* de Buenos Aires en varias entregas durante julio y agosto. En la segunda edición de esta colección, en 1938, el autor añadió un «Epílogo para ingleses», compuesto por unas páginas introductorias fechadas en abril de este año en

París y un texto titulado «En cuanto al pacifismo...» que se fechaba en «París, y diciembre de 1937». Una versión abreviada se publicó en la revista *The Nineteenth Century* en julio de 1938. Cuando este texto pasó al libro, Ortega añadió al inicio unas páginas escritas como contestación al artículo «Eternal Spain. The Problem of Disunion», publicado en *The Times Literary Supplement* el 27 de noviembre de 1937, cuyo propósito era comentar varios libros y entre ellos *España invertebrada*. Enojado con el análisis que se hacía de una versión inglesa de esta obra y la relación que se establecía de un texto cuyo origen estaba en 1920 con la Guerra Civil, Ortega quiso responder pero su respuesta no llegó a publicarse, de ahí que lo incorpore a «En cuanto al pacifismo...». Años después, pasada la circunstancia concreta que le llevó a escribir estas páginas, las suprimió de sucesivas ediciones de *La rebelión de las masas*. Las publicamos aquí como *addenda*. Ya habían sido recuperadas por Paulino Garagorri como «Anejo» a la edición de Revista de Occidente en Alianza Editorial, 1979.

Cuando en España, tras la guerra, se volvió a publicar *La rebelión de las masas* no se incorporaron estos nuevos textos a la edición de Revista de Occidente de 1943, aunque sí el «Prólogo para franceses» a la tercera edición de *Obras* de José Ortega y Gasset de este mismo año. Hubo que esperar a la edición de 1945 de Revista de Occidente para que en España se imprimiese el «Epílogo para ingleses». Mientras, las ediciones argentinas sí incluían ambos textos. Ortega hizo una revisión de su libro cuando preparó la primera edición del tomo IV de sus *Obras completas* en 1947. Eliminó entonces las páginas iniciales ya mencionadas de «En cuanto al pacifismo...» y dividió los quince capítulos del libro en dos partes, «La rebelión de las masas» y «¿Quién manda en el mundo?». También recuperó algunos párrafos que habían desparecido en la revisión de 1937 y en las ediciones de 1943 y 1945, al tiempo que añadía algunas líneas y algunas notas al pie. La edición mantuvo su estructura en las dos posteriores de *Obras completas* que el filósofo publicó antes de su muerte en 1955, aunque curiosamente circularon tanto en América como en España otras singulares que ofrecían algunas variantes en relación a los textos del «Epílogo para ingleses».

Publicamos en la sección «Otros ensayos», además de los artículos ya citados, la serie completa «Dinámica del tiempo», que, como queda dicho, fue el origen de *La rebelión de las masas*. También ofrecemos dos borradores de las entregas VI y VIII de «La rebelión de las masas», en este último caso junto con una *addenda* que es a su vez otra versión desechada. La primera que aquí se presenta de la entrega VIII fue publicada por Paulino Garagorri en la edición citada de 1979 con el título «[El siglo XVIII]», el cual responde a su contenido pero aquí se recupera el original añadiendo «[Borrador]». La numerada VI así como la *addenda* citada eran inéditas hasta su inclusión en el tomo VIII de la nueva edición de sus *Obras completas* (Madrid, Taurus / Fundación José Ortega y Gasset, 2008).

Ortega se planteó publicar una tercera parte de *La rebelión de las masas* según le cuenta en carta del 25 de mayo de 1933 a su traductora alemana Helene Weyl (*Correspondencia*, ed. de Gesine Märtens, Madrid, Biblioteca

Nueva / Fundación José Ortega y Gasset, 2008, p. 154). Tenía pensado tomar como base el manuscrito de dos conferencias que pronunció los días 31 mayo y 2 de junio de 1933 con el título «¿Qué pasa en el mundo?.– Algunas observaciones sobre nuestro tiempo». Las mismas se encuadraron en el programa de actos culturales para conseguir fondos que financiasen el «Crucero universitario del Mediterráneo» que realizaron ese mismo verano un grupo de alumnos y profesores. Publicamos aquí estas dos conferencias, que eran inéditas hasta fecha muy reciente. La primera se publicó en *El Madrid de Ortega* (ed. de José Lasaga, Madrid, Residencia de Estudiantes, 2006) y la segunda en el tomo IX de la nueva edición de las *Obras completas* (2009). En la primera, Ortega cita unos párrafos del epígrafe «La influencia negativa» de su obra *La deshumanización del arte e Ideas sobre la novela*. Los encontrará el lector entrecomillados.

Se publica también por su relación con *La rebelión de las masas* la conferencia que el filósofo pronunció el 25 de junio de 1951 en Canning House, invitado por el Hispanic and Luso-Brazilian Council. La dio a conocer Paulino Garagorri póstumamente con el título «[Sobre *La rebelión de las masas*]» en la edición citada de 1979.

Es necesario precisar algunas fechas que Ortega da de su propia obra. En una nota al pie del capítulo IV de la primera parte de *La rebelión de las masas*, cita *Meditaciones del Quijote* como publicada en 1916 y «El origen deportivo del Estado» como de 1926, cuando aparecieron en 1914 y 1925, respectivamente. En varias ocasiones, fecha la primera edición de *España invertebrada* en 1921, que es la que se hizo constar, aunque se publicó en 1922 y su origen estaba en unos artículos que aparecieron entre diciembre de 1920 y abril de 1922.

Los volúmenes de esta «Biblioteca de autor José Ortega y Gasset» presentan un texto nacido del trabajo filosófico, filológico e historiográfico del equipo del Centro de Estudios Orteguianos de la Fundación José Ortega y Gasset – Gregorio Marañón. La investigación se ha desarrollado durante más de una década y ha permitido depurar malas lecturas y erratas de ediciones anteriores, al tiempo que se han descubierto numerosos textos desconocidos, algunos de los cuales no se habían vuelto a publicar desde su primera edición y otros eran inéditos; en ambos casos, enriquecen esta «Biblioteca».

Se ofrece al lector el texto según la última versión que el autor publicó. En el caso de la obra editada de forma póstuma, se sigue el manuscrito más próximo a una versión definitiva. El exhaustivo análisis de los testimonios conservados en el archivo del filósofo ha permitido una fijación textual que en numerosos casos difiere de las ediciones anteriores. Se ha respetado esencialmente la puntuación del propio Ortega, aunque se ha revisado en el caso de la obra póstuma. Se conservan los rasgos estilísticos del autor –como por ejemplo su reconocible «rigoroso» frente al más común «riguroso»–, los resaltes expresivos y particularidades morfosintácticas de su uso lingüístico (mayúsculas para remarcar un concepto, concordancias *ad sensum*, leísmos, laísmos), así como las distintas grafías en nombres de personas y lugares.

En la medida de lo posible, se evita la intervención de los editores en el texto, de modo que se mantiene la versión original incluso cuando se ha detectado algún lapsus –generalmente de precisión de una fuente al citar el autor de memoria. No se pretende dar un texto perfeccionado sino aquel que Ortega entregó a las prensas o en el que trabajaba para su publicación si nos referimos a la obra que dejó inédita. Los añadidos de los editores van siempre entre corchetes, así como los títulos que no son originales del filósofo. Las notas al pie de los editores se indican con *.

En la edición de los textos del presente volumen han participado Carmen Asenjo Pinilla, Isabel Ferreiro Lavedán y Javier Zamora Bonilla, quienes agradecen el trabajo de investigación y fijación textual previo de sus compañeros Ignacio Blanco Alfonso, Enrique Cabrero Blasco, José Ramón Carriazo Ruiz, Iñaki Gabaráin Gaztelumendi, Patricia Giménez Eguíbar, Felipe González Alcázar, Alejandro de Haro Honrubia, Azucena López Cobo, Juan Padilla Moreno y Mariana Urquijo.

# La rebelión de las masas

# Prólogo para franceses

I

Este libro –suponiendo que sea un libro– data... Comenzó a publicarse en un diario madrileño en 1927 y el asunto de que trata es demasiado humano para que no le afecte demasiado el tiempo. Hay, sobre todo, épocas en que la realidad humana, siempre móvil, se acelera, se embala en velocidades vertiginosas. Nuestra época es de esta clase porque es de descensos y caídas. De aquí que los hechos hayan dejado atrás el libro. Mucho de lo que en él se anuncia fue pronto un presente y es ya un pasado. Además, como este libro ha circulado mucho durante estos años fuera de Francia, no pocas de sus fórmulas han llegado ya al lector francés por vías anónimas y son puro lugar común. Hubiera sido, pues, excelente ocasión para practicar la obra de caridad más propia de nuestro tiempo: no publicar libros superfluos. Yo he hecho todo lo posible en este sentido –va para cinco años que la casa Stock me propuso su versión–; pero se me ha hecho ver que el organismo de ideas enunciadas en estas páginas no consta al lector francés y que, acertado o erróneo, fuera útil someterlo a su meditación y a su crítica.

No estoy muy convencido de ello, pero no es cosa de formalizarse. Me importa, sin embargo, que no entre en su lectura con ilusiones injustificadas. Conste, pues, que se trata simplemente de una serie de artículos publicados en un diario madrileño de gran circulación. Como casi todo lo que he escrito, fueron escritas estas páginas para unos cuantos españoles que el destino me había puesto delante. ¿No es sobremanera improbable que mis palabras, cambiando ahora de destinatario, logren decir a los franceses lo que ellas pretenden enunciar? Mal puedo esperar mejor fortuna cuando estoy persuadido de que hablar es una operación mucho más ilusoria de lo que suele creerse, por supuesto, como casi todo lo que el hombre hace. Definimos el lenguaje como el medio que nos sirve para manifestar nuestros pensamientos. Pero una definición, si es verídica, es irónica, implica tácitas reservas y cuando no se la interpreta así produce funestos resultados. Así ésta. Lo de menos es que el lenguaje sirva también para ocultar nuestros pensamientos, para mentir. La mentira sería imposible si el hablar primario y normal no fuese sincero. La moneda falsa circula sostenida por la moneda sana. A la postre, el engaño resulta ser un humilde parásito de la ingenuidad.

No: lo más peligroso de aquella definición es la añadidura optimista con que solemos escucharla. Porque ella misma no nos asegura que mediante el lenguaje podamos manifestar, con suficiente adecuación, todos nuestros pensamientos. No se compromete a tanto, pero tampoco nos hace ver francamente la verdad estricta:

que siendo al hombre imposible entenderse con sus semejantes, estando condenado a radical soledad, se extenúa en esfuerzos para llegar al prójimo. De estos esfuerzos es el lenguaje quien consigue a veces declarar con mayor aproximación algunas de las cosas que nos pasan dentro. Nada más. Pero, de ordinario, no usamos estas reservas. Al contrario, cuando el hombre se pone a hablar lo hace *porque* cree que va a poder decir cuanto piensa. Pues bien, esto es lo ilusorio. El lenguaje no da para tanto. Dice, poco más o menos, una parte de lo que pensamos y pone una valla infranqueable a la transfusión del resto. Sirve bastante bien para enunciados y pruebas matemáticas; ya al hablar de física empieza a hacerse equívoco e insuficiente. Pero conforme la conversación se ocupa de temas más importantes que ésos, más humanos, más «reales», va aumentando su imprecisión, su torpeza y confusionismo. Dóciles al prejuicio inveterado de que hablando nos entendemos, decimos y escuchamos tan de buena fe que acabamos muchas veces por malentendernos mucho más que si, mudos, procurásemos adivinarnos.

Se olvida demasiado que todo auténtico decir no sólo dice algo, sino que lo dice alguien a alguien. En todo decir hay un emisor y un receptor, los cuales no son indiferentes al significado de las palabras. Éste varía cuando aquéllos varían. *Duo si idem dicunt non est idem.* Todo vocablo es ocasional[1]. El lenguaje es por esencia diálogo y

---

1. Véase el ensayo del autor titulado *History as a System* en el volumen *Philosophy and History.* Homages to Ernst Cassirer. London, 1936. (Véase edición española *Historia como sistema*, Madrid, 1942).

todas las otras formas del hablar depotencian su eficacia. Por eso yo creo que un libro sólo es bueno en la medida en que nos trae un diálogo latente, en que sentimos que el autor sabe imaginar concretamente a su lector y éste percibe como si de entre las líneas saliese una mano ectoplásmica que palpa su persona, que quiere acariciarla –o bien, muy cortésmente, darle un puñetazo.

Se ha abusado de la palabra y por eso ha caído en desprestigio. Como en tantas otras cosas, ha consistido aquí el abuso en el uso sin preocupaciones, sin conciencia de la limitación del instrumento. Desde hace casi dos siglos se ha creído que hablar era hablar *urbi et orbi*, es decir, a todo el mundo y a nadie. Yo detesto esta manera de hablar y sufro cuando no sé muy concretamente a quién hablo.

Cuentan, sin insistir demasiado sobre la realidad del hecho, que cuando se celebró el jubileo de Víctor Hugo fue organizada una gran fiesta en el palacio del Elíseo, a que concurrieron, aportando su homenaje, representaciones de todas las naciones. El gran poeta se hallaba en la gran sala de recepción, en solemne actitud de estatua, con el codo apoyado en el reborde de una chimenea. Los representantes de las naciones se iban adelantando ante el público y presentaban su homenaje al vate de Francia. Un ujier, con voz de estentor, los iba anunciando: «*Monsieur le Représentant de l'Angleterre!*» Y Víctor Hugo, con voz de dramático trémolo, poniendo los ojos en blanco, decía: «*L'Angleterre! Ah, Shakespeare!*» El ujier prosiguió: «*Monsieur le Représentant de l'Espagne!*» Y Víctor Hugo: «*L'Espagne! Ah, Cervantes!*» El ujier: «*Monsieur le Représentant de l'Allemagne!*» Y Víctor Hugo: «*L'Allemagne! Ah, Goethe!*»

Pero entonces llegó el turno a un pequeño señor, achaparrado, gordinflón y torpe de andares. El ujier exclamó: «*Monsieur le Représentant de la Mésopotamie!*»

Víctor Hugo, que hasta entonces había permanecido impertérrito y seguro de sí mismo, pareció vacilar. Sus pupilas, ansiosas, hicieron un gran giro circular como buscando en todo el cosmos algo que no encontraba. Pero pronto se advirtió que lo había hallado y que volvía a sentirse dueño de la situación. En efecto, con el mismo tono patético, con no menor convicción, contestó al homenaje del rotundo representante diciendo: «*La Mésopotamie! Ah, l'Humanité!*»

He referido esto a fin de declarar, sin la solemnidad de Víctor Hugo, que yo no he escrito ni hablado nunca para la Mesopotamia, y que no me he dirigido jamás a la humanidad. Esta costumbre de hablar a la humanidad, que es la forma más sublime, y, por lo tanto, más despreciable de la demagogia, fue adoptada hacia 1750 por intelectuales descarriados, ignorantes de sus propios límites y que siendo, por su oficio, los hombres del decir, del *logos*, han usado de él sin respeto ni precauciones, sin darse cuenta de que la palabra es un sacramento de muy delicada administración.

II

Esta tesis, que sustenta la exigüidad del radio de acción eficazmente concedido a la palabra, podía parecer invalidada por el hecho mismo de que este volumen haya encontrado lectores en casi todas las lenguas de Europa. Yo creo, sin embargo, que este hecho es más bien síntoma de otra cosa, de otra grave cosa: de la pavorosa homogeneidad de situaciones en que va cayendo todo el Occidente. Desde la aparición de este libro, por la mecánica que en él mismo se describe, esa identidad ha crecido en forma angustiosa. Digo angustiosa porque, en efecto, lo que en cada país es sentido como circunstancia dolorosa, multiplica hasta el infinito su efecto deprimente cuando el que lo sufre advierte que apenas hay lugar en el continente donde no acontezca estrictamente lo mismo. Podía antes ventilarse la atmósfera confinada de un país abriendo las ventanas que dan sobre otro. Pero ahora no sirve de nada este expediente, porque en el otro país es la atmósfera tan irrespirable como en el propio. De aquí la sensación opresora de asfixia. Job, que era un terrible *pince-sans-rire*, pregunta a sus amigos, los viajeros y mercaderes que han andado por el mundo: *Unde sapientia venit et quis est locus intelligentiae?* «¿Sabéis de algún lugar del mundo donde la inteligencia exista?»

Conviene, sin embargo, que en esta progresiva asimilación de las circunstancias distingamos dos dimensiones diferentes y de valor contrapuesto.

Este enjambre de pueblos occidentales que partió a volar sobre la historia desde las ruinas del mundo antiguo se ha caracterizado siempre por una forma dual de vida. Pues ha acontecido que, conforme cada uno iba formando su genio peculiar, entre ellos o sobre ellos se iba creando un repertorio común de ideas, maneras y entusiasmos. Más aún. Este destino que les hacía, a la par, progresivamente homogéneos y progresivamente diversos ha de entenderse con cierto superlativo de paradoja. Porque en ellos la homogeneidad no fue ajena a la diversidad. Al contrario: cada nuevo principio uniforme fertilizaba la diversificación. La idea cristiana engendra las iglesias nacionales; el recuerdo del *Imperium* romano inspira las diversas formas del Estado; la «restauración de las letras» en el siglo XV dispara las literaturas divergentes; la ciencia y el principio unitario del hombre como «razón pura» crea los distintos estilos intelectuales que modelan diferencialmente hasta las extremas abstracciones de la obra matemática. En fin, y para colmo: hasta la extravagante idea del siglo XVIII, según la cual todos los pueblos han de tener una constitución idéntica, produce el efecto de despertar románticamente la conciencia diferencial de las nacionalidades, que viene a ser como incitar a cada uno hacia su particular vocación.

Y es que para estos pueblos llamados europeos, vivir ha sido siempre –claramente desde el siglo XI, desde Otón III– moverse y actuar en un espacio o ámbito común. Es decir, que para cada uno vivir era convivir con los demás. Esta convivencia tomaba indiferentemente aspecto pacífico o combativo. Las guerras intereuropeas han mostrado casi siempre un curioso estilo que las hace parecerse mucho a las rencillas domésticas. Evitan la aniquilación del enemigo y son más bien certámenes, luchas de emulación, como las de los mozos dentro de una aldea o disputas de herederos por el reparto de un legado familiar. Un poco de otro modo, todos van a lo mismo. *Eadem sed aliter.* Como Carlos V decía de Francisco I: «Mi primo Francisco y yo estamos por completo de acuerdo: los dos queremos Milán».

Lo de menos es que a ese espacio histórico común donde todas las gentes de Occidente se sentían como en su casa, corresponda un espacio físico que la geografía denomina Europa. El espacio histórico a que aludo se mide por el radio de efectiva y prolongada convivencia –es un espacio social. Ahora bien, convivencia y sociedad son términos equipolentes. Sociedad es lo que se produce automáticamente por el simple hecho de la convivencia. De suyo e ineluctablemente segrega ésta costumbres, usos, lengua, derecho, poder público. Uno de los más graves errores del pensamiento «moderno», cuyas salpicaduras aún padecemos, ha sido confundir la sociedad con la asociación, que es, aproximadamente, lo contrario de aquélla. Una sociedad no se constituye por acuerdo de las voluntades. Al revés, todo acuerdo de voluntades presupone la existencia de una sociedad, de gentes que conviven, y el acuerdo no puede consistir sino en precisar una u otra forma de esa convivencia, de esa sociedad preexistente. La idea de la sociedad como reunión contractual, por tanto, jurídica, es el más insensato ensayo que se ha hecho de poner la carreta delante de los bueyes. Porque el derecho, la realidad «derecho» –no las ideas sobre él del filósofo, jurista o demagogo– es, si se me tolera la expresión barroca, secreción espontánea de la sociedad y no puede ser otra cosa. Querer que el derecho rija las relaciones entre seres que previamente no viven en efectiva sociedad, me parece –y perdóneseme la insolencia– tener una idea bastante confusa y ridícula de lo que el derecho es.

No debe extrañar, por otra parte, la preponderancia de esa opinión confusa y ridícula sobre el derecho, porque una de las máximas desdichas del tiempo es que, al topar las gentes de Occidente con los terribles conflictos públicos del presente, se han encontrado pertrechadas con un utillaje arcaico y torpísimo de nociones sobre lo que es sociedad, colectividad, individuo, usos, ley, justicia, revolución, etcétera. Buena parte del azoramiento actual proviene de la incongruencia entre la perfección de nuestras ideas sobre los fenómenos físicos y el retraso escandaloso de las «ciencias morales». El ministro, el profesor, el físico ilustre y el novelista, suelen tener de esas cosas conceptos dignos de un barbero suburbano. ¿No es perfectamente natural que sea el barbero suburbano quien dé la tonalidad al tiempo?[1].

Pero volvamos a nuestra ruta. Quería insinuar que los pueblos europeos son desde hace mucho tiempo una sociedad, una colectividad, en el mismo sentido que tienen estas palabras aplicadas a cada una de las naciones que integran aquélla. Esa sociedad manifiesta todos los atributos de tal: hay costumbres europeas, usos europeos, opinión pública europea, derecho europeo, poder público europeo. Pero todos estos fenómenos sociales se dan en la forma adecuada al estado de evolución en que se encuentra la sociedad europea, que no es, claro está, tan avanzado como el de sus miembros componentes, las naciones.

---

1. Justo es decir que ha sido en Francia, y sólo en Francia, donde se inició una aclaración y *mise au point* de todos esos conceptos. En otro lugar hallará el lector alguna indicación sobre esto y, además, sobre la causa de que esa iniciación se malograse. Por mi parte, he procurado colaborar en este esfuerzo de aclaración partiendo de la reciente tradición francesa, superior en este orden de temas a las demás. El resultado de mis reflexiones va en el libro, próximo a publicarse, *El hombre y la gente*. Allí encontrará el lector el desarrollo y justificación de cuanto acabo de decir.

Por ejemplo, la forma de presión social que es el poder público funciona en toda sociedad, incluso en aquellas primitivas donde no existe aún un órgano especial encargado de manejarlo. Si a este órgano diferenciado a quien se encomienda el ejercicio del poder público se le quiere llamar Estado, dígase que en ciertas sociedades no hay Estado, pero no se diga que no hay en ellas poder público. Donde hay opinión pública, ¿cómo podrá faltar un poder público si éste no es más que la violencia colectiva disparada por aquella opinión? Ahora bien, que desde hace siglos y con intensidad creciente existe una opinión pública europea –y hasta una técnica para influir en ella– es cosa incómoda de negar.

Por esto, recomiendo al lector que ahorre la malignidad de una sonrisa al encontrar que en los últimos capítulos de este volumen se hace con cierto denuedo, frente al cariz opuesto de las apariencias actuales, la afirmación de una posible, de una probable unidad estatal de Europa. No niego que los Estados Unidos de Europa son una de las fantasías más módicas que existen y no me hago solidario de lo que otros han pensado bajo estos signos verbales. Mas por otra parte es sumamente improbable que una sociedad, una colectividad tan madura como la que ya forman los pueblos europeos, no ande cerca de crearse su artefacto estatal mediante el cual formalice el ejercicio del poder público europeo ya existente. No es, pues, debilidad ante las solicitaciones de la fantasía ni propensión a un «idealismo» que detesto y contra el cual he combatido toda mi vida, lo que me lleva a pensar así.

Ha sido el realismo histórico quien me ha enseñado a ver que la unidad de Europa como sociedad no es un «ideal», sino un hecho de muy vieja cotidianeidad. Ahora bien, una vez que se ha visto esto, la probabilidad de un Estado general europeo se impone necesariamente. La ocasión que lleve súbitamente a término el proceso puede ser cualquiera: por ejemplo, la coleta de un chino que asome por los Urales o bien una sacudida del gran *magma* islámico.

La figura de ese Estado supernacional será, claro está, muy distinta de las usadas como, según en esos mismos capítulos se intenta mostrar, ha sido muy distinto el Estado nacional del Estado-ciudad que conocieron los antiguos. Yo he procurado en estas páginas poner en franquía las mentes para que sepan ser fieles a la sutil concepción del Estado y sociedad que la tradición europea nos propone.

Al pensamiento greco-romano no le fue nunca fácil concebir la realidad como dinamismo. No podía desprenderse de lo visible o sus sucedáneos, como un niño no entiende bien de un libro más que las ilustraciones. Todos los esfuerzos de sus filósofos autóctonos para trascender esa limitación fueron vanos. En todos sus ensayos para comprender actúa, más o menos, como paradigma, el objeto corporal, que es, para ellos, la «cosa» por excelencia. Sólo aciertan a ver *una* sociedad, *un* Estado donde la unidad tenga el carácter de contigüidad visual; por ejemplo, una ciudad. La vocación mental del europeo es opuesta. Toda cosa visible le parece, en cuanto tal, simple máscara aparente de una fuerza latente que la está constantemente produciendo y que es su verdadera realidad. Allí donde la fuerza, la *dynamis*, actúa unitariamente, *hay* real unidad, aunque a la vista nos aparezcan como manifestación de ella sólo cosas dispersas.

Sería recaer en la limitación antigua no descubrir unidad de poder público más que donde éste ha tomado máscaras ya conocidas y como solidificadas de Estado; esto es, en las naciones particulares de Europa. Niego rotundamente que el poder público decisivo actuante en cada una de ellas consista exclusivamente en su poder público interior o nacional. Conviene caer de una vez en la cuenta de que desde hace muchos siglos –y con conciencia de ello desde hace cuatro– viven todos los pueblos de Europa sometidos a un poder público que por su misma pureza dinámica no tolera otra denominación que la extraída de la ciencia mecánica: el «equilibrio europeo» o *balance of Power*.

Ése es el auténtico gobierno de Europa que regula en su vuelo por la historia al enjambre de pueblos, solícitos y pugnaces como abejas, escapados a las ruinas del mundo antiguo. La unidad de Europa no es una fantasía, sino que es la realidad misma, y la fantasía es precisamente lo otro: la creencia de que Francia, Alemania, Italia o España son realidades sustantivas e independientes.

Se comprende, sin embargo, que no todo el mundo perciba con evidencia la realidad de Europa, porque Europa no es una «cosa», sino un equilibrio. Ya en el siglo XVIII el historiador Robertson llamó al equilibrio europeo *the great secret of modern politics.*

¡Secreto grande y paradojal, sin duda! Porque el equilibrio o balanza de poderes es una realidad que consiste esencialmente en la existencia de una pluralidad. Si esta pluralidad se pierde, aquella unidad dinámica se desvanecería. Europa es, en efecto, enjambre: muchas abejas y un solo vuelo.

Este carácter unitario de la magnífica pluralidad europea es lo que yo llamaría la buena homogeneidad, la que es fecunda y deseable, la que hacía ya decir a Montesquieu: *L'Europe n'est qu'une nation composée de plusieurs*[1] y a Balzac, más románticamente, le hacía hablar de la *grande famille continentale, dont tous les efforts tendent à je ne sais quel mystère de civilisation*[2].

## III

Esta muchedumbre de modos europeos, que brota constantemente de su radical unidad y revierte a ella manteniéndola, es el tesoro mayor del Occidente. Los hombres de cabezas toscas no logran pensar una idea tan acrobática como ésta en que es preciso brincar, sin descanso, de la afirmación de la pluralidad al reconocimiento de la unidad y viceversa. Son cabezas pesadas nacidas para existir bajo las perpetuas tiranías de Oriente.

Triunfa hoy sobre toda el área continental una forma de homogeneidad que amenaza consumir por completo aquel tesoro. Dondequiera ha surgido el hombre-masa de que este volumen se ocupa, un tipo de hombre hecho de prisa, montado nada más que sobre unas cuantas y pobres abstracciones y que, por lo mismo, es idéntico de un cabo de Europa al otro. A él se debe el triste aspecto de asfixiante monotonía que va tomando la vida en todo el continente. Este hombre-masa es el hombre

---

1. *Monarchie universelle: deux opuscules*. 1891, pág. 36.
2. *Oeuvres Complètes* (Calmann-Lévy). Vol. XXII, pág. 248.

previamente vaciado de su propia historia, sin entrañas de pasado y, por lo mismo, dócil a todas las disciplinas llamadas «internacionales». Más que un hombre, es sólo *un* caparazón de hombre constituido por meros *idola fori*; carece de un «dentro», de una intimidad suya, inexorable e inalienable, de un yo que no se pueda revocar. De aquí que esté siempre en disponibilidad para fingir ser cualquier cosa. Tiene sólo apetitos, cree que tiene sólo derechos y no cree que tiene obligaciones: es el hombre sin la nobleza que obliga –*sine nobilitate*–, snob[1].

Este universal snobismo, que tan claramente aparece, por ejemplo, en el obrero actual, ha cegado las almas para comprender que, si bien toda estructura dada de la vida continental tiene que ser trascendida, ha de hacerse esto sin pérdida grave de su interior pluralidad. Como el snob está vacío de destino propio, como no siente que existe sobre el planeta para hacer algo determinado e incanjeable, es incapaz de entender que hay misiones particulares y especiales mensajes. Por esta razón es hostil al liberalismo, con una hostilidad que se parece a la del sordo hacia la palabra. La libertad ha significado siempre en Europa franquía para ser el que auténticamente somos. Se comprende que aspire a prescindir de ella quien sabe que no tiene auténtico quehacer.

Con extraña facilidad todo el mundo se ha puesto de acuerdo para combatir y denostar al viejo liberalismo. La

---

1. En Inglaterra las listas de vecinos indicaban junto a cada nombre el oficio y rango de la persona. Por eso, junto al nombre de los simples burgueses aparecía la abreviatura s. nob., es decir, sin nobleza. Éste es el origen de la palabra *snob.*

cosa es sospechosa. Porque las gentes no suelen ponerse de acuerdo si no es en cosas un poco bellacas o un poco tontas. No pretendo que el viejo liberalismo sea una idea plenamente razonable: ¡cómo va a serlo si es viejo y si es *ismo*! Pero sí pienso que es una doctrina sobre la sociedad mucho más honda y clara de lo que suponen sus detractores colectivistas, que empiezan por desconocerlo. Hay además en él una intuición de lo que Europa ha sido, altamente perspicaz.

Cuando Guizot, por ejemplo, contrapone la civilización europea a las demás haciendo notar que en ella no ha triunfado nunca en forma absoluta ningún principio, ninguna idea, ningún grupo o clase, y que a esto se debe su crecimiento permanente y su carácter progresivo, no podemos menos de poner el oído atento[1]. Este hombre sabe lo que dice. La expresión es insuficiente porque es negativa, pero sus palabras nos llegan cargadas de visiones inmediatas. Como del buzo emergente trascienden olores

---

1. «*La coexistence et le combat de principes divers*». Guizot, *Histoire de la civilisation en Europe*, pág. 35. En un hombre tan distinto de Guizot como Ranke encontramos la misma idea: «Tan pronto como en Europa un principio, sea el que fuere, intenta el dominio absoluto, encuentra siempre una resistencia que sale a oponérsele de los más profundos senos vitales». *Oeuvres Complètes*, 38, pág. 110. En otro lugar (tomos 8 y 10, pág. 3): «El mundo europeo se compone de elementos de diverso origen, en cuya ulterior contraposición y lucha vienen precisamente a desarrollarse los cambios de las épocas históricas». ¿No hay en estas palabras de Ranke una clara influencia de Guizot? Un factor que impide ver bien ciertos estratos profundos de la historia del siglo XIX es que no esté bien estudiado el intercambio de ideas entre Francia y Alemania, digamos desde 1790 a 1830. Tal vez el resultado de ese estudio revelase que Alemania ha recibido en esa época mucho más de Francia que inversamente.

abisales, vemos que este hombre llega efectivamente del profundo pasado de Europa donde ha sabido sumergirse. Es, en efecto, increíble que en los primeros años del siglo XIX, tiempo retórico y de gran confusión, se haya compuesto un libro como la *Histoire de la Civilisation en Europe.* Todavía el hombre de hoy puede aprender allí cómo la libertad y el pluralismo son dos cosas recíprocas y cómo ambas constituyen la permanente entraña de Europa.

Pero Guizot ha tenido siempre mala prensa, como, en general, los doctrinarios. A mí no me sorprende. Cuando veo que hacia un hombre o grupo se dirige fácil e insistente el aplauso, surge en mí la vehemente sospecha de que en ese hombre o en ese grupo, tal vez junto a dotes excelentes, hay algo sobremanera impuro. Acaso es esto un error que padezco, pero debo decir que no lo he buscado, sino que lo ha ido dentro de mí decantando la experiencia. De todas suertes, quiero tener el valor de afirmar que este grupo de los doctrinarios, de quienes todo el mundo se ha reído y ha hecho mofas escurriles es, a mi juicio, lo más valioso que ha habido en la política del continente durante el siglo XIX. Fueron los únicos que vieron claramente lo que había que hacer en Europa después de la Gran Revolución, y fueron además hombres que crearon en sus personas un gesto digno y distante, en medio de la chabacanería y la frivolidad crecientes de aquel siglo. Rotas y sin vigencia casi todas las normas con que la sociedad presta una continencia al individuo, no podía éste constituirse una dignidad si no la extraía del fondo de sí mismo. Mal puede hacerse esto sin alguna exageración, aunque sea sólo para defenderse del abandono orgiástico en que vivía su contorno. Guizot supo ser, como Buster Keaton, el hombre que no ríe[1]. No se abandona jamás. Se condensan en él varias generaciones de protestantes nimeses que habían vivido en perpetuo alerta, sin poder flotar a la deriva en el ambiente social, sin poder abandonarse. Había llegado en ellos a convertirse en un instinto la impresión radical de que existir es resistir, hincar los talones en tierra para oponerse a la corriente. En una época como la nuestra, de puras «corrientes» y abandonos, es bueno tomar contacto con hombres que no «se dejan llevar». Los doctrinarios son un caso excepcional de responsabilidad intelectual; es decir, de lo que más ha faltado a los intelectuales europeos desde 1750, defecto que es, a su vez, una de las causas profundas del presente desconcierto.

Pero yo no sé si aun dirigiéndome a lectores franceses puedo aludir al doctrinarismo como a una magnitud conocida. Pues se da el caso escandaloso de que no existe un sólo libro donde se haya intentado precisar lo que aquel grupo de hombres pensaba[2], como, aunque parezca increíble, no hay tampoco un libro medianamente formal sobre Guizot ni sobre Royer-Collard[3]. Verdad es que ni

---

1. Con cierta satisfacción refiere a *madame* de Gasparin que hablando el Papa Gregorio XVI con el embajador francés, decía refiriéndose a Guizot: «*È un gran ministro. Dicono che non ride mai*». *Correspondance avec Madame de Gasparin*, pág. 283.
2. Si el lector intenta informarse, se encontrará una y otra vez con la fórmula elusiva de que los doctrinarios no tenían una doctrina idéntica, sino que variaba de uno en otro. Como si esto no aconteciese con toda escuela intelectual y no constituyese la diferencia más importante entre un grupo de hombres y un grupo de gramófonos.
3. En estos últimos años *monsieur* Charles H. Pouthas ha tomado sobre sí la fatigosa tarea de despojar los archivos de Guizot y ofrecernos en una serie de volúmenes un material sin el cual sería imposible emprender la ulterior faena de reconstrucción. Sobre Royer-Collard

uno ni otro publicaron nunca un soneto. Pero, en fin, pensaron, pensaron hondamente, originalmente, sobre los problemas más graves de la vida pública europea y construyeron el doctrinal político más estimable de toda la centuria. Ni será posible reconstruir la historia de ésta si no se cobra intimidad con el modo en que se presentaron las grandes cuestiones ante estos hombres[1]. Su estilo intelectual no es sólo diferente en especie, sino como de otro género y de otra esencia que todos los demás triunfantes en Europa antes y después de ellos. Por eso no se les ha entendido, a pesar de su clásica claridad. Y, sin embargo, es muy posible que el porvenir pertenezca a tendencias de intelecto muy parecidas a las suyas. Por lo menos, garantizo a quien se proponga formular con rigor sistemático las ideas de los doctrinarios, placeres de pensamiento no

---

no hay ni eso. A la postre resulta que es preciso recurrir a los estudios de Faguet sobre el *idearium* de uno y otro. No hay nada mejor, y aunque son sumamente vivaces, son por completo insuficientes.

1. Por ejemplo: nadie puede quedarse con la conciencia tranquila –se entiende, quien tenga «conciencia» intelectual– cuando ha interpretado la política de «resistencia» como pura y simplemente conservadora. Es demasiado evidente que los hombres Royer-Collard, Guizot, Broglie, no eran conservadores sin más. La palabra «resistencia», que al aparecer en la cita antedicha de Ranke, documenta el influjo de Guizot sobre este gran historiador, cobra, a su vez, un súbito cambio de sentido y, por decirlo así, nos enseña sus arcanas vísceras cuando en un discurso de Royer-Collard leemos: «*Les libertes publiques ne sont pas autre chose que des résistances*». (Véase de Barante: *La vie et les discours de Royer-Collard*, II, 130). He aquí una vez más la mejor inspiración europea reduciendo a dinamismo todo lo estático. El estado de libertad resulta de una pluralidad de fuerzas que mutuamente se resisten. Pero los discursos de Royer-Collard son hoy tan poco leídos que sonará a impertinencia si digo que son maravillosos, que su lectura es una pura delicia de intelección, que es divertida y hasta regocijada, y que constituyen la última manifestación del mejor estilo cartesiano.

esperados y una intuición de la realidad social y política totalmente distinta de la usada. Perdura en ellos activa la mejor tradición racionalista en que el hombre se compromete consigo mismo a buscar cosas absolutas; pero a diferencia del racionalismo linfático de enciclopedistas y revolucionarios, que encuentran lo absoluto en abstracciones *bon marché*, descubren ellos lo histórico como el verdadero absoluto. La historia es la realidad del hombre. No tiene otra. En ella se ha llegado a hacer tal y como es. Negar el pasado es absurdo e ilusorio, porque el pasado es «lo natural del hombre que vuelve al galope». El pasado no está ahí y no se ha tomado el trabajo de pasar para que lo neguemos, sino para que lo integremos[1]. Los doctrinarios despreciaban los «derechos del hombre» porque son absolutos «metafísicos», abstracciones e irrealidades. Los verdaderos derechos son los que absolutamente están ahí, porque han ido apareciendo y consolidándose en la historia: tales son las «libertades», la legitimidad, la magistratura, las «capacidades». De alentar hoy hubieran reconocido el derecho a la huelga (no política) y el contrato colectivo. A un inglés le parecería todo esto lo más obvio; pero los continentales no hemos llegado todavía a esa estación. Tal vez desde tiempo de Alcuino, vivimos cincuenta años cuando menos retrasados respecto a los ingleses.

Parejo desconocimiento del viejo liberalismo padecen los colectivistas de ahora cuando suponen, sin más ni más, como cosa incuestionable, que era individualista. En todos estos temas andan, como he dicho, las nociones sobremanera turbias. Los rusos de estos años pasados

---

1. Véase el citado ensayo del autor, *Historia como sistema*.

solían llamar a Rusia «el Colectivo». ¿No sería interesante averiguar qué ideas o imágenes se desperezaban al conjuro de ese vocablo en la mente un tanto gaseosa del hombre ruso, que tan frecuentemente, como el capitán italiano de que habla Goethe, *bisogna aver una confusione nella testa*? Frente a todo ello yo rogaría al lector que tomase en cuenta, no para aceptarlas, sino para que sean discutidas y pasen luego a sentencia, las tesis siguientes:

Primera: el liberalismo individualista pertenece a la flora del siglo XVIII; inspira, en parte, la legislación de la Revolución francesa, pero muere con ella.

Segunda: la creación característica del siglo XIX ha sido precisamente el colectivismo. Es la primera idea que inventa apenas nacido y que a lo largo de sus cien años no ha hecho sino crecer hasta inundar todo el horizonte.

Tercera: esta idea es de origen francés. Aparece por vez primera en los archirreaccionarios de Bonald y de Maistre. En lo esencial es inmediatamente aceptada por todos, sin más excepción que Benjamín Constant, un «retrasado» del siglo anterior. Pero triunfa en Saint-Simon, en Ballanche, en Comte y pulula dondequiera[1]. Por ejemplo, un médico de Lyon, *monsieur* Amard, hablará en 1821 del *co-*

---

[1] Pretenden los alemanes ser ellos los descubridores de lo social como realidad distinta de los individuos y «anterior» a éstos. El *Volksgeist* les parece una de sus ideas más autóctonas. Éste es uno de los casos que más recomiendan el estudio minucioso del intercambio intelectual franco-germánico de 1790 a 1830 a que en nota anterior me refiero. Pero el término *Volksgeist* muestra demasiado claramente que es la traducción del volteriano *esprit des nations.* El origen francés del colectivismo no es una casualidad y obedece a las mismas causas que hicieron de Francia la cuna de la sociología y de su rebrote hacia 1890 (Durkheim).

*llectisme* frente al *personnalisme*[1]. Léanse los artículos que en 1830 y 1831 publica *L'Avenir* contra el individualismo.

Pero más importante que todo esto es otra cosa. Cuando, avanzando por la centuria, llegamos hasta los grandes teorizadores del liberalismo –Stuart Mill o Spencer– nos sorprende que su presunta defensa del individuo no se basa en mostrar que la libertad beneficia o interesa a éste, sino todo lo contrario, en que beneficia o interesa a la sociedad. El aspecto agresivo del título que Spencer escoge para su libro –*El Individuo contra el Estado*– ha sido causa de que lo malentiendan tercamente los que no leen de los libros más que los títulos. Porque individuo y Estado significan en este título dos meros órganos de un único sujeto –la sociedad. Y lo que se discute es si ciertas necesidades sociales son mejor servidas por uno u otro órgano. Nada más. El famoso «individualismo» de Spencer boxea continuamente dentro de la atmósfera colectivista de su sociología. Resulta, a la postre, que tanto él como Stuart Mill tratan a los individuos con la misma crueldad socializante que los termites a ciertos de sus congéneres, a los cuales ceban para chuparles luego la sustancia. ¡Hasta ese punto era la primacía de lo colectivo el fondo por sí mismo evidente sobre que ingenuamente danzaban sus ideas!

De donde se colige que mi defensa lohengrinesca del viejo liberalismo es, por completo, desinteresada y gra-

---

1. Véase *Doctrine de Saint-Simon*, con introducción y notas de C. Bouglé y E. Halévy (pág. 204, nota). Aparte de que esta exposición del saintsimonismo, hecha en 1829, es una obra de las más geniales del siglo, la labor acumulada en las notas por *messieurs* Bouglé y Halévy constituye una de las contribuciones más importantes que yo conozco a la efectiva aclaración del alma europea entre 1800 y 1830.

tuita. Porque es el caso que yo no soy un «viejo liberal». El descubrimiento –sin duda glorioso y esencial– de lo social, de lo colectivo, era demasiado reciente. Aquellos hombres palpaban, más que veían, el hecho de que la colectividad es una realidad distinta de los individuos y de su simple suma, pero no sabían bien en qué consistía y cuáles eran sus efectivos atributos. Por otra parte, los fenómenos sociales del tiempo camuflaban la verdadera fisonomía de la colectividad, porque entonces convenía a ésta ocuparse en cebar bien a los individuos. No había aún llegado la hora de la nivelación, de la expoliación y del reparto en todos los órdenes.

De aquí que los «viejos liberales» se abriesen sin suficientes precauciones al colectivismo que respiraban. Mas cuando se ha visto con claridad lo que en el fenómeno social, en el hecho colectivo, simplemente y como tal, hay por un lado de benéfico, pero, por otro, de terrible, de pavoroso, sólo puede uno adherir a un liberalismo de estilo radicalmente nuevo, menos ingenuo y de más diestra beligerancia, un liberalismo que está germinando ya, próximo a florecer, en la línea misma del horizonte.

Ni era posible que siendo estos hombres, como eran, de sobra perspicaces no entreviesen de cuando en cuando las angustias que su tiempo nos reservaba. Contra lo que suele creerse ha sido normal en la historia que el porvenir sea profetizado[1]. En Macaulay, en Tocqueville,

---

1. Obra fácil y útil que alguien debería emprender fuera reunir los pronósticos que en cada época se han hecho sobre el próximo porvenir. Yo he coleccionado los suficientes para quedar estupefacto ante el hecho de que haya habido siempre algunos hombres que preveían el futuro.

en Comte, encontramos predibujada nuestra hora. Véase, por ejemplo, lo que hace más de ochenta años escribía Stuart Mill: «Aparte las doctrinas particulares de pensadores individuales, existe en el mundo una fuerte y creciente inclinación a extender en forma extrema el poder de la sociedad sobre el individuo, tanto por medio de la fuerza de la opinión como por la legislativa. Ahora bien, como todos los cambios que se operan en el mundo tienen por efecto el aumento de la fuerza social y la disminución del poder individual, este desbordamiento no es un mal que tienda a desaparecer espontáneamente, sino, al contrario, tiende a hacerse cada vez más formidable. La disposición de los hombres, sea como soberanos, sea como conciudadanos, a imponer a los demás como regla de conducta su opinión y sus gustos, se halla tan enérgicamente sustentada por algunos de los mejores y algunos de los peores sentimientos inherentes a la naturaleza humana, que casi nunca se contiene más que por faltarle poder. Y como el poder no parece hallarse en vía de declinar, sino de crecer, debemos esperar, a menos que una fuerte barrera de convicción moral no se eleve contra el mal, debemos esperar, digo, que en las condiciones presentes del mundo esta disposición no hará sino aumentar»[1].

Pero lo que más nos interesa en Stuart Mill es su preocupación por la homogeneidad de mala clase que veía crecer en todo Occidente. Esto le hace acogerse a un gran pensamiento emitido por Humboldt en su juventud. Para que lo humano se enriquezca, se consolide y se perfec-

---

1. Stuart Mill: *La liberté*, trad. Dupon-White (págs. 131-132).

cione es necesario, según Humboldt, que exista «variedad de situaciones»[1]. Dentro de cada nación, y tomando en conjunto las naciones, es preciso que se den circunstancias diferentes. Así, al fallar una quedan otras posibilidades abiertas. Es insensato poner la vida europea a una sola carta, a un solo tipo de hombre, a una idéntica «situación». Evitar esto ha sido el secreto acierto de Europa hasta el día, y la conciencia de ese secreto es la que, clara o balbuciente, ha movido siempre los labios del perenne liberalismo europeo. En esa conciencia se reconoce a sí misma como valor positivo, como bien y no como mal, la pluralidad continental. Me importaba aclarar esto para que no se tergiversase la idea de una supernación europea que este volumen postula.

Tal y como vamos, con mengua progresiva de la «variedad de situaciones», nos dirigimos en vía recta hacia el Bajo Imperio. También fue aquél un tiempo de masas y de pavorosa homogeneidad. Ya en tiempo de los Antoninos se advierte claramente un extraño fenómeno, menos subrayado y analizado de lo que debiera: los hombres se han vuelto estúpidos. El proceso venía de tiempo atrás. Se ha dicho, con alguna razón, que el estoico Posidonio, maestro de Cicerón, es el último hombre antiguo capaz de colocarse ante los hechos con la mente porosa y activa, dispuesto a investigarlos. Después de él, las cabezas se obliteran y, salvo los Alejandrinos, no van a hacer más que repetir, estereotipar.

Pero el síntoma y documento más terrible de esta forma, a un tiempo homogénea y estúpida –y lo uno por lo

---

1. *Gesammelte Schriften.* I, 106.

otro– que adopta la vida de un cabo a otro del Imperio, está donde menos se podía esperar y donde todavía, que yo sepa, nadie lo ha buscado: en el idioma. La lengua, que no nos sirve para decir suficientemente lo que cada uno quisiéramos decir, revela en cambio y grita, sin que lo queramos, la condición más arcana de la sociedad que la habla. En la porción no helenizada del pueblo romano, la lengua vigente es la que se ha llamado «latín vulgar», matriz de nuestros romances. No se conoce bien este latín vulgar y, en buena parte, sólo se llega a él por reconstrucciones. Pero lo que se conoce basta y sobra para que nos produzcan espanto dos de sus caracteres. Uno es la increíble simplificación de su mecanismo gramatical en comparación con el latín clásico. La sabrosa complejidad indo-europea, que conservaba el lenguaje de las clases superiores, quedó suplantada por un habla plebeya, de mecanismo muy fácil, pero a la vez, o por lo mismo, pesadamente mecánico, como material; gramática balbuciente y perifrástica, de ensayo y rodeo como la infantil. Es, en efecto, una lengua pueril y *gaga* que no permite la fina arista del razonamiento ni líricos tornasoles. Es una lengua sin luz ni temperatura, sin evidencia y sin calor de alma, una lengua triste, que avanza a tientas. Los vocablos parecen viejas monedas de cobre, mugrientas y sin rotundidad, como hartas de rodar por las tabernas mediterráneas. ¡Qué vidas evacuadas de sí mismas, desoladas, condenadas a eterna cotidianeidad se adivinan tras este seco artefacto lingüístico!

El otro carácter aterrador del latín vulgar es precisamente su homogeneidad. Los lingüistas, que acaso son, después de los aviadores, los hombres menos dispuestos a asustarse de cosa alguna, no parecen inmutarse ante el hecho de que hablasen lo mismo países tan dispares como Cartago y Galia, Tingitania y Dalmacia, Hispania y Rumania. Yo, en cambio, que soy bastante tímido, que tiemblo cuando veo cómo el viento fatiga unas cañas, no puedo reprimir ante ese hecho un estremecimiento medular. Me parece sencillamente atroz. Verdad es que trato de representarme cómo era por dentro eso que mirado desde fuera nos aparece, tranquilamente, como homogeneidad; procuro descubrir la realidad viviente de que ese hecho es la quieta impronta. Consta, claro está, que había africanismos, hispanismos, galicismos. Pero al constar esto quiere decirse que el torso de la lengua era común e idéntico, a pesar de las distancias, del escaso intercambio, de la dificultad de comunicaciones y de que no contribuía a fijarlo una literatura. ¿Cómo podían venir a coincidencia el celtíbero y el belga, el vecino de Hipona y el de Lutetia, el mauretano y el dacio, sino en virtud de un achatamiento general, reduciendo la existencia a su base, nulificando sus vidas? El latín vulgar está ahí en los archivos, como un escalofriante petrefacto, testimonio de que una vez la historia agonizó bajo el imperio homogéneo de la vulgaridad por haber desaparecido la fértil «variedad de situaciones».

IV

Ni este volumen ni yo somos políticos. El asunto de que aquí se habla es previo a la política y pertenece a su subsuelo. Mi trabajo es oscura labor subterránea de minero.

La misión del llamado «intelectual» es, en cierto modo, opuesta a la del político. La obra intelectual aspira, con frecuencia en vano, a aclarar un poco las cosas, mientras que la del político suele, por el contrario, consistir en confundirlas más de lo que estaban. Ser de la izquierda es, como ser de la derecha, una de las infinitas maneras que el hombre puede elegir para ser un imbécil: ambas, en efecto, son formas de la hemiplejía moral. Además, la persistencia de esos calificativos contribuye no poco a falsificar más aún la «realidad» del presente, ya falsa de por sí, porque se ha rizado el rizo de las experiencias políticas a que responden, como lo demuestra el hecho de que hoy las derechas prometen revoluciones y las izquierdas proponen tiranías.

Hay obligación de trabajar sobre las cuestiones del tiempo. Esto, sin duda. Y yo lo he hecho toda mi vida. He estado siempre en la brecha. Pero una de las cosas que ahora se dicen –una «corriente»– es que, incluso a costa de la claridad mental, todo el mundo tiene que hacer política *sensu stricto*. Lo dicen, claro está, los que no tienen otra cosa que hacer. Y hasta lo corroboran citando de Pascal el imperativo *d'abêtissement*. Pero hace mucho tiempo que he aprendido a ponerme en guardia cuando alguien cita a Pascal. Es una cautela de higiene elemental.

El politicismo integral, la absorción de todas las cosas y de todo el hombre por la política, es una y misma cosa con el fenómeno de rebelión de las masas que aquí se describe. La masa en rebeldía ha perdido toda capacidad de religión y de conocimiento. No puede tener dentro más que política, una política exorbitada, frenética, fuera de sí, puesto que pretende suplantar al conocimiento, a la religión, a la *sagesse* en fin, a las únicas cosas que por su sustancia son aptas para ocupar el centro de la mente humana. La política vacía al hombre de soledad e intimidad, y por eso es la predicación del politicismo integral una de las técnicas que se usan para socializarlo.

Cuando alguien nos pregunta qué somos en política, o, anticipándose con la insolencia que pertenece al estilo de nuestro tiempo, nos adscribe a una, en vez de responder debemos preguntar al impertinente qué piensa él que es el hombre y la naturaleza y la historia, qué es la sociedad y el individuo, la colectividad, el Estado, el uso, el derecho. La política se apresura a apagar las luces para que todos estos gatos resulten pardos.

Es preciso que el pensamiento europeo proporcione sobre todos estos temas nueva claridad. Para eso está ahí, no para hacer la rueda de pavo real en las reuniones académicas. Y es preciso que lo haga pronto o, como Dante decía, que encuentre la salida,

*...studiate il passo*
*Mentre che l'Occidente non si annera.*
(Purg., XXVII, 62-63).

Eso sería lo único de que podría esperarse con alguna vaga probabilidad la solución del tremendo problema que las masas actuales plantean.

Este volumen no pretende, ni de muy lejos, nada parecido. Como sus últimas palabras hacen constar, es sólo una primera aproximación al problema del hombre actual. Para hablar sobre él más en serio y más a fondo no habría más remedio que ponerse en traza abismática, vestirse la escafandra y descender a lo más profundo del hombre. Esto hay que hacerlo, sin pretensiones, pero con decisión, y yo lo he intentado en un libro próximo a aparecer en otros idiomas bajo el título *El hombre y la gente*.

Una vez que nos hemos hecho bien cargo de cómo es este tipo humano hoy dominante, y que he llamado el hombre-masa, es cuando se suscitan las interrogaciones más fértiles y más dramáticas: ¿Se puede reformar este tipo de hombre? Quiero decir: los graves defectos que hay en él, tan graves que si no se los extirpa producirán de modo inexorable la aniquilación de Occidente, ¿toleran ser corregidos? Porque, como verá el lector, se trata precisamente de un hombre hermético, que no está abierto de verdad a ninguna instancia superior.

La otra pregunta decisiva, de la que, a mi juicio, depende toda posibilidad de salud, es ésta: ¿pueden las masas, aunque quisieran, despertar a la vida personal? No cabe desarrollar aquí el tremebundo tema, porque está demasiado virgen. Los términos en que hay que plantearlo no constan en la conciencia pública. Ni siquiera está esbozado el estudio del distinto margen de individualidad que cada época del pasado ha dejado a la existencia humana. Porque es pura inercia mental del «progresismo» suponer que conforme avanza la historia crece la holgura que se concede al hombre para poder ser individuo personal, como creía el honrado ingeniero, pero nulo historiador, Herbert Spencer. No: la historia está llena de retrocesos en este orden, y acaso la estructura de la vida en nuestra época impide superlativamente que el hombre pueda vivir como persona.

Al contemplar en las grandes ciudades esas inmensas aglomeraciones de seres humanos, que van y vienen por sus calles o se concentran en festivales y manifestaciones políticas, se incorpora en mí, obsesionante, este pensamiento: ¿Puede hoy un hombre de veinte años formarse un proyecto de vida que tenga figura individual y que, por tanto, necesitaría realizarse mediante sus iniciativas independientes, mediante sus esfuerzos particulares? Al intentar el despliegue de esta imagen en su fantasía, ¿no notará que es, si no imposible, casi improbable, porque no hay a su disposición espacio en que poder alojarla y en que poder moverse según su propio dictamen? Pronto advertirá que su proyecto tropieza con el prójimo, como la vida del prójimo aprieta la suya. El desánimo le llevará, con la facilidad de adaptación propia de su edad, a renunciar no sólo a todo acto, sino hasta a todo deseo personal, y buscará la solución opuesta: imaginará para sí una vida *standard*, compuesta de *desiderata* comunes a todos y verá que para lograrla tiene que solicitarla o exigirla en colectividad con los demás. De aquí la acción en masa.

La cosa es horrible, pero no creo que exagera la situación efectiva en que van hallándose casi todos los europeos. En una prisión donde se han amontonado muchos más presos de los que caben, ninguno puede mover un brazo ni una pierna por propia iniciativa, porque chocaría con los cuerpos de los demás. En tal circunstancia, los movimientos tienen que ejecutarse en común, y hasta los músculos respiratorios tienen que funcionar a ritmo de reglamento. Esto sería Europa convertida en termitera. Pero ni siquiera esta cruel imagen es una solución. La termitera humana es imposible, porque fue el llamado «individualismo» quien enriqueció al mundo y a *todos* en el mundo y fue esta riqueza quien prolificó tan fabulosamente la planta humana. Cuando los restos de ese «individualismo» desaparecieran, haría su reaparición en Europa el famelismo gigantesco del Bajo Imperio, y la termitera sucumbiría como al soplo de un dios torvo y vengativo. Quedarían muchos menos hombres, que lo serían un poco más.

Ante el feroz patetismo de esta cuestión que, queramos o no, está ya a la vista, el tema de la «justicia social», con ser tan respetable, empalidece y se degrada hasta parecer retórico e insincero suspiro romántico. Pero, al mismo tiempo, orienta sobre los caminos acertados para conseguir lo que de esa «justicia social» es posible y es justo conseguir, caminos que no parecen pasar por una miserable socialización, sino dirigirse en vía recta hacia un magnánimo solidarismo. Este último vocablo es, por lo demás, inoperante, porque hasta la fecha no se ha condensado en él un sistema enérgico de ideas históricas y sociales, antes bien rezuma sólo vagas filantropías.

La primera condición para un mejoramiento de la situación presente es hacerse bien cargo de su enorme dificultad. Sólo esto nos llevará a atacar el mal en los estratos hondos donde verdaderamente se origina. Es, en efecto, muy difícil salvar una civilización cuando le ha llegado la hora de caer bajo el poder de los demagogos. Los demagogos han sido los grandes estranguladores de civilizaciones. La griega y la romana sucumbieron a manos de esta fauna repugnante, que hacía exclamar a Macaulay: «En todos los siglos, los ejemplos más viles de la naturaleza humana se han encontrado entre los demagogos»[1]. Pero no es un hombre demagogo simplemente porque se ponga a gritar ante la multitud. Esto puede ser en ocasiones una magistratura sacrosanta. La demagogia esencial del demagogo está dentro de su mente y radica en su irresponsabilidad ante las ideas mismas que maneja y que él no ha creado, sino recibido de los verdaderos creadores. La demagogia es una forma de degeneración intelectual, que como amplio fenómeno de la historia europea aparece en Francia hacia 1750. ¿Por qué entonces? ¿Por qué en Francia? Éste es uno de los puntos neurálgicos del destino occidental y especialmente del destino francés.

Ello es que, desde entonces cree Francia y, por irradiación de ella, casi todo el continente, que el método para resolver los grandes problemas humanos es el método de la revolución, entendiendo por tal lo que ya Leibniz llamaba una «revolución general»[2], la voluntad de transformar de un golpe todo y en todos los géneros[3]. Merced a ello esta maravilla que es Francia llega en malas condiciones a la difícil coyuntura del presente. Porque ese país tiene o cree que tiene una tradición revolucionaria. Y si ser revolucio-

---

1. *Histoire de Jacques II*, I, 643.
2. «*Je trouve même que des opinions approchantes s'insinuant peu à peu dans l'esprit des hommes du grand monde, qui règlent les autres et dont dépendent les affaires, et se glissant dans les livres à la mode disposent toutes choses à la révolution générale dont l'Europe est menacée*». *Nouveaux Essais sur l'entendement humain*, IV, Chap. 16. Lo cual demuestra dos cosas. Primera: que un hombre hacia 1700, fecha aproximada en que Leibniz escribía esto, era capaz de prever lo que un siglo después acontecería; segunda: que los males presentes de Europa se originan en regiones más profundas cronológica y vitalmente de lo que suele presumirse.
3. «*...notre siècle qui se croit destiné à changer les lois en tout genre...*» D'Alembert: *Discours préliminaire à l'Encyclopédie. Oeuvres:* 1, 56 (1821).

nario es ya cosa grave, ¡cuánto más serlo paradójicamente, por tradición! Es cierto que en Francia se ha hecho una Gran Revolución y varias torvas o ridículas, pero si nos atenemos a la verdad desnuda de los anales, lo que encontramos es que esas revoluciones han servido principalmente para que durante todo un siglo, salvo unos días o unas semanas, Francia haya vivido más que ningún otro pueblo bajo formas políticas, en una u otra dosis, autoritarias y contrarrevolucionarias. Sobre todo, el gran bache moral de la historia francesa que fueron los veinte años del Segundo Imperio, se debió bien claramente a la botaratería de los revolucionarios de 1848[1], gran parte de los cuales confesó el propio Raspail que habían sido antes clientes suyos.

En las revoluciones intenta la abstracción sublevarse contra lo concreto: por eso es consustancial a las revoluciones el fracaso. Los problemas humanos no son, como los astronómicos o los químicos, abstractos. Son problemas de máxima concreción, porque son históricos. Y el único método de pensamiento que proporciona alguna probabilidad de acierto en su manipulación es la «razón histórica». Cuando se contempla panorámicamente la vida pública de Francia durante los últimos ciento cincuenta años, salta a la vista que sus geómetras, sus físicos y sus médicos se han equivocado casi

---

1. «*Cette honnête, irréprochable, mais imprévoyante et superficielle révolution de 1848 eut pour conséquence, au bout de moins d'un an, de donner le pouvoir à l'élément le plus pesant, le moins clairvoyant, le plus obstinément conservateur de notre pays*». Renan: *Questions contemporaines*. XVI. Renan, que en 1848 era joven y simpatizó con aquel movimiento, se ve en su madurez obligado a hacer algunas reservas benévolas a su favor, suponiendo que fue «honrado e irreprochable».

siempre en sus juicios políticos y que han solido, en cambio, acertar sus historiadores. Pero el racionalismo físico-matemático ha sido en Francia demasiado glorioso para que no tiranice la opinión pública. Malebranche rompe con un amigo suyo porque vio sobre su mesa un Tucídides[1].

Estos meses pasados, empujando mi soledad por las calles de París, caía en la cuenta de que yo no conocía en verdad a nadie de la gran ciudad, salvo las estatuas. Algunas de éstas, en cambio, son viejas amistades, antiguas incitaciones o perennes maestros de mi intimidad. Y como no tenía con quién hablar, he conversado con ellas sobre grandes temas humanos. No sé si algún día saldrán a la luz estas «Conversaciones con estatuas», que han dulcificado una etapa dolorosa y estéril de mi vida. En ellas se razona con el marqués de Condorcet, que está en el *Quai Conti*, sobre la peligrosa idea del progreso. Con el pequeño busto de Comte que hay en su departamento de la *rue Monsieur-le-Prince* he hablado sobre el *pouvoir spirituel*, insuficientemente ejercido por mandarines literarios y por una Universidad que ha quedado por completo excéntrica a la efectiva vida de las naciones. Al propio tiempo he tenido el honor de recibir el encargo de un enérgico mensaje que ese busto dirige al otro, al grande, erigido en la plaza de la Sorbonne y que es el busto del falso Comte, del oficial, del de Littré. Pero era natural que me interesase sobre todo escuchar una vez más la palabra de nuestro sumo maestro Descartes, el hombre a quien más debe Europa.

---

1. J. R. Carré, *La Philosophie de Fontenelle*, pág. 143.

## Prólogo para franceses

El puro azar que zarandea mi existencia ha hecho que redacte estas líneas teniendo a la vista el lugar de Holanda que habitó en 1642 el nuevo descubridor de la *raison*. Este lugar, llamado Endegeest, cuyos árboles dan sombra a mi ventana, es hoy un manicomio. Dos veces al día –y en amonestadora proximidad– veo pasar los idiotas y los dementes que orean un rato a la intemperie su malograda hombría.

Tres siglos de experiencia «racionalista» nos obligan a recapacitar sobre el esplendor y los límites de aquella prodigiosa *raison* cartesiana. Esa *raison* es sólo matemática, física, biológica. Sus fabulosos triunfos sobre la naturaleza, superiores a cuanto pudiera soñarse, subrayan tanto más su fracaso ante los asuntos propiamente humanos e invitan a integrarla en otra razón más radical, que es la «razón histórica»[1].

Ésta nos muestra la vanidad de toda revolución general, de todo lo que sea intentar la transformación súbita de una sociedad y comenzar de nuevo la historia, como pretendían los confusionarios del 89. Al método de la revolución opone el único digno de la larga experiencia que el europeo actual tiene a su espalda. Las revoluciones tan incontinentes en su prisa, hipócritamente generosa, de proclamar derechos, han violado siempre, hollado y roto, el derecho fundamental del hombre, tan fundamental, que es la definición misma de su sustancia: el derecho a la continuidad. La única diferencia radical entre la historia humana y la «historia natural» es que aquélla no puede nunca comenzar de nuevo. Köhler y otros han mostrado cómo el chimpancé y el orangután

---

1. Véase *Historia como sistema*.

no se diferencian del hombre por lo que hablando rigorosamente llamamos inteligencia, sino porque tienen mucha menos memoria que nosotros. Las pobres bestias se encuentran cada mañana con que han olvidado casi todo lo que han vivido el día anterior, y su intelecto tiene que trabajar sobre un mínimo material de experiencias. Parejamente, el tigre de hoy es idéntico al de hace seis mil años, porque cada tigre tiene que empezar de nuevo a ser tigre, como si no hubiese habido antes ninguno. El hombre, en cambio, merced a su poder de recordar, acumula su propio pasado, lo posee y lo aprovecha. El hombre no es nunca un primer hombre; comienza desde luego a existir sobre cierta altitud de pretérito amontonado. Éste es el tesoro único del hombre, su privilegio y su señal. Y la riqueza menor de ese tesoro consiste en lo que de él parezca acertado y digno de conservarse: lo importante es la memoria de los errores, que nos permite no cometer los mismos siempre. El verdadero tesoro del hombre es el tesoro de sus errores, la larga experiencia vital decantada gota a gota en milenios. Por eso Nietzsche define al hombre superior como el ser «de la más larga memoria».

Romper la continuidad con el pasado, querer comenzar de nuevo, es aspirar a descender y plagiar al orangután. Me complace que fuera un francés, Dupont-White, quien hacia 1860 se atreviese a clamar: «La continuité est un droit de l'homme; elle est un hommage à tout ce qui le distingue de la bête»[1].

Delante de mí está un periódico donde acabo de leer el relato de las fiestas con que ha celebrado Inglaterra la

---

1. En su prólogo a su traducción de *La Liberté*, de Stuart Mill, página 44.

coronación del nuevo rey. Se dice que desde hace mucho tiempo la Monarquía inglesa es una institución meramente simbólica. Esto es verdad, pero diciéndolo así dejamos escapar lo mejor. Porque, en efecto, la Monarquía no ejerce en el Imperio Británico ninguna función material y palpable. Su papel no es gobernar, ni administrar la justicia, ni mandar el Ejército. Mas no por esto es una institución vacía, vacante de servicio. La Monarquía en Inglaterra ejerce una función determinadísima y de alta eficacia: la de simbolizar. Por eso el pueblo inglés, con deliberado propósito, ha dado ahora inusitada solemnidad al rito de la coronación. Frente a la turbulencia actual del continente ha querido afirmar las normas permanentes que regulan su vida. Nos ha dado una lección más. Como siempre –ya que siempre pareció Europa un tropel de pueblos– los continentales, llenos de genio, pero exentos de serenidad, nunca maduros, siempre pueriles, y al fondo, detrás de ellos, Inglaterra... como la *nurse* de Europa.

Éste es el pueblo que siempre ha llegado antes al porvenir, que se ha anticipado a todos en casi todos los órdenes. Prácticamente deberíamos omitir el casi. Y he aquí que este pueblo nos obliga, con cierta impertinencia del más puro *dandysmo*, a presenciar un vetusto ceremonial y a ver cómo actúan –porque no han dejado nunca de ser actuales– los más viejos y mágicos trebejos de su historia, la corona y el cetro, que entre nosotros rigen sólo el azar de la baraja. *El inglés tiene empeño en hacernos constar que su pasado, precisamente porque ha pasado, porque le ha pasado a él, sigue existiendo para él.* Desde un futuro al cual no hemos llegado nos muestra la vigencia lozana de su pretérito[1]. Este pueblo circula por todo su tiempo, es verdaderamente señor de sus siglos, que conserva en activa posesión. Y esto es *ser* un pueblo de hombres: poder hoy seguir en su ayer sin dejar por eso de vivir para el futuro, poder existir en el verdadero presente, ya que el presente es sólo la presencia del pasado y del porvenir, el lugar donde pretérito y futuro efectivamente existen.

Con las fiestas simbólicas de la coronación, Inglaterra ha opuesto, una vez más, al método revolucionario el método de la continuidad, el único que puede evitar en la marcha de las cosas humanas ese aspecto patológico que hace de la historia una lucha ilustre y perenne entre los paralíticos y los epilépticos.

### V

Como en estas páginas se hace la anatomía del hombre hoy dominante, procedo partiendo de su aspecto externo, por decirlo así, de su piel, y luego penetro un poco más en dirección hacia sus vísceras. De aquí que sean los primeros capítulos los que han caducado más. La piel del tiempo ha cambiado. El lector debería, al leerlos, re-

---

[1] No es una simple manera de hablar, sino que es verdad al pie de la letra, puesto que vale en el orden donde la palabra «vigencia» tiene hoy su sentido más inmediato, a saber, en el derecho. En Inglaterra, «*aucune barrière entre le présent et le passé. Sans discontinuité le droit positif remonte dans l'histoire jusqu'aux temps immémoriaux. Le droit anglais est un droit historique. Juridiquement parlant, il n'y a pas "d'ancien droit" anglais*». «*Donc, en Angleterre tout le droit est actuel, quel qu'en soit l'âge*». Lévy-Ullmann: *Le système juridique de l'Angleterre*, I, págs. 38-39.

Prólogo para franceses

trotraerse a los años 1926-1928. Ya ha comenzado la crisis en Europa, pero aún parece una de tantas. Todavía se sienten las gentes en plena seguridad. Todavía gozan de los lujos de la inflación. Y, sobre todo, se pensaba: ¡ahí está América! Era la América de la fabulosa *prosperity*.

Lo único de cuanto va dicho en estas páginas que me inspira algún orgullo es no haber padecido el inconcebible error de óptica que entonces sufrieron casi todos los europeos, incluso los mismos economistas. Porque no conviene olvidar que entonces se pensaba muy en serio que los americanos habían descubierto otra organización de la vida que anulaba para siempre las perpetuas plagas humanas que son las crisis. A mí me sonrojaba que los europeos, inventores de lo más alto que hasta ahora se ha inventado –el sentido histórico–, mostrasen en aquella ocasión carecer de él por completo. El viejo lugar común de que América es el porvenir había nublado un momento su perspicacia. Tuve entonces el coraje de oponerme a semejante desliz, sosteniendo que América, lejos de ser el porvenir, era, en realidad, un remoto pasado porque era primitivismo. Y, también contra lo que se cree, lo era y lo es mucho más América del Norte que la América del Sur, la hispánica. Hoy la cosa va siendo clara y los Estados Unidos no envían ya al viejo continente señoritas para –como una me decía a la sazón– «convencerse de que en Europa no hay nada interesante»[1].

Haciéndome asimismo violencia he aislado en este casi-libro, del problema total que es para el hombre y aun

---

1. Véase el ensayo *Hegel y América*, 1928, y los artículos sobre *Los Estados Unidos*, publicados poco después.

especialmente para el hombre europeo su inmediato porvenir, un solo factor: la caracterización del hombre medio que hoy va adueñándose de todo. Esto me ha obligado a un duro ascetismo, a la abstención de expresar mis convicciones sobre cuanto toco de paso. Más aún: a presentar con frecuencia las cosas en forma que si era la más favorable para aclarar el tema exclusivo de este estudio, era la peor para dejar ver mi opinión sobre esas cosas. Baste señalar una cuestión, aunque fundamental. He medido al hombre medio actual en cuanto a su capacidad para continuar la civilización moderna y en cuanto a su adhesión a la cultura. Cualquiera diría que esas dos cosas –la civilización y la cultura– no son para mí cuestión. La verdad es que ellas son precisamente lo que pongo en cuestión casi desde mis primeros escritos. Pero yo no debía complicar los asuntos. Cualquiera que sea nuestra actitud ante la civilización y la cultura, está ahí, como un factor de primer orden con que hay que contar, la anomalía representada por el hombre-masa. Por eso urgía aislar crudamente sus síntomas.

No debe, pues, el lector francés esperar más de este volumen, que no es, a la postre, sino un ensayo de serenidad en medio de la tormenta.

JOSÉ ORTEGA Y GASSET
«Het Witte Huis». Oegstgeest-Holanda, mayo, 1937

## Primera parte:
# La rebelión de las masas

# I

## EL HECHO DE LAS AGLOMERACIONES[1]

Hay un hecho que, para bien o para mal, es el más importante en la vida pública europea de la hora presente. Este hecho es el advenimiento de las masas al pleno poderío social. Como las masas, por definición, no deben ni pueden dirigir su propia existencia y menos regentar la sociedad, quiere decirse que Europa sufre ahora la más grave crisis que a pueblos, naciones, culturas, cabe padecer. Esta crisis ha sobrevenido más de una vez en la historia. Su fisonomía y sus consecuencias son conocidas. También se conoce su nombre. Se llama la rebelión de las masas.

---

1. En mi libro *España invertebrada*, publicado en 1922, en un artículo de *El Sol*, titulado «Masas» (1926), y en dos conferencias dadas en la Asociación de Amigos del Arte, en Buenos Aires (1928), me he ocupado del tema que el presente ensayo desarrolla. Mi propósito ahora es recoger y completar lo ya dicho por mí, de manera que resulte una doctrina orgánica sobre el hecho más importante de nuestro tiempo.

Para la inteligencia del formidable hecho conviene que se evite dar, desde luego, a las palabras «rebelión», «masas», «poderío social», etcétera, un significado exclusiva o primariamente político. La vida pública no es sólo política, sino, a la par y aun antes, intelectual, moral, económica, religiosa; comprende los usos todos colectivos e incluye el modo de vestir y el modo de gozar.

Tal vez la manera mejor de acercarse a este fenómeno histórico consista en referirnos a una experiencia visual, subrayando una facción de nuestra época que es visible con los ojos de la cara.

Sencillísima de enunciar, aunque no de analizar, yo la denomino el hecho de la aglomeración, del «lleno». Las ciudades están llenas de gente. Las casas, llenas de inquilinos. Los hoteles, llenos de huéspedes. Los trenes, llenos de viajeros. Los cafés, llenos de consumidores. Los paseos, llenos de transeúntes. Las salas de los médicos famosos, llenas de enfermos. Los espectáculos, como no sean muy extemporáneos, llenos de espectadores. Las playas, llenas de bañistas. Lo que antes no solía ser problema, empieza a serlo casi de continuo: encontrar sitio.

Nada más. ¿Cabe hecho más simple, más notorio, más constante, en la vida actual? Vamos ahora a punzar el cuerpo trivial de esta observación, y nos sorprenderá ver cómo de él brota un surtidor inesperado, donde la blanca luz del día, de este día, del presente, se descompone en todo su rico cromatismo interior.

¿Qué es lo que vemos y al verlo nos sorprende tanto? Vemos la muchedumbre, como tal, posesionada de los locales y utensilios creados por la civilización. Apenas reflexionamos un poco, nos sorprendemos de nuestra sorpresa. Pues qué, ¿no es el ideal? El teatro tiene sus localidades para que se ocupen; por tanto, para que la sala esté llena. Y lo mismo los asientos el ferrocarril y sus cuartos el hotel. Sí; no tiene duda. Pero el hecho es que antes ninguno de esos establecimientos y vehículos solía estar lleno, y ahora rebosan, queda fuera gente afanosa de usufructuarlos. Aunque el hecho sea lógico, natural, no puede desconocerse que antes no acontecía y ahora sí; por tanto, que ha habido un cambio, una innovación, la cual justifica, por lo menos en el primer momento, nuestra sorpresa.

Sorprenderse, extrañarse, es comenzar a entender. Es el deporte y el lujo específico del intelectual. Por eso su gesto gremial consiste en mirar el mundo con los ojos dilatados por la extrañeza. Todo en el mundo es extraño y es maravilloso para unas pupilas bien abiertas. Esto, maravillarse, es la delicia vedada al futbolista y que, en cambio, lleva al intelectual por el mundo en perpetua embriaguez de visionario. Su atributo son los ojos en pasmo. Por eso los antiguos dieron a Minerva la lechuza, el pájaro con los ojos siempre deslumbrados.

La aglomeración, el lleno, no era antes frecuente. ¿Por qué lo es ahora?

Los componentes de esas muchedumbres no han surgido de la nada. Aproximadamente, el mismo número de personas existía hace quince años. Después de la guerra parecería natural que ese número fuese menor. Aquí topamos, sin embargo, con la primera nota importante. Los individuos que integran estas muchedumbres preexistían, pero no como muchedumbre. Repartidos por el mundo en pequeños grupos, o solitarios, llevaban una vida, por lo visto, divergente, disociada, distante. Cada cual –individuo o pequeño grupo– ocupaba un sitio, tal vez el suyo, en el campo, en la aldea, en la villa, en el barrio de la gran ciudad.

Ahora, de pronto, aparecen bajo la especie de aglomeración, y nuestros ojos ven dondequiera muchedumbres. ¿Dondequiera? No, no; precisamente en los lugares mejores, creación relativamente refinada de la cultura humana, reservados antes a grupos menores, en definitiva, a minorías.

La muchedumbre, de pronto, se ha hecho visible, se ha instalado en los lugares preferentes de la sociedad. Antes, si existía, pasaba inadvertida, ocupaba el fondo del escenario social; ahora se ha adelantado a las baterías, es ella el personaje principal. Ya no hay protagonistas: sólo hay coro.

El concepto de muchedumbre es cuantitativo y visual. Traduzcámoslo, sin alterarlo, a la terminología sociológica. Entonces hallamos la idea de masa social. La sociedad es siempre una unidad dinámica de dos factores: minorías y masas. Las minorías son individuos o grupos de individuos especialmente cualificados. La masa es el conjunto de personas no especialmente cualificadas. No se entienda, pues, por masas sólo ni principalmente «las masas obreras». Masa es «el hombre medio». De este modo se convierte lo que era meramente cantidad –la muchedumbre– en una determinación cualitativa: es la cualidad común, es lo mostrenco social, es el hombre en cuanto no se diferencia de otros hombres, sino que repite en sí un tipo genérico. ¿Qué hemos ganado con esta conversión de la cantidad a la cualidad? Muy sencillo: por medio de ésta comprendemos la génesis de aquélla.

Es evidente, hasta perogrullesco, que la formación normal de una muchedumbre implica la coincidencia de deseos, de ideas, de modo de ser en los individuos que la integran. Se dirá que es lo que acontece con todo grupo social, por selecto que pretenda ser. En efecto; pero hay una esencial diferencia.

En los grupos que se caracterizan por no ser muchedumbre y masa, la coincidencia efectiva de sus miembros consiste en algún deseo, idea o ideal, que por sí solo excluye el gran número. Para formar una minoría, sea la que sea, es preciso que antes cada cual se separe de la muchedumbre por razones *especiales*, relativamente individuales. Su coincidencia con los otros que forman la minoría es, pues, secundaria, posterior a haberse cada cual singularizado, y es, por tanto, en buena parte una coincidencia en no coincidir. Hay casos en que este carácter singularizador del grupo aparece a la intemperie: los grupos ingleses que se llaman a sí mismos «no conformistas», es decir, la agrupación de los que concuerdan sólo en su disconformidad respecto a la muchedumbre ilimitada. Este ingrediente de juntarse los menos precisamente para separarse de los más va siempre involucrado en la formación de toda minoría. Hablando del reducido público que escuchaba a un músico refinado, dice graciosamente Mallarmé que aquel público subrayaba con la presencia de su escasez la ausencia multitudinaria.

En rigor, la masa puede definirse, como hecho psicológico sin necesidad de esperar a que aparezcan los individuos en aglomeración. Delante de una sola persona podemos saber si es masa o no. Masa es todo aquél que no se valora a sí mismo –en bien o en mal– por razones especiales, sino que se siente «como todo el mundo» y, sin embargo, no se angustia, se siente a sabor al sentirse idéntico a los demás. Imagínese un hombre humilde que al intentar valorarse por razones especiales –al preguntarse si tiene talento para esto o lo otro, si sobresale en algún orden– advierte que no posee ninguna calidad excelente. Este hombre se sentirá mediocre y vulgar, mal dotado; pero no se sentirá «masa».

Cuando se habla de «minorías selectas», la habitual bellaquería suele tergiversar el sentido de esta expresión fingiendo ignorar que el hombre selecto no es el petulante que se cree superior a los demás, sino el que se exige más que los demás, aunque no logre cumplir en su persona esas exigencias superiores. Y es indudable que la división más radical que cabe hacer en la humanidad es ésta, en dos clases de criaturas: las que se exigen mucho y acumulan sobre sí mismas dificultades y deberes y las que no se exigen nada especial, sino que para ellas vivir es ser en cada instante lo que ya son, sin esfuerzo de perfección sobre sí mismas, boyas que van a la deriva.

Esto me recuerda que el budismo ortodoxo se compone de dos religiones distintas: una, más rigorosa y difícil; otra, más laxa y trivial: el Mahayana –«gran vehículo» o «gran carril»– y el Hinayana –«pequeño vehículo», «camino menor». Lo decisivo es si ponemos nuestra vida a uno u otro vehículo, a un máximo de exigencias o a un mínimo.

La división de la sociedad en masas y minorías excelentes no es, por tanto, una división en clases sociales, sino en clases de hombres, y no puede coincidir con la jerarquización en clases superiores e inferiores. Claro está que en las superiores, cuando llegan a serlo y mientras lo fueron de verdad, hay más verosimilitud de hallar hombres que adoptan el «gran vehículo», mientras las inferiores están normalmente constituidas por individuos sin calidad. Pero, en rigor, dentro de cada clase social hay masa y minoría auténtica. Como veremos, es característico del tiempo el predominio, aun en los grupos cuya tradición era selectiva, de la masa y el vulgo. Así, en la vida intelectual, que por su misma esencia requiere y supone la cualificación, se advierte el progresivo triunfo de los seudointelectuales incualificados, incalificables y descalificados por su propia contextura. Lo mismo en los grupos supervivientes de la «nobleza» masculina y femenina. En cambio, no es raro encontrar hoy entre los obreros, que antes podían valer como el ejemplo más puro de esto que llamamos «masa», almas egregiamente disciplinadas.

Ahora bien: existen en la sociedad operaciones, actividades, funciones del más diverso orden, que son, por su misma naturaleza, especiales, y consecuentemente no pueden ser bien ejecutadas sin dotes también especiales. Por ejemplo: ciertos placeres de carácter artístico y lujoso, o bien las funciones de gobierno y de juicio político sobre los asuntos públicos. Antes eran ejercidas estas actividades especiales por minorías calificadas –calificadas, por lo menos, en pretensión. La masa no pretendía intervenir en ellas: se daba cuenta de que si quería intervenir tendría congruentemente que adquirir esas dotes especiales y dejar de ser masa. Conocía su papel en una saludable dinámica social.

Si ahora retrocedemos a los hechos enunciados al principio, nos aparecerán inequívocamente como nuncios de un cambio de actitud en la masa. Todos ellos indican que ésta ha resuelto adelantarse al primer plano social y ocupar los locales y usar los utensilios y gozar de los placeres antes adscritos a los pocos. Es evidente que, por ejemplo, los locales no estaban premeditados para las muchedumbres, puesto que su dimensión es muy reducida y el gentío rebosa constantemente de ellos, demostrando a los ojos y con lenguaje visible el hecho nuevo: la masa, que, sin dejar de serlo, suplanta a las minorías.

Nadie, creo yo, deplorará que las gentes gocen hoy en mayor medida y número que antes, ya que tienen para ello el apetito y los medios. Lo malo es que esta decisión tomada por las masas de asumir las actividades propias de las minorías, no se manifiesta, ni puede manifestarse, sólo en el orden de los placeres, sino que es una manera general del tiempo. Así –anticipando lo que luego veremos–, creo que las innovaciones políticas de los más recientes años no significan otra cosa que el imperio político de las masas. La vieja democracia vivía templada por una abundante dosis de liberalismo y de entusiasmo por la ley. Al servir a estos principios, el individuo se obligaba a sostener en sí mismo una disciplina difícil. Al amparo del principio liberal y de la norma jurídica podían actuar y vivir las minorías. Democracia y ley, convivencia legal, eran sinónimos. Hoy asistimos al triunfo de una hiperdemocracia en que la masa actúa directamente sin ley, por medio de materiales presiones, imponiendo sus aspiraciones y sus gustos. Es falso interpretar las situaciones nuevas como si la masa se hubiese cansado de la política y encargase a personas especiales su ejercicio. Todo lo contrario. Eso era lo que antes acontecía, eso era la democracia liberal. La masa presumía que, al fin y al cabo, con todos sus defectos y lacras, las minorías de los políticos entendían un poco más de los problemas públicos que ella. Ahora, en cambio, cree la masa que tiene derecho a imponer y dar vigor de ley a sus tópicos de café. Yo dudo que haya habido otras épocas de la historia en que la muchedumbre llegase a gobernar tan directamente como en nuestro tiempo. Por eso hablo de hiperdemocracia.

Lo propio acaece en los demás órdenes, muy especialmente en el intelectual. Tal vez padezco un error; pero el escritor, al tomar la pluma para escribir sobre un tema que ha estudiado largamente, debe pensar que el lector medio, que nunca se ha ocupado del asunto, si le lee, no es con el fin de aprender algo de él, sino, al revés, para sentenciar sobre él cuando no coincide con las vulgaridades que este lector tiene en la cabeza. Si los individuos que integran la masa se creyesen especialmente dotados, tendríamos no más que un caso de error personal, pero no una subversión sociológica. *Lo característico del momento es que el alma vulgar, sabiéndose vulgar, tiene el denuedo de afirmar el derecho de la vulgaridad y lo impone dondequiera*. Como se dice en Norteamérica: ser diferente es indecente. La masa arrolla todo lo diferente, egregio, individual, calificado y selecto. Quien no sea como todo el mundo, quien no piense como todo el mundo corre riesgo de ser eliminado. Y claro está que ese «todo el mundo» no es «todo el mundo». «Todo el mundo» era, normalmente, la unidad compleja de masa y minorías discrepantes, especiales. Ahora todo el mundo es sólo la masa.

Éste es el hecho formidable de nuestro tiempo, descrito sin ocultar la brutalidad de su apariencia.

II

LA SUBIDA DEL NIVEL HISTÓRICO

Éste es el hecho formidable de nuestro tiempo, descrito sin ocultar la brutalidad de su apariencia. Es, además, de una absoluta novedad en la historia de nuestra civilización. Jamás, en todo su desarrollo, ha acontecido nada parejo. Si hemos de hallar algo semejante, tendríamos que brincar fuera de nuestra historia y sumergirnos en un orbe, en un elemento vital, completamente distinto del nuestro; tendríamos que insinuarnos en el mundo antiguo y llegar a su hora de declinación. La historia del Imperio Romano es también la historia de la subversión, del imperio de las masas, que absorben y anulan las minorías dirigentes y se colocan en su lugar. Entonces se produce también el fenómeno de la aglomeración, del lleno. Por eso, como ha observado muy bien Spengler, hubo que construir, al modo que ahora, enormes edificios. La época de las masas es la época de lo colosal[1].

---

1. Lo trágico de aquel proceso es que, mientras se formaban estas aglomeraciones, comenzaba la despoblación de las campiñas, que

Vivimos bajo el brutal imperio de las masas. Perfectamente; ya hemos llamado dos veces «brutal» a este imperio, ya hemos pagado nuestro tributo al dios de los tópicos; ahora, con el billete en la mano, podemos alegremente ingresar en el tema, ver por dentro el espectáculo. ¿O se creía que iba a contentarme con esa descripción, tal vez exacta, pero externa, que es sólo el haz, la vertiente, bajo los cuales se presenta el hecho tremendo cuando se le mira desde el pasado? Si yo dejase aquí este asunto y estrangulase sin más mi presente ensayo, quedaría el lector pensando, muy justamente, que este fabuloso advenimiento de las masas a la superficie de la historia no me inspiraba otra cosa que algunas palabras displicentes, desdeñosas, un poco de abominación y otro poco de repugnancia; a mí, de quien es notorio que sustento una interpretación de la historia radicalmente aristocrática[1]. Es radical, porque yo no he dicho nunca que la sociedad humana *deba* ser aristocrática, sino mucho más que eso. He dicho, y sigo creyendo, cada día con más enérgica convicción, que la sociedad humana *es* aristocrática siempre, quiera o no, por su esencia misma, hasta el punto de que es sociedad en la medida en que sea aristocrática, y deja de serlo en la medida en que se desaristocratice. Bien

---

había de traer la mengua absoluta en el número de habitantes del Imperio.

1. Véase *España invertebrada*, 1921, fecha de su primera publicación como serie de artículos en el diario *El Sol.*

Aprovecho esta ocasión para hacer notar a los extranjeros que generosamente escriben sobre mis libros, y encuentran, a veces, dificultades para precisar la fecha primera de su aparición, el hecho de que casi toda mi obra ha salido al mundo usando el antifaz de artículos periodísticos; mucha parte de ella ha tardado largos años en atreverse a ser libro (1946).

entendido que hablo de la sociedad y no del Estado. Nadie puede creer que, frente a este fabuloso encrespamiento de la masa, sea lo aristocrático contentarse con hacer un breve mohín amanerado, como un caballerito de Versalles. Versalles –se entiende ese Versalles de los mohines– no es aristocracia, es todo lo contrario: es la muerte y la putrefacción de una magnífica aristocracia. Por eso, de verdaderamente aristocrático sólo quedaba en aquellos seres la gracia digna con que sabían recibir en su cuello la visita de la guillotina; la aceptaban como el tumor acepta el bisturí. No; a quien sienta la misión profunda de las aristocracias, el espectáculo de la masa le incita y enardece como al escultor la presencia del mármol virgen. La aristocracia social no se parece nada a ese grupo reducidísimo que pretende asumir para sí íntegro el nombre de «sociedad», que se llama a sí mismo «la sociedad», y que vive simplemente de invitarse o de no invitarse. Como todo en el mundo tiene su virtud y su misión, también tiene las suyas dentro del vasto mundo este pequeño «mundo elegante», pero una misión muy subalterna e incomparable con la faena hercúlea de las auténticas aristocracias. Yo no tendría inconveniente en hablar sobre el sentido que posee esa vida elegante, en apariencia tan sin sentido; pero nuestro tema es ahora otro de mayores proporciones. Por supuesto que esa misma «sociedad distinguida» va también con el tiempo. Me hizo meditar mucho cierta damita en flor, toda juventud y actualidad, estrella de primera magnitud en el zodíaco de la elegancia madrileña, porque me dijo: «Yo no puedo sufrir un baile al que han sido invitadas menos de ochocientas personas». A través de esta frase vi que el estilo de las masas triunfa hoy sobre toda el área de la vida y se impone aun en aquellos últimos rincones que parecían reservados a los *happy few*.

Rechazo, pues, igualmente, toda interpretación de nuestro tiempo que no descubra la significación positiva oculta bajo el actual imperio de las masas y las que lo aceptan beatamente, sin estremecerse de espanto. Todo destino es dramático y trágico en su profunda dimensión. Quien no haya sentido en la mano palpitar el peligro del tiempo, no ha llegado a la entraña del destino, no ha hecho más que acariciar su mórbida mejilla. En el nuestro, el ingrediente terrible lo pone la arrolladora y violenta sublevación moral de las masas, imponente, indomable y equívoca como todo destino. ¿Adónde nos lleva? ¿Es un mal absoluto o un bien posible? ¡Ahí está, colosal, instalada sobre nuestro tiempo como un gigante, cósmico signo de interrogación, el cual tiene siempre una forma equívoca, con algo, en efecto, de guillotina o de horca, pero también con algo que quisiera ser un arco triunfal!

El hecho que necesitamos someter a anatomía puede formularse bajo estas dos rúbricas: primera, las masas ejercitan hoy un repertorio vital que coincide, en gran parte, con el que antes parecía reservado exclusivamente a las minorías; segunda, al propio tiempo, las masas se han hecho indóciles frente a las minorías; no las obedecen, no las siguen, no las respetan, sino que, por el contrario, las dan de lado y las suplantan.

Analicemos la primera rúbrica. Quiero decir con ella que las masas gozan de los placeres y usan los utensilios inventados por los grupos selectos y que antes sólo éstos usufructuaban. Sienten apetitos y necesidades que antes se calificaban de refinamientos, porque eran patrimonio de pocos.

Un ejemplo trivial: en 1820 no había en París diez cuartos de baño en casas particulares; véanse las Memorias de la *comtesse* de Boigne. Pero más aún: las masas conocen y emplean hoy, con relativa suficiencia, muchas de las técnicas que antes manejaban sólo individuos especializados.

Y no sólo las técnicas materiales, sino, lo que es más importante, las técnicas jurídicas y sociales. En el siglo XVIII, ciertas minorías descubrieron que todo individuo humano, por el mero hecho de nacer, y sin necesidad de cualificación especial alguna, poseía ciertos derechos políticos fundamentales, los llamados derechos del hombre y del ciudadano, y que, en rigor, estos derechos comunes a todos son los únicos existentes. Todo otro derecho afecto a dotes especiales quedaba condenado como privilegio. Fue esto, primero, un puro teorema e idea de unos pocos; luego, esos pocos comenzaron a usar prácticamente de esa idea, a imponerla y reclamarla: las minorías mejores. Sin embargo, durante todo el siglo XIX, la masa, que iba entusiasmándose con la idea de esos derechos como con un ideal, no los sentía en sí, no los ejercitaba ni hacía valer, sino que de hecho, bajo las legislaciones democráticas, seguía viviendo, seguía sintiéndose a sí misma como en el antiguo régimen. El «pueblo» –según entonces se le llamaba–, el «pueblo» sabía ya que era soberano; pero no lo creía. Hoy aquel ideal se ha convertido en una realidad, no ya en las legislaciones, que son esquemas externos de la vida pública, sino en el corazón de todo individuo, cualesquiera que sean sus ideas, inclusive cuando sus ideas son reaccionarias; *es decir, inclusive cuando machaca y tritura las instituciones donde aquellos derechos se sancionan.* A mi juicio, quien no entienda esta curiosa situación moral de las masas, no puede explicarse nada de lo que hoy comienza a acontecer en el mundo. La soberanía del individuo no cualificado, del individuo humano genérico y como tal, ha pasado, de idea o ideal jurídico que era, a ser un estado psicológico constitutivo del hombre medio. Y nótese bien: cuando algo que fue ideal se hace ingrediente de la realidad, inexorablemente deja de ser ideal. El prestigio y la magia autorizante, que son atributos del ideal, que son su efecto sobre el hombre, se volatilizan. Los derechos niveladores de la generosa inspiración democrática se han convertido, de aspiraciones e ideales, en apetitos y supuestos inconscientes.

Ahora bien: el sentido de aquellos derechos no era otro que sacar las almas humanas de su interna servidumbre y proclamar dentro de ellas una cierta conciencia de señorío y dignidad. ¿No era esto lo que se quería? ¿Que el hombre medio se sintiese amo, dueño, señor de sí mismo y de su vida? Ya está logrado. ¿Por qué se quejan los liberales, los demócratas, los progresistas de hace treinta años? O ¿es que, como los niños, quieren una cosa, pero no sus consecuencias? Se quiere que el hombre medio sea señor. Entonces no extrañe que actúe por sí y ante sí, que reclame todos los placeres, que imponga decidido su voluntad, que se niegue a toda servidumbre, que no siga dócil a nadie, que cuide su persona y sus ocios, que perfile su indumentaria: son algunos de los atributos perennes que acompañan a la conciencia de señorío. Hoy los hallamos residiendo en el hombre medio, en la masa.

Tenemos, pues, que la vida del hombre medio está ahora constituida por el repertorio vital que antes caracterizaba sólo a las minorías culminantes. Ahora bien: el hombre medio representa el área sobre que se mueve la historia de cada época; es en la historia lo que el nivel del mar en la geografía. Si, pues, el nivel medio se halla hoy donde antes sólo tocaban las aristocracias, quiere decirse lisa y llanamente que el nivel de la historia ha subido de pronto –tras de largas y subterráneas preparaciones, pero en su manifestación, de pronto–, de un salto, en una generación. La vida humana, en totalidad, ha ascendido. El soldado del día, diríamos, tiene mucho de capitán; el ejército humano se compone ya de capitanes. Basta ver la energía, la resolución, la soltura con que cualquier individuo se mueve hoy por la existencia, agarra el placer que pasa, impone su decisión.

Todo el bien, todo el mal del presente y del inmediato porvenir tienen en este ascenso general del nivel histórico su causa y su raíz.

Pero ahora nos ocurre una advertencia impremeditada. Eso, que el nivel medio de la vida sea el de las antiguas minorías, es un hecho nuevo en Europa; pero era el hecho nativo, constitucional, de América. Piense el lector, para ver clara mi intención, en la conciencia de igualdad jurídica. Ese estado psicológico de sentirse amo y señor de sí e igual a cualquier otro individuo, que en Europa sólo los grupos sobresalientes lograban adquirir, es lo que desde el siglo XVIII, prácticamente desde siempre, acontecía en América. ¡Y nueva coincidencia, aún más curiosa! Al aparecer en Europa ese estado psicológico del hombre medio, al subir el nivel de su existencia integral, el tono y maneras de la vida europea en todos los órdenes adquiere de pronto una fisonomía que hizo decir a muchos: «Europa se está americanizando». Los que esto decían no daban al fenómeno importancia mayor; creían que se trataba de un ligero cambio en las costumbres, de una moda, y, desorientados por el parecido externo, lo atribuían a no se sabe qué influjo de América sobre Europa. Con ello, a mi juicio, se ha trivializado la cuestión, que es mucho más sutil y sorprendente y profunda.

La galantería intenta ahora sobornarme para que yo diga a los hombres de Ultramar que, en efecto, Europa se ha americanizado y que esto es debido a un influjo de América sobre Europa. Pero no; la verdad entra ahora en colisión con la galantería, y debe triunfar. Europa no se ha americanizado. No ha recibido aún influjo grande de América. Lo uno y lo otro, si acaso, se inician ahora mismo; pero no se produjeron en el próximo pasado, de que el presente es brote. Hay aquí un cúmulo desesperante de ideas falsas que nos estorban la visión a unos y a otros, a americanos y a europeos. El triunfo de las masas y la consiguiente magnífica ascensión de nivel vital han acontecido en Europa por razones internas, después de dos siglos de educación progresista de las muchedumbres y de un paralelo enriquecimiento económico de la sociedad. Pero ello es que el resultado coincide con el rasgo más decisivo de la existencia americana; y por eso, porque coincide la situación moral del hombre medio europeo con la del americano, ha acaecido que por vez primera el europeo entiende la vida americana, que antes le era un enigma y un misterio. No se trata, pues, de un influjo, que sería un poco extraño, que sería un reflujo, sino de lo que menos se sospecha aún; se trata de una nivelación. Desde siempre se entreveía oscuramente por los europeos que el nivel medio de la vida era más alto en América que en el viejo continente. La intuición, poco analítica, pero evidente de este hecho, dio origen a la idea, siempre aceptada, nunca puesta en duda, de que América era el porvenir. Se comprenderá que idea tan amplia y tan arraigada no podía venir del viento, como dicen que las orquídeas se crían en el aire, sin raíces. El fundamento era aquella entrevisión de un nivel más elevado en la vida media de Ultramar, que contrastaba con el nivel inferior de las minorías mejores de América comparadas con las europeas. Pero la historia, como la agricultura, se nutre de los valles y no de las cimas, de la altitud media social y no de las eminencias.

Vivimos en sazón de nivelaciones; se nivelan las fortunas, se nivela la cultura entre las distintas clases sociales, se nivelan los sexos. Pues bien: también se nivelan los continentes. Y como el europeo se hallaba vitalmente más bajo, en esta nivelación no ha hecho sino ganar. Por tanto, mirada desde este haz, la subversión de las masas significa un fabuloso aumento de vitalidad y de posibilidades; todo lo contrario, pues, de lo que oímos tan a menudo sobre la decadencia de Europa. Frase confusa y tosca, donde no se sabe bien de qué se habla, si de los Estados europeos, de la cultura europea o de lo que está bajo todo esto e importa infinitamente más que todo esto, a saber: de la vitalidad europea. De los Estados y de la cultura europea diremos algún vocablo más adelante –y acaso la frase susodicha valga para ellos–; pero en cuanto a la vitalidad, conviene desde luego hacer constar que se trata de un craso error. Dicha en otro giro, tal vez mi afirmación parezca más convincente o menos inverosímil; digo, pues, que hoy un italiano medio, un español medio, un alemán medio, se diferencian menos en tono vital de un yanqui o de un argentino que hace treinta años. Y éste es un dato que no deben olvidar los americanos.

# III

## LA ALTURA DE LOS TIEMPOS

El imperio de las masas presenta, pues, una vertiente favorable en cuanto significa una subida de todo el nivel histórico, y revela que la vida media se mueve hoy en altura superior a la que ayer pisaba. Lo cual nos hace caer en la cuenta de que la vida puede tener altitudes diferentes, y que es una frase llena de sentido la que sin sentido suele repetirse cuando se habla de la altura de los tiempos. Conviene que nos detengamos en este punto, porque él nos proporciona manera de fijar uno de los caracteres más sorprendentes de nuestra época.

Se dice, por ejemplo, que esta o la otra cosa no es propia de la altura de los tiempos. En efecto; no el tiempo abstracto de la cronología, que es todo él llano, sino el tiempo vital, lo que cada generación llama «nuestro tiempo», tiene siempre cierta altitud, se eleva hoy sobre ayer, o se mantiene a la par, o cae por debajo. La imagen de caer, envainada en el vocablo decadencia, procede de esta intuición. Asimismo cada cual siente, con mayor o menor claridad, la relación en que su vida propia se encuentra con la altura del tiempo donde transcurre. Hay quien se siente en los modos de la existencia actual como un náufrago que no logra salir a flote. La velocidad del *tempo* con que hoy marchan las cosas, el ímpetu y energía con que se hace todo, angustian al hombre de temple arcaico, y esta angustia mide el desnivel entre la altura de su pulso y la altura de la época. Por otra parte, el que vive con plenitud y a gusto las formas del presente, tiene conciencia de la relación entre la altura de nuestro tiempo y la altura de las diversas edades pretéritas. ¿Cuál es esa relación?

Fuera erróneo suponer que siempre el hombre de una época siente las pasadas, simplemente porque pasadas, como más bajas de nivel que la suya. Bastaría recordar que, al *parescer* de Jorge Manrique,

> *Cualquiera tiempo pasado*
> *fue mejor.*

Pero esto tampoco es verdad. Ni todas las edades se han sentido inferiores a alguna del pasado, ni todas se han creído superiores a cuantas fueron y recuerdan. Cada edad histórica manifiesta una sensación diferente ante ese extraño fenómeno de la altitud vital, y me sorprende que no hayan reparado nunca pensadores e historiógrafos en hecho tan evidente y sustancioso.

La impresión que Jorge Manrique declara, ha sido ciertamente la más general, por lo menos si se toma *grosso modo*. A la mayor parte de las épocas no les pareció su tiempo más elevado que otras edades antiguas. Al contrario, lo más sólito ha sido que los hombres supongan en un vago pretérito tiempos mejores, de existencia más plenaria: la «edad de oro», decimos los educados por Grecia y Roma; la *Alcheringa*, dicen los salvajes australianos. Esto revela que esos hombres sentían el pulso de su propia vida más o menos falto de plenitud, decaído, incapaz de henchir por completo el cauce de las venas. Por esta razón respetaban el pasado, los tiempos «clásicos», cuya existencia se les presentaba como algo más ancho, más rico, más perfecto y difícil que la vida de su tiempo. Al mirar atrás e imaginar esos siglos más valiosos, les parecía no dominarlos, sino, al contrario, quedar bajo ellos, como un grado de temperatura, si tuviese conciencia, sentiría que no contiene en sí el grado superior; antes bien, que hay en éste más calorías que en él mismo. Desde ciento cincuenta años después de Cristo, esta impresión de encogimiento vital, de venir a menos, de decaer y perder pulso, crece progresivamente en el Imperio romano. Ya Horacio había cantado: «Nuestros padres, peores que nuestros abuelos, nos engendraron a nosotros aún más depravados, y nosotros daremos una progenie todavía más incapaz». *(Odas.* Libro III, 6).

*Aetas parentum peior avis tulit*
*nos nequiores, mox daturos*
*progeniem vitiosiorem.*

Dos siglos más tarde no había en todo el Imperio bastantes itálicos medianamente valerosos con quienes cubrir las plazas de centuriones, y hubo que alquilar para este oficio a dálmatas, y luego a bárbaros del Danubio y el Rin. Mientras tanto, las mujeres se hicieron estériles e Italia se despobló.

Veamos ahora otra clase de épocas que gozan de una impresión vital al parecer la más opuesta a ésa. Se trata de un fenómeno muy curioso, que nos importa mucho definir. Cuando hace no más de treinta años los políticos peroraban ante las multitudes, solían rechazar esta o la otra medida de gobierno, tal o cual desmán, diciendo que era impropio de la plenitud de los tiempos. Es curioso recordar que la misma frase aparece empleada por Trajano en su famosa carta a Plinio, al recomendarle que no se persiguiese a los cristianos en virtud de denuncias anónimas: *Nec nostri saeculi est.* Ha habido, pues, varias épocas en la historia que se han sentido a sí mismas como arribadas a una altura plena, definitiva; tiempos en que se cree haber llegado al término de un viaje, en que se cumple un afán antiguo y plenifica una esperanza. Es la «plenitud de los tiempos», la completa madurez de la vida histórica. Hace treinta años, en efecto, creía el europeo que la vida humana había llegado a ser lo que debía ser, lo que desde muchas generaciones se venía anhelando que fuese, lo que tendría ya que ser siempre. Los tiempos de plenitud se sienten siempre como resultado de otras muchas edades preparatorias, de otros tiempos sin plenitud, inferiores al propio, sobre los cuales va montada esta hora bien granada. Vistos desde su altura, aquellos períodos preparatorios aparecen como si en ellos se hubiese vivido de puro afán e ilusión no lograda; tiempos de sólo deseo insatisfecho, de ardientes precursores, de «todavía no», de contraste penoso entre una aspiración clara y la realidad que no le corresponde. Así ve a la Edad Media el siglo XIX. Por fin llega un día en que ese viejo deseo, a veces milenario, parece cumplirse: la realidad lo recoge y obedece. ¡Hemos llegado a la altura entrevista, a la meta anticipada, a la cima del tiempo! Al «todavía no» ha sucedido el «por fin».

Ésta era la sensación que de su propia vida tenían nuestros padres y toda su centuria. No se olvide esto: nuestro tiempo es un tiempo que viene después de un tiempo de plenitud. De aquí que, irremediablemente, el que siga adscrito a la otra orilla, a ese próximo plenario pasado, y lo mire todo bajo su óptica, sufrirá el espejismo de sentir la edad presente como un caer desde la plenitud, como una decadencia.

Pero un viejo aficionado a la historia, empedernido tomador de pulso de tiempos, no puede dejarse alucinar por esa óptica de las supuestas plenitudes.

Según he dicho, lo esencial para que exista «plenitud de los tiempos» es que un deseo antiguo, el cual venía arrastrándose anheloso y querulante durante siglos, por fin un día queda satisfecho. Y, en efecto, esos tiempos plenos son tiempos satisfechos de sí mismos; a veces, como en el siglo XIX, archisatisfechos[1]. Pero ahora caemos en la cuenta de que esos siglos tan satisfechos, tan logrados, están muertos por dentro. *La auténtica plenitud vital no consiste en la satisfacción, en el logro, en la arribada.* Ya decía Cervantes que «el camino es siempre mejor

---

[1]. En los cuños de las monedas de Adriano se leen cosas como éstas: *Italia Felix, Saeculum aureum, Tellus stabilita, Temporum felicitas.* Aparte el gran repertorio numismático de Cohen, véanse algunas monedas reproducidas en Rostovtzeff: *The social and economic history of the Roman Empire,* 1926, lámina LII y página 588, nota 6.

que la posada». Un tiempo que ha satisfecho su deseo, su ideal, es que ya no desea nada más, que se le ha secado la fontana del desear. Es decir, que la famosa plenitud es en realidad una conclusión. Hay siglos que por no saber renovar sus deseos mueren de satisfacción, como muere el zángano afortunado después del vuelo nupcial[1].

De aquí el dato sorprendente de que esas etapas de llamada plenitud hayan sentido siempre en el poso de sí mismas una peculiarísima tristeza.

El deseo tan lentamente gestado, y que en el siglo XIX parece al cabo realizarse, es lo que, resumiendo, se denominó a sí mismo «cultura moderna». Ya el nombre es inquietante: ¡que un tiempo se llame a sí mismo «moderno», es decir, último, definitivo, frente al cual todos los demás son puros pretéritos, modestas preparaciones y aspiraciones hacia él! ¡Saetas sin brío que fallan al blanco![2]

¿No se palpa ya aquí la diferencia esencial entre nuestro tiempo y ése que acaba de preterir, de trasponer? Nuestro tiempo, en efecto, no se siente ya definitivo; al contrario, en su raíz misma encuentra oscuramente la intuición de que no hay tiempos definitivos, seguros, para siempre

---

1. No dejen de leerse las maravillosas páginas de Hegel sobre los tiempos satisfechos en su *Filosofía de la Historia*, traducción de José Gaos. Revista de Occidente, tomo I, págs. 41 y siguientes.
2. El sentido originario de «moderno», «modernidad», con que los últimos tiempos se han bautizado a sí mismos, declara muy agudamente esa sensación de «altura de los tiempos» que ahora analizo. Moderno es lo que está según el *modo*; se entiende el modo nuevo, modificación o moda que en *tal* presente ha surgido frente a los modos viejos, tradicionales, que se usaron en el pasado. La palabra «moderno» expresa, pues, la conciencia de una nueva vida, superior a la antigua, y a la vez el imperativo de estar a la altura de los tiempos. Para el «moderno», no serlo equivale a caer bajo el nivel histórico.

cristalizados, sino que, al revés, esa pretensión de que un tipo de vida –el llamado «cultura moderna»– fuese definitivo, nos parece una obcecación y estrechez inverosímiles del campo visual. Y al sentir así, percibimos una deliciosa impresión de habernos evadido de un recinto angosto y hermético, de haber escapado y salir de nuevo bajo las estrellas al mundo auténtico, profundo, terrible, imprevisible e inagotable, donde todo, todo es posible: lo mejor y lo peor.

La fe en la cultura moderna era triste: era saber que mañana iba a ser en todo lo esencial igual a hoy, que el progreso consistía sólo en avanzar por todos los siempres sobre un camino idéntico al que ya estaba bajo nuestros pies. Un camino así es más bien una prisión que, elástica, se alarga sin libertarnos.

Cuando en los comienzos del Imperio algún fino provincial llegaba a Roma –Lucano, por ejemplo, o Séneca– y veía las majestuosas construcciones imperiales, símbolo de un poder definitivo, sentía contraerse su corazón. Ya nada nuevo podía pasar en el mundo. Roma era eterna. Y si hay una melancolía de las ruinas, que se levanta de ellas como el vaho de las aguas muertas, el provincial sensible percibía una melancolía no menos premiosa, aunque de signo inverso: la melancolía de los edificios eternos.

Frente a ese estado emotivo, ¿no es evidente que la sensación de nuestra época se parece más a la alegría y alboroto de chicos que se han escapado de la escuela? Ahora ya no sabemos lo que va a pasar mañana en el mundo, y eso secretamente nos regocija; porque eso, ser imprevisible, ser un horizonte siempre abierto a toda posibilidad, es la vida auténtica, la verdadera plenitud de la vida.

Contrasta este diagnóstico, al cual falta, es cierto, su otra mitad, con la quejumbre de decadencias que lloriquea en las páginas de tantos contemporáneos. Se trata de un error óptico que proviene de múltiples causas. Otro día veremos algunas; pero hoy quiero anticipar la más obvia: proviene de que, fieles a una ideología, en mi opinión periclitada, miran de la historia sólo la política o la cultura, y no advierten que todo eso es sólo la superficie de la historia; que la realidad histórica es, antes que eso y más hondo que eso, un puro afán de vivir, una potencia parecida a las cósmicas; no la misma, por tanto, no natural, pero sí hermana de la que inquieta al mar, fecundiza a la fiera, pone flor en el árbol, hace temblar a la estrella.

Frente a los diagnósticos de decadencia yo recomiendo el siguiente razonamiento:

La decadencia es, claro está, un concepto comparativo. Se decae de un estado superior hacia un estado inferior. Ahora bien: esa comparación puede hacerse desde los puntos de vista más diferentes y varios que quepa imaginar. Para un fabricante de boquillas de ámbar, el mundo está en decadencia porque ya no se fuma apenas con boquillas de ámbar. Otros puntos de vista serán más respetables que éste, pero, en rigor, no dejan de ser parciales, arbitrarios y externos a la vida misma cuyos quilates se trata precisamente de evaluar. No hay más que un punto de vista justificado y natural: instalarse en esa vida, contemplarla desde dentro y ver si ella se siente a sí misma decaída, es decir, menguada, debilitada e insípida.

Pero aun mirada por dentro de sí misma, ¿cómo se conoce que una vida se siente o no decaer? Para mí no cabe duda respecto al síntoma decisivo: una vida que no prefiere otra ninguna de antes, de ningún antes, por tanto, que se prefiere a sí misma, no puede en ningún sentido serio llamarse decadente. A esto venía toda mi excursión sobre el problema de la altitud de los tiempos. Pues acaece que precisamente el nuestro goza en este punto de una sensación extrañísima; que yo sepa, única hasta ahora en la historia conocida.

En los salones del último siglo llegaba indefectiblemente una hora en que las damas y sus poetas amaestrados se hacían unos a otros esta pregunta: ¿En qué época quisiera usted haber vivido? Y he aquí que cada uno, echándose a cuestas la figura de su propia vida, se dedicaba a vagar imaginariamente por las vías históricas en busca de un tiempo donde encajar a gusto el perfil de su existencia. Y es que, aun sintiéndose, o por sentirse en plenitud, ese siglo XIX quedaba, en efecto, ligado al pasado, sobre cuyos hombros creía estar; se veía, en efecto, como la culminación del pasado. De aquí que aún creyese en épocas relativamente clásicas –el siglo de Pericles, el Renacimiento–, donde se habían preparado los valores vigentes. Esto bastaría para hacernos sospechar de los tiempos de plenitud; llevan la cara vuelta hacia atrás, miran el pasado que en ellos se cumple.

Pues bien: ¿qué diría sinceramente cualquier hombre representativo del presente a quien se hiciese una pregunta parecida? Yo creo que no es dudoso: cualquier pasado, sin excluir ninguno, le daría la impresión de un recinto angosto donde no podría respirar. Es decir, que el hombre del presente siente que su vida es más vida que todas las antiguas, o, dicho viceversa, que el pasado íntegro se le ha quedado chico a la humanidad actual. Esta intuición de nuestra vida de hoy anula con su claridad elemental toda lucubración sobre decadencia que no sea muy cautelosa.

Nuestra vida se siente, por lo pronto, de mayor tamaño que todas las vidas. ¿Cómo podrá sentirse decadente? Todo lo contrario: lo que ha acaecido es que, de puro sentirse más vida, ha perdido todo respeto, toda atención hacia el pasado. De aquí que por vez primera nos encontremos con una época que hace tabla rasa de todo clasicismo, que no reconoce en nada pretérito posible modelo o norma, y sobrevenida al cabo de tantos siglos sin discontinuidad de evolución, parece, no obstante, un comienzo, una alborada, una iniciación, una niñez. Miramos atrás y el famoso Renacimiento nos parece un tiempo angostísimo, provincial, de vanos gestos –¿por qué no decirlo?–, *cursi*.

Yo resumía, tiempo hace, tal situación en la forma siguiente: «Esta grave disociación de pretérito y presente es el hecho general de nuestra época y en ella va incluida la sospecha, más o menos confusa, que engendra el azoramiento peculiar de la vida en estos años. Sentimos que de pronto nos hemos quedado solos sobre la tierra los hombres actuales; que los muertos no se murieron de broma, sino completamente; que ya no pueden ayudarnos. El resto de espíritu tradicional se ha evaporado. Los modelos, las normas, las pautas, no nos sirven. Tenemos que resolvernos nuestros problemas sin colaboración activa del pasado, en pleno actualismo –sean de arte, de ciencia o de política. El europeo está solo, sin muertos vivientes a su vera; como Pedro Schlemihl, ha perdido su sombra. Es lo que acontece siempre que llega el mediodía»[1].

¿Cuál es, en resumen, la altura de nuestro tiempo?

No es plenitud de los tiempos, y, sin embargo, se siente sobre todos los tiempos sidos y por encima de todas las conocidas plenitudes. No es fácil de formular la impresión que de sí misma tiene nuestra época: cree ser más que las demás, y a la par se siente como un comienzo, sin estar segura de no ser una agonía. ¿Qué expresión elegiríamos? Tal vez ésta: más que los demás tiempos e inferior a sí misma. Fortísima y a la vez insegura de su destino. Orgullosa de sus fuerzas y a la vez temiéndolas.

---

1. *La deshumanización del arte.*

IV

EL CRECIMIENTO DE LA VIDA

El imperio de las masas y el ascenso de nivel, la altitud del tiempo que él anuncia, no son a su vez más que síntomas de un hecho más completo y general. Este hecho es casi grotesco e increíble en su misma y simple evidencia. Es, sencillamente, que el mundo, de pronto, ha crecido, y con él y en él, la vida. Por lo pronto, ésta se ha mundializado efectivamente; quiero decir que el contenido de la vida en el hombre de tipo medio es hoy todo el planeta; que cada individuo vive habitualmente todo el mundo. Hace poco más de un año, los sevillanos seguían hora por hora, en sus periódicos populares, lo que estaba pasando a unos hombres junto al Polo; es decir, que sobre el fondo ardiente de la campiña bética pasaban témpanos a la deriva. Cada trozo de tierra no está ya recluido en su lugar geométrico, sino que para muchos efectos vitales actúa en los demás sitios del planeta. Según el principio físico de que las cosas están allí donde actúan, reconoceremos hoy a cualquier punto del globo la más efectiva ubicuidad. Esta proximidad de lo lejano, esta presencia de lo ausente, ha aumentado en proporción fabulosa el horizonte de cada vida.

Y el mundo ha crecido también temporalmente. La prehistoria y la arqueología han descubierto ámbitos históricos de longitud quimérica. Civilizaciones enteras e imperios de que hace poco ni el nombre se sospechaba, han sido anexionados a nuestra memoria como nuevos continentes. El periódico ilustrado y la pantalla han traído todos estos remotísimos pedazos de mundo a la visión inmediata del vulgo.

Pero este aumento espacio-temporal del mundo no significaría por sí nada. El espacio y el tiempo físicos son lo absolutamente estúpido del universo. Por eso es más justificado de lo que suele creerse el culto a la pura velocidad que transitoriamente ejercitan nuestros contemporáneos. La velocidad hecha de espacio y tiempo no es menos estúpida que sus ingredientes; pero sirve para anular aquéllos. Una estupidez no se puede dominar si no es con otra. Era para el hombre cuestión de honor triunfar del espacio y el tiempo cósmicos[1], que carecen por completo de sentido, y no hay razón para extrañarse de que nos produzca un pueril placer hacer funcionar la vacía velocidad con la cual matamos espacio y yugulamos tiempo. Al anularlos, los vivificamos, hacemos posi-

---

1. Precisamente porque el tiempo vital del hombre es limitado, precisamente porque es mortal, necesita triunfar de la distancia y de la tardanza. Para un Dios cuya existencia es inmortal, carecería de sentido el automóvil.

ble su aprovechamiento vital, podemos *estar* en más sitios que antes, gozar de más idas y más venidas, consumir en menos tiempo vital más tiempo cósmico.

Pero, en definitiva, el crecimiento sustantivo del mundo no consiste en sus mayores dimensiones, sino en que incluya más cosas. Cada cosa –tómese la palabra en su más amplio sentido– es algo que se puede desear, intentar, hacer, deshacer, encontrar, gozar o repeler; nombres todos que significan actividades vitales.

Tómese una cualquiera de nuestras actividades; por ejemplo, comprar. Imagínense dos hombres, uno del presente y otro del siglo XVIII, que posean fortuna igual, proporcionalmente al valor del dinero en ambas épocas, y compárese el repertorio de cosas en venta que se ofrece a uno y a otro. La diferencia es casi fabulosa. La cantidad de posibilidades que se abren ante el comprador actual llega a ser prácticamente ilimitada. No es fácil imaginar con el deseo un objeto que no exista en el mercado, y viceversa: no es posible que un hombre imagine y desee cuanto se halla a la venta. Se me dirá que, con fortuna proporcionalmente igual, el hombre de hoy no podrá comprar más cosas que el del siglo XVIII. El hecho es falso. Hoy se pueden comprar muchas más, porque la industria ha abaratado casi todos los artículos. Pero a la postre no me importaría que el hecho fuese cierto; antes bien, subrayaría más lo que intento decir.

La actividad de comprar concluye en decidirse por un objeto; pero por lo mismo es antes una elección, y la elección comienza por darse cuenta de las posibilidades que ofrece el mercado. De donde resulta que la vida, en su modo «comprar», consiste primeramente en vivir las posibilidades de compra como tales. Cuando se habla de nuestra vida suele olvidarse esto, que me parece esencialísimo: nuestra vida es en todo instante y antes que nada conciencia de lo que nos es posible. Si en cada momento no tuviéramos delante más que una sola posibilidad, carecería de sentido llamarla así. Sería más bien pura necesidad. Pero ahí está; este extrañísimo hecho de nuestra vida posee la condición radical de que siempre encuentra ante sí varias salidas, que por ser varias adquieren el carácter de posibilidades entre las que hemos de decidir[1]. Tanto vale decir que vivimos como decir que nos encontramos en un ambiente de posibilidades determinadas. A este ámbito suele llamarse «las circunstancias». Toda vida es hallarse dentro de la «circunstancia» o mundo[2]. Porque éste es el sentido originario de la idea «mundo». Mundo es el repertorio de nuestras posibilidades vitales. No es, pues, algo aparte y ajeno a nuestra vida, sino que es su auténtica periferia. Representa lo que podemos ser; por tanto, nuestra potencialidad vital. Ésta tiene que concretarse para realizarse, o, dicho de otra manera, llegamos a ser sólo una parte mínima de lo que podemos ser. De aquí que nos parezca el mundo una cosa tan enorme, y nosotros, dentro de él, una cosa tan menuda. El mundo o nuestra vida posible es siempre más que nuestro destino o vida efectiva.

---

1. En el peor caso, y cuando el mundo pareciera reducido a una única salida, siempre habría dos: ésa y salirse del mundo. Pero la salida del mundo forma parte de éste, como de una habitación la puerta.
2. Así, ya en el prólogo de mi primer libro: *Meditaciones del Quijote*, 1916. En *Las Atlántidas*, aparece bajo el nombre de horizonte. Véase el ensayo «El origen deportivo del Estado», 1926, recogido en el tomo VII de *El Espectador*.

Pero ahora me importa sólo hacer notar cómo ha crecido la vida del hombre en la dimensión de potencialidad. Cuenta con un ámbito de posibilidades fabulosamente mayor que nunca. En el orden intelectual encuentra más caminos de posible ideación, más problemas, más datos, más ciencias, más puntos de vista. Mientras los oficios o carreras en la vida primitiva se numeran casi con los dedos de una mano –pastor, cazador, guerrero, mago–, el programa de menesteres posibles hoy es superlativamente grande. En los placeres acontece cosa parecida, si bien –y el fenómeno tiene más gravedad de lo que se supone– no es su elenco tan exuberante como en los demás haces de la vida. Sin embargo, para el hombre de vida media que habita las urbes –y las urbes son la representación de la existencia actual–, las posibilidades de gozar han aumentado en lo que va de siglo de una manera fantástica.

Mas el crecimiento de la potencialidad vital no se reduce a lo dicho hasta aquí. Ha aumentado también en un sentido más inmediato y misterioso. Es un hecho constante y notorio que en el esfuerzo físico y deportivo se cumplen hoy *performances* que superan enormemente a cuantas se conocen del pasado. No basta con admirar cada una de ellas y reconocer el *record* que baten, sino advertir la impresión que su frecuencia deja en el ánimo, convenciéndonos de que el organismo humano posee en nuestro tiempo capacidades superiores a las que nunca ha tenido. Porque cosa similar acontece en la ciencia. En un par de lustros, no más, ha ensanchado ésta inverosímilmente su horizonte cósmico. La física de Einstein se mueve en espacios tan vastos, que la antigua física de Newton ocupa en ellos sólo una buhardilla[1]. Y este crecimiento extensivo se debe a un crecimiento intensivo en la precisión científica. La física de Einstein está hecha atendiendo a las mínimas diferencias que antes se despreciaban y no entraban en cuenta por parecer sin importancia. El átomo, en fin, límite ayer del mundo, resulta que hoy se ha hinchado hasta convertirse en todo un sistema planetario. Y en todo esto no me refiero a lo que pueda significar como perfección de la cultura –eso no me interesa ahora–, sino al crecimiento de las potencias subjetivas que todo eso supone. No subrayo que la física de Einstein sea más exacta que la de Newton, sino que el hombre Einstein sea capaz de mayor exactitud y libertad de espíritu[2] que el hombre Newton; lo mismo que el campeón de boxeo da hoy puñetazos de calibre mayor que se han dado nunca.

Como el cinematógrafo y la ilustración ponen ante los ojos del hombre medio los lugares más remotos del planeta, los periódicos y las conversaciones le hacen llegar la noticia de estas *performances* intelectuales que los aparatos técnicos recién inventados confirman desde los escaparates. Todo ello decanta en su mente la impresión de fabulosa prepotencia.

---

1. El mundo de Newton era infinito; pero esta infinitud no era un tamaño, sino una vacía generalización, una utopía abstracta e inane. El mundo de Einstein es finito, pero lleno y concreto en todas sus partes; por lo tanto, un mundo más rico de cosas y, efectivamente, de mayor tamaño.
2. La libertad de espíritu, es decir, la potencia del intelecto, se mide por su capacidad de disociar ideas tradicionalmente inseparables. Disociar ideas cuesta mucho más que asociarlas, como ha demostrado Köhler en sus investigaciones sobre la inteligencia de los chimpancés. Nunca ha tenido el entendimiento humano más capacidad de disociación que ahora.

No quiero decir con lo dicho que la vida humana sea hoy mejor que en otros tiempos. No he hablado de la cualidad de la vida presente, sino sólo de su crecimiento, de su avance cuantitativo o potencial. Creo con ello describir rigorosamente la conciencia del hombre actual, su tono vital, que consiste en sentirse con mayor potencialidad que nunca y parecerle todo lo pretérito afectado de enanismo.

Era necesaria esta descripción para obviar las lucubraciones sobre decadencia, y, en especie, sobre decadencia occidental, que han pululado en el aire del último decenio. Recuérdese el razonamiento que yo hacía, y que me parece tan sencillo como evidente. No vale hablar de decadencia sin precisar qué es lo que decae. ¿Se refiere el pesimista vocablo a la cultura? ¿Hay una decadencia de la cultura europea? ¿Hay más bien sólo una decadencia de las organizaciones nacionales europeas? Supongamos que sí. ¿Bastaría eso para hablar de la decadencia occidental? En modo alguno. Porque son esas decadencias menguas parciales, relativas a elementos secundarios de la historia –cultura y naciones. Sólo hay una decadencia absoluta: la que consiste en una vitalidad menguante, y ésta sólo existe cuando se siente. Por esta razón me he detenido a considerar un fenómeno que suele desatenderse: la conciencia o sensación que toda época tiene de su altitud vital.

Esto nos llevó a hablar de la «plenitud» que han sentido algunos siglos frente a otros que, inversamente, se veían a sí mismos como decaídos de mayores alturas, de antiguas y relumbrantes edades de oro. Y concluía yo haciendo notar el hecho evidentísimo de que nuestro tiempo se caracteriza por una extraña presunción de ser más que todo otro tiempo pasado; más aún: por desentenderse de todo pretérito, no reconocer épocas clásicas y normativas, sino verse a sí mismo como una vida nueva superior a todas las antiguas e irreductible a ellas.

Dudo de que sin afianzarse bien en esta advertencia se pueda entender a nuestro tiempo. Porque ése es precisamente su problema. Si se sintiese decaído, vería otras épocas como superiores a él, y esto sería una y misma cosa con estimarlas y admirarlas y venerar los principios que las informaron. Nuestro tiempo tendría ideales claros y firmes, aunque fuese incapaz de realizarlos. Pero la verdad es estrictamente lo contrario: vivimos en un tiempo que se siente fabulosamente capaz para realizar, pero no sabe qué realizar. Domina todas las cosas, pero no es dueño de sí mismo. Se siente perdido en su propia abundancia. Con más medios, más saber, más técnicas que nunca, resulta que el mundo actual va como el más desdichado que haya habido: puramente a la deriva.

De aquí esa extraña dualidad de prepotencia e inseguridad que anida en el alma contemporánea. Le pasa como se decía del Regente durante la niñez de Luis XV: que tenía todos los talentos menos el talento para usar de ellos. Muchas cosas parecían *ya* imposibles al siglo XIX, firme en su fe progresista. Hoy, de puro parecernos todo posible, presentimos que es posible también lo peor: el retroceso, la barbarie, la decadencia[1]. Por sí mismo no sería esto un mal síntoma: significaría que volvemos a tomar

---

1. Éste es el origen radical de los diagnósticos de decadencia. No que seamos decadentes, sino que, dispuestos a admitir toda posibilidad, no excluimos la de decadencia.

contacto con la inseguridad esencial a todo vivir, con la inquietud a un tiempo dolorosa y deliciosa que va encerrada en cada minuto si sabemos vivirlo hasta su centro, hasta su pequeña víscera palpitante y cruenta. De ordinario rehuimos palpar esa pulsación pavorosa que hace de cada instante sincero un menudo corazón transeúnte; nos esforzamos por cobrar seguridad e insensibilizarnos para el dramatismo radical de nuestro destino, vertiendo sobre él la costumbre, el uso, el tópico –todos los cloroformos. Es, pues, benéfico que, por primera vez después de casi tres siglos, nos sorprendamos con la conciencia de no saber lo que va a pasar mañana.

Todo el que se coloque ante la existencia en una actitud seria y se haga de ella plenamente responsable, sentirá cierto género de inseguridad que le incita a permanecer alerta. El gesto que la ordenanza romana imponía al centinela de la legión era mantener el índice sobre sus labios para evitar la somnolencia y mantenerse atento. No está mal ese ademán, que parece imperar un mayor silencio al silencio nocturno para poder oír la secreta germinación del futuro. La seguridad de las épocas de plenitud –así en la última centuria– es una ilusión óptica que lleva a despreocuparse del porvenir, encargando de su dirección a la mecánica del universo. Lo mismo el liberalismo progresista que el socialismo de Marx, suponen que lo deseado por ellos como futuro óptimo se realizará, inexorablemente, con necesidad pareja a la astronómica. Protegidos ante su propia conciencia por esta idea, soltaron el gobernalle de la historia, dejaron de estar alerta, perdieron la agilidad y la eficiencia. Así, la vida se les escapó de entre las manos, se hizo por completo insumisa, y hoy anda suelta sin rumbo conocido. Bajo su máscara de generoso futurismo, el progresista no se preocupa del futuro; convencido de que no tiene sorpresas ni secretos, peripecias ni innovaciones esenciales, seguro de que ya el mundo irá en vía recta, sin desvíos ni retrocesos, retrae su inquietud del porvenir y se instala en un definitivo presente. No podrá extrañar que hoy el mundo parezca vaciado de proyectos, anticipaciones e ideales. Nadie se preocupó de prevenirlos. Tal ha sido la deserción de las minorías directoras, que se halla siempre al reverso de la rebelión de las masas.

Pero ya es tiempo de que volvamos a hablar de ésta. Después de haber insistido en la vertiente favorable que presenta el triunfo de las masas, conviene que nos deslicemos por su otra ladera, más peligrosa.

## V

## UN DATO ESTADÍSTICO

Este ensayo quisiera vislumbrar el diagnóstico de nuestro tiempo, de nuestra vida actual. Va enunciada la primera parte de él, que puede resumirse así: nuestra vida, como repertorio de posibilidades, es magnífica, exuberante, superior a todas las históricamente conocidas. Mas por lo mismo que su formato es mayor, ha desbordado todos los cauces, principios, normas e ideales legados por la tradición. Es más vida que todas las vidas, y por lo mismo más problemática. No puede orientarse en el pretérito[1]. Tiene que inventar su propio destino.

Pero ahora hay que completar el diagnóstico. La vida, que es, ante todo, lo que podemos ser, vida posible, es también, y por lo mismo, decidir entre las posibilidades lo

---

1. Veremos, sin embargo, cómo cabe recibir del pasado, ya que no una orientación positiva, ciertos consejos negativos. No nos dirá el pretérito lo que debemos hacer, pero sí lo que debemos evitar.

que en efecto vamos a ser. Circunstancia y decisión son los dos elementos radicales de que se compone la vida. La circunstancia –las posibilidades– es lo que de nuestra vida nos es dado e impuesto. Ello constituye lo que llamamos el mundo. La vida no elige su mundo, sino que vivir es encontrarse, desde luego, en un mundo determinado e incanjeable: en éste de ahora. Nuestro mundo es la dimensión de fatalidad que integra nuestra vida. Pero esta fatalidad vital no se parece a la mecánica. No somos disparados sobre la existencia como la bala de un fusil, cuya trayectoria está absolutamente predeterminada. La fatalidad en que caemos al caer en este mundo –el mundo es siempre *éste*, éste de ahora– consiste en todo lo contrario. En vez de imponernos una trayectoria, nos impone varias y, consecuentemente, nos fuerza... a elegir. ¡Sorprendente condición la de nuestra vida! Vivir es sentirse *fatalmente* forzado a ejercitar la libertad, a decidir lo que vamos a ser en este mundo. Ni un solo instante se deja descansar a nuestra actividad de decisión. Inclusive cuando desesperados nos abandonamos a lo que quiera venir, hemos decidido no decidir.

Es, pues, falso decir que en la vida «deciden las circunstancias». Al contrario: las circunstancias son el dilema, siempre nuevo, ante el cual tenemos que decidirnos. Pero el que decide es nuestro carácter.

Todo esto vale también para la vida colectiva. También en ella hay, primero, un horizonte de posibilidades, y, luego, una resolución que elige y decide el modo efectivo de la existencia colectiva. Esta resolución emana del carácter que la sociedad tenga, o, lo que es lo mismo, del tipo de hombre dominante en ella. En nuestro tiempo domina el hombre-masa; es él quien decide. No se diga que esto era lo que acontecía ya en la época de la democracia, del sufragio universal. En el sufragio universal no deciden las masas, sino que su papel consistió en adherir a la decisión de una u otra minoría. Éstas presentaban sus «programas» –excelente vocablo. Los programas eran, en efecto, programas de vida colectiva. En ellos se invitaba a la masa a aceptar un proyecto de decisión.

Hoy acontece una cosa muy diferente. Si se observa la vida pública de los países donde el triunfo de las masas ha avanzado más –son los países mediterráneos–, sorprende notar que en ellos se vive políticamente al día. El fenómeno es sobremanera extraño. El Poder público se halla en manos de un representante de masas. Éstas son tan poderosas, que han aniquilado toda posible oposición. Son dueñas del Poder público en forma tan incontrastable y superlativa, que sería difícil encontrar en la historia situaciones de gobierno tan prepotentes como éstas. Y, sin embargo, el Poder público, el Gobierno, vive al día; no se presenta como un porvenir franco, no significa un anuncio claro de futuro, no aparece como comienzo de algo cuyo desarrollo o evolución resulte imaginable. En suma, vive sin programa de vida, sin proyecto. No sabe dónde va porque, en rigor, no va, no tiene camino prefijado, trayectoria anticipada. Cuando ese Poder público intenta justificarse, no alude para nada al futuro, sino, al contrario, se recluye en el presente y dice con perfecta sinceridad: «Soy un modo anormal de gobierno que es impuesto por las circunstancias». Es decir, por la urgencia del presente, no por cálculos del futuro. De aquí que su actuación se reduzca a esquivar el conflicto de cada hora; no a resolverlo, sino a escapar de él por el pronto, empleando los medios que sean, aun a costa de acumular con su empleo mayores conflictos sobre la hora próxima. Así ha sido siempre el Poder público cuando lo ejercieron directamente las masas: omnipotente y efímero. El hombre-masa es el hombre cuya vida carece de proyecto y va a la deriva. Por eso no construye nada, aunque sus posibilidades, sus poderes, sean enormes.

Y este tipo de hombre decide en nuestro tiempo. Conviene, pues, que analicemos su carácter.

La clave para este análisis se encuentra cuando, retrocediendo al comienzo de este ensayo, nos preguntamos: ¿De dónde han venido todas estas muchedumbres que ahora llenan y rebosan el escenario histórico?

Hace algunos años destacaba el gran economista Werner Sombart un dato sencillísimo, que es extraño no conste en toda cabeza que se preocupe de los asuntos contemporáneos. Ese simplicísimo dato basta por sí solo para aclarar nuestra visión de la Europa actual, y si no basta, pone en la pista de todo esclarecimiento. El dato es el siguiente: desde que en el siglo VI comienza la historia europea hasta el año 1800 –por tanto, en toda la longitud de doce siglos–, Europa no consigue llegar a otra cifra de población que la de 180 millones de habitantes. Pues bien: de 1800 a 1914 –por tanto, en poco más de un siglo– la población europea asciende de 180 a ¡460 millones! Presumo que el contraste de estas cifras no deja lugar a duda respecto a las dotes prolíficas de la última centuria. En tres generaciones ha producido gigantescamente pasta humana que, lanzada como un torrente sobre el área histórica, la ha inundado. Bastaría, repito, este dato para comprender el triunfo de las masas y cuanto en él se refleja y se anuncia. Por otra parte, debe ser añadido como el sumando más concreto al crecimiento de la vida que antes hice constar.

Pero a la par nos muestra ese dato que es infundada la admiración con que subrayamos el crecimiento de países nuevos como los Estados Unidos de América. Nos maravilla su crecimiento, que en un siglo ha llegado a cien millones de hombres, cuando lo maravilloso es la proliferación de Europa. He aquí otra razón para corregir el espejismo que supone una americanización de Europa. Ni siquiera el rasgo que pudiera parecer más evidente para caracterizar a América –la velocidad de aumento en su población– le es peculiar. Europa ha crecido en el siglo pasado mucho más que América. América está hecha con el reboso de Europa.

Mas aunque no sea tan conocido como debiera el dato calculado por Werner Sombart, era de sobra notorio el hecho confuso de haber aumentado considerablemente la población europea para insistir en él. No es, pues, el aumento de población lo que en las cifras transcritas me interesa, sino que, merced a su contraste, ponen de relieve la vertiginosidad del crecimiento. Ésta es la que ahora nos importa. Porque esta vertiginosidad significa que han sido proyectados a bocanadas sobre la historia montones y montones de hombres en ritmo tan acelerado, que no era fácil saturarlos de la cultura tradicional.

Y, en efecto, el tipo medio del actual hombre europeo posee un alma más sana y más fuerte que las del pasado siglo, pero mucho más simple. De aquí que a veces produzca la impresión de un hombre primitivo surgido inesperadamente en medio de una viejísima civilización. En las escuelas que tanto enorgullecían al pasado siglo, no ha podido hacerse otra cosa que enseñar a las masas las técnicas de la vida moderna, pero no se ha logrado educarlas. Se les han dado instrumentos para vivir intensamente, pero no sensibilidad para los grandes deberes históricos; se les han inoculado atropelladamente el orgullo y el poder de los medios modernos, pero no el espíritu. Por eso no quieren nada con el espíritu, y las nuevas generaciones se disponen a tomar el mando del mundo como si el mundo fuese un paraíso sin huellas antiguas, sin problemas tradicionales y complejos.

Corresponde, pues, al siglo pasado la gloria y la responsabilidad de haber soltado sobre el haz de la historia las grandes muchedumbres. Por lo mismo ofrece este hecho la perspectiva más adecuada para juzgar con equidad a esa centuria. Algo extraordinario, incomparable, debía haber en ella cuando en su atmósfera se producen tales cosechas de fruto humano. Es frívola y ridícula toda preferencia de los principios que inspiraron cualquiera otra edad pretérita si antes no demuestra que se ha hecho cargo de este hecho magnífico y ha intentado digerirlo. Aparece la historia entera como un gigantesco laboratorio donde se han hecho todos los ensayos imaginables para obtener una fórmula de vida pública que favoreciese la planta «hombre». Y rebosando toda posible sofisticación, nos encontramos con la experiencia de que al someter la simiente humana al tratamiento de estos dos principios, democracia liberal y técnica, en un solo siglo se triplica la especie europea.

Hecho tan exuberante nos fuerza, si no preferimos ser dementes, a sacar estas consecuencias: primera, que la democracia liberal fundada en la creación técnica es el tipo superior de vida pública hasta ahora conocido; segunda, que ese tipo de vida no será el mejor imaginable, pero el que imaginemos mejor tendrá que conservar lo esencial de aquellos principios; tercera, que es suicida todo retorno a formas de vida inferiores a la del siglo XIX.

Una vez reconocido esto con toda la claridad que demanda la claridad del hecho mismo, es preciso revolverse contra el siglo XIX. Si es evidente que había en él algo extraordinario e incomparable, no lo es menos que debió padecer ciertos vicios radicales, ciertas constitutivas insuficiencias cuando ha engendrado una casta de hombres –los hombres-masa rebeldes– que ponen en peligro inminente los principios mismos a que debieron la vida. Si ese tipo humano sigue dueño de Europa y es definitivamente quien decide, bastarán treinta años para que nuestro continente retroceda a la barbarie. Las técnicas jurídicas y materiales se volatilizarán con la misma facilidad con que se han perdido tantas veces secretos de fabricación[1]. La vida toda se contraerá. La actual abundancia de posibilidades se convertirá en efectiva mengua, escasez, impotencia angustiosa; en verdadera decadencia. Porque la rebelión de las masas es una y misma cosa con lo que Rathenau llamaba «la invasión vertical de los bárbaros».

Importa, pues, mucho conocer a fondo a este hombre-masa, que es pura potencia del mayor bien y del mayor mal.

---

1. Hermann Weyl, uno de los más grandes físicos actuales, compañero y continuador de Einstein, suele decir en conversación privada que si se murieran súbitamente diez o doce determinadas personas, es casi seguro que la maravilla de la física actual se perdería para siempre en la humanidad. Ha sido menester una preparación de muchos siglos para acomodar el órgano mental a la abstracta complicación de la teoría física. Cualquier evento pudiera aniquilar tan prodigiosa posibilidad humana, que es además base de la técnica futura.

# VI

## COMIENZA LA DISECCIÓN DEL HOMBRE-MASA

¿Cómo es este hombre-masa que domina hoy la vida pública –la política y la no política? ¿Por qué es como es, quiero decir, cómo se ha producido?

Conviene responder conjuntamente a ambas cuestiones, porque se prestan mutuo esclarecimiento. El hombre que ahora intenta ponerse al frente de la existencia europea es muy distinto del que dirigió al siglo XIX, pero fue producido y preparado en el siglo XIX. Cualquiera mente perspicaz de 1820, de 1850, de 1880, pudo, por un sencillo razonamiento *a priori*, prever la gravedad de la situación histórica actual. Y, en efecto, nada nuevo acontece que no haya sido previsto cien años hace. «¡Las masas avanzan!», decía, apocalíptico, Hegel. «Sin un nuevo poder espiritual, nuestra época, que es una época revolucionaria, producirá una catástrofe», anunciaba Augusto Comte. «¡Veo subir la pleamar del nihilismo!», gritaba desde un risco de la Engadina el mostachudo Nietzsche. Es falso decir que la historia no es previsible. Innumerables veces ha sido profetizada. Si el porvenir no ofreciese un flanco a la profecía, no podría tampoco comprendérsele cuando luego se cumple y se hace pasado. La idea de que el historiador es un profeta del revés resume toda la filosofía de la historia. Ciertamente que sólo cabe anticipar la estructura general del futuro; pero eso mismo es lo único que, en verdad, comprendemos del pretérito o del presente. Por eso, si quiere usted ver bien su época, mírela usted desde lejos. ¿A qué distancia? Muy sencillo: a la distancia justa que le impida ver la nariz de Cleopatra.

¿Qué aspecto ofrece la vida de ese hombre multitudinario, que con progresiva abundancia va engendrando el siglo XIX? Por lo pronto, un aspecto de omnímoda facilidad material. Nunca ha podido el hombre medio resolver con tanta holgura su problema económico. Mientras en proporción menguaban las grandes fortunas y se hacía más dura la existencia del obrero industrial, el hombre medio de cualquier clase social encontraba cada día más franco su horizonte económico. Cada día agregaba un nuevo lujo al repertorio de su *standard* vital. Cada día su posición era más segura y más independiente del arbitrio ajeno. Lo que antes se hubiera considerado como un beneficio de la suerte que inspiraba humilde gratitud hacia el destino, se convirtió en un derecho que no se agradece, sino que se exige.

Desde 1900 comienza también el obrero a ampliar y asegurar su vida. Sin embargo, tiene que luchar para conseguirlo. No se encuentra, como el hombre medio, con un bienestar puesto ante él solícitamente por una sociedad y un Estado que son un portento de organización.

A esta facilidad y seguridad económicas añádanse las físicas: el *comfort* y el orden público. La vida va sobre cómodos carriles, y no hay verosimilitud de que intervenga en ella nada violento y peligroso.

Situación de tal modo abierta y franca tenía por fuerza que decantar en el estrato más profundo de esas almas medias una impresión vital, que podía expresarse con el giro, tan gracioso y agudo, de nuestro viejo pueblo: «ancha es Castilla». Es decir, que en todos esos órdenes elementales y decisivos la vida se presentó al hombre nuevo *exenta de impedimentos*. La comprensión de este hecho y su importancia surgen automáticamente cuando se recuerda que esa franquía vital faltó por completo a los hombres vulgares del pasado. Fue, al contrario, para ellos la vida un destino premioso –en lo económico y en lo físico. Sintieron el vivir *a nativitate* como un cúmulo de impedimentos que era forzoso soportar, sin que cupiera otra solución que adaptarse a ellos, alojarse en la angostura que dejaban.

Pero es aún más clara la contraposición de situaciones si de lo material pasamos a lo civil y moral. El hombre medio, desde la segunda mitad del siglo XIX, no halla ante sí barreras sociales ningunas. Es decir, tampoco en las formas de la vida pública se encuentra al nacer con trabas y limitaciones. Nada le obliga a contener su vida. También aquí «ancha es Castilla». No existen los «estados» ni las «castas». No hay nadie civilmente privilegiado. El hombre medio aprende que todos los hombres son legalmente iguales.

Jamás en toda la historia había sido puesto el hombre en una circunstancia o contorno vital que se pareciera ni de lejos al que esas condiciones determinan. Se trata, en efecto, de una innovación radical en el destino humano, que es implantada por el siglo XIX. Se crea un nuevo escenario para la existencia del hombre, nuevo en lo físico y en lo social. Tres principios han hecho posible ese nuevo mundo: la democracia liberal, la experimentación científica y el industrialismo. Los dos últimos pueden resumirse en uno: la técnica. Ninguno de esos principios fue inventado por el siglo XIX, sino que proceden de las dos centurias anteriores. El honor del siglo XIX no estriba en su invención, sino en su implantación. Nadie desconoce esto. Pero no basta con el reconocimiento abstracto, sino que es preciso hacerse cargo de sus inexorables consecuencias.

El siglo XIX fue esencialmente revolucionario. Lo que tuvo de tal no ha de buscarse en el espectáculo de sus barricadas, que, sin más, no constituyen una revolución, sino en que colocó al hombre medio –a la gran masa social– en condiciones de vida radicalmente opuestas a las que siempre le habían rodeado. Volvió del revés la existencia pública. La revolución no es la sublevación contra el orden preexistente, sino la implantación de un nuevo orden que tergiversa el tradicional. Por eso no hay exageración ninguna en decir que el hombre engendrado por el siglo XIX es, para los efectos de la vida pública, un hombre aparte de todos los demás hombres. El del siglo XVIII se diferencia, claro está, del dominante en el XVII, y éste del que caracteriza al XVI, pero todos ellos resultan parientes, similares y aun idénticos en lo esencial si se confronta con ellos este hombre nuevo. Para el «vulgo» de todas las épocas, «vida» había significado, ante todo, limitación, obligación, dependencia; en una palabra, presión. Si se quiere dígase opresión, con tal que no se entienda por ésta sólo la jurídica y social, olvidando la cósmica. Porque esta última es la que no ha faltado nunca hasta hace cien años, fecha en que comienza la expansión de la técnica científica –física y administrativa–, prácticamente ilimitada. Antes, aun para el rico y poderoso, el mundo era un ámbito de pobreza, dificultad y peligro[1].

El mundo que desde el nacimiento rodea al hombre nuevo no le mueve a limitarse en ningún sentido, no le presenta veto ni contención alguna, sino que, al contrario, hostiga sus apetitos que, en principio, pueden crecer indefinidamente. Pues acontece –y esto es muy importante– que ese mundo del siglo XIX y comienzos del XX no sólo tiene las perfecciones y amplitudes que de hecho posee, sino que además sugiere a sus habitantes una seguridad radical en que mañana será aún más rico, más perfecto y más amplio, como si gozase de un espontáneo e inagotable crecimiento. Todavía hoy, a pesar de algunos signos que inician una pequeña brecha en esa fe rotunda, todavía hoy muy pocos hombres dudan de que los automóviles serán dentro de cinco años más confortables y más baratos que los del día. Se cree en esto lo mismo que en la próxima salida del sol. El

---

1. Por muy rico que un individuo fuese en relación con los demás, como la totalidad del mundo era pobre, la esfera de facilidades y comodidades que su riqueza podía proporcionarle era muy reducida. La vida del hombre medio es hoy más fácil, cómoda y segura que la del más poderoso en otro tiempo. ¿Qué le importa no ser más rico que otros, si el mundo lo es y le proporciona magníficos caminos, ferrocarriles, telégrafo, hoteles, seguridad corporal y aspirina?

símil es formal. Porque, en efecto, el hombre vulgar, al encontrarse con ese mundo técnica y socialmente tan perfecto, cree que lo ha producido la Naturaleza y no piensa nunca en los esfuerzos geniales de individuos excelentes que supone su creación. Menos todavía admitirá la idea de que todas esas facilidades siguen apoyándose en ciertas difíciles virtudes de los hombres, el menor fallo de los cuales volatilizaría rapidísimamente la magnífica construcción.

Esto nos lleva a apuntar en el diagrama psicológico del hombre-masa actual dos primeros rasgos: la libre expansión de sus deseos vitales, por tanto, de su persona, y la radical ingratitud hacia cuanto ha hecho posible la facilidad de su existencia. Uno y otro rasgo componen la conocida psicología del niño mimado. Y, en efecto, no erraría quien utilice ésta como una cuadrícula para mirar a su través el alma de las masas actuales. Heredero de un pasado larguísimo y genial –genial de inspiraciones y de esfuerzos–, el nuevo vulgo ha sido mimado por el mundo en torno. Mimar es no limitar los deseos, dar la impresión a un ser de que todo le está permitido y a nada está obligado. La criatura sometida a este régimen no tiene la experiencia de sus propios confines. A fuerza de evitarle toda presión en derredor, todo choque con otros seres, llega a creer efectivamente que sólo él existe, y se acostumbra a no contar con los demás, sobre todo a no contar con nadie como superior a él. Esta sensación de la superioridad ajena sólo podía proporcionársela quien, más fuerte que él, le hubiese obligado a renunciar a un deseo, a reducirse, a contenerse. Así habría aprendido esta esencial disciplina: «Ahí concluyo yo y empieza otro que puede más que yo. En el mundo, por lo visto, hay dos: yo y otro superior a mí». Al hombre medio de otras épocas le enseñaba cotidianamente su mundo esta elemental sabiduría, porque era un mundo tan toscamente organizado, que las catástrofes eran frecuentes y no había en él nada seguro, abundante ni estable. Pero las nuevas masas se encuentran con un paisaje lleno de posibilidades y además seguro, y todo ello presto, a su disposición, sin depender de su previo esfuerzo, como hallamos el sol en lo alto sin que nosotros lo hayamos subido al hombro. Ningún ser humano agradece a otro el aire que respira, porque el aire no ha sido fabricado por nadie: pertenece al conjunto de lo que «está ahí», de lo que decimos «es natural», porque no falta. Estas masas mimadas son lo bastante poco inteligentes para creer que esa organización material y social, puesta a su disposición como el aire, es de su mismo origen, ya que tampoco falla, al parecer, y es casi tan perfecta como la natural.

Mi tesis, pues, es ésta: la perfección misma con que el siglo XIX ha dado una organización a ciertos órdenes de la vida es origen de que las masas beneficiarias no la consideren como organización, sino como naturaleza. Así se explica y define el absurdo estado de ánimo que esas masas revelan: no les preocupa más que su bienestar y al mismo tiempo son insolidarias de las causas de ese bienestar. Como no ven en las ventajas de la civilización un invento y construcción prodigiosos, que sólo con grandes esfuerzos y cautelas se puede sostener, creen que su papel se reduce a exigirlas perentoriamente, cual si fuesen derechos nativos. En los motines que la escasez provoca suelen las masas populares buscar pan, y el medio que emplean suele ser destruir las panaderías. Esto puede servir como símbolo del comportamiento que en más vastas y sutiles proporciones usan las masas actuales frente a la civilización que las nutre[1].

---

1. Abandonada a su propia inclinación, la masa, sea la que sea, plebeya o «aristocrática», tiende siempre, por afán de vivir, a destruir las causas de su vida. Siempre me ha parecido una graciosa caricatura de esta tendencia a *propter vitam, vivendi perdere causas*, lo que aconteció en Níjar, pueblo cerca de Almería, cuando, en 13 de septiembre de 1759, se proclamó rey a Carlos III. Hízose la proclamación en la plaza de la villa. «Después mandaron traer de beber a todo aquel gran concurso, el que consumió setenta y siete arrobas de Vino y cuatro pellejos de Aguardiente, cuyos espíritus los calentó de tal forma, que con repetidos vítores se encaminaron al pósito, desde cuyas ventanas arrojaron el trigo que en él había, y 900 reales de sus Arcas. De allí pasaron al Estanco del Tabaco y mandaron tirar el dinero de la Mesada, y el tabaco. En las tiendas practicaron lo propio, mandando derramar, para más authorizar la función, quantos géneros líquidos y comestibles havia en ellas. El Estado eclesiástico concurrió con igual eficacia, pues a voces indugeron a las Mugeres tiraran cuanto havía en sus casas, lo que egecutaron con el mayor desinterés, pues no les quedó en ellas, pan, trigo, harina, zebada, platos, cazuelas, almireces, morteros, ni sillas, quedando dicha villa destruida». Según un papel del tiempo en poder del señor Sánchez de Toca, citado en *Reinado de Carlos III*, por don Manuel Danvila, tomo II, pág. 10, nota 2. Este pueblo, para vivir su alegría monárquica, se aniquila a sí mismo. ¡Admirable Níjar! ¡Tuyo es el porvenir!

## VII

## VIDA NOBLE Y VIDA VULGAR,
## O ESFUERZO E INERCIA

Por lo pronto somos aquello que nuestro mundo nos invita a ser, y las facciones fundamentales de nuestra alma son impresas en ella por el perfil del contorno como por un molde. Naturalmente: vivir no es más que tratar con el mundo. El cariz general que él nos presente será el cariz general de nuestra vida. Por eso insisto tanto en hacer notar que el mundo donde han nacido las masas actuales mostraba una fisonomía radicalmente nueva en la historia. Mientras en el pretérito vivir significaba para el hombre medio encontrar en derredor dificultades, peligros, escaseces, limitaciones de destino y dependencia, el mundo nuevo aparece como un ámbito de posibilidades prácticamente ilimitadas, seguro, donde no se depende de nadie. En torno a esta impresión primaria y permanente se va a formar cada alma contemporánea, como en torno a la opuesta se formaron las antiguas. Porque esa impresión fundamental se convierte en voz interior que murmura sin cesar unas como palabras en lo más profundo de la persona y le insinúa tenazmente una definición de la vida que es, a la vez, un imperativo. Y si la impresión tradicional decía: «Vivir es sentirse limitado y, por lo mismo, tener que contar con lo que nos limita», la voz novísima grita: «Vivir es no encontrar limitación alguna; por tanto, abandonarse tranquilamente a sí mismo. Prácticamente nada es imposible, nada es peligroso y, en principio, nadie es superior a nadie».

Esta experiencia básica modifica por completo la estructura tradicional, perenne, del hombre-masa. Porque éste se sintió siempre constitutivamente referido a limitaciones materiales y a poderes superiores sociales. Esto era, a sus ojos, la vida. Si lograba mejorar su situación, si ascendía socialmente, lo atribuía a un azar de la fortuna, que le era nominativamente favorable. Y cuando no a esto, a un enorme esfuerzo que él sabía muy bien cuánto le había costado. En uno y otro caso se trataba de una excepción a la índole normal de la vida y del mundo; excepción que, como tal, era debida a alguna causa especialísima.

Pero la nueva masa encuentra la plena franquía vital como estado nativo y establecido, sin causa especial ninguna. Nada de fuera la incita a reconocerse límites y, por tanto, a contar en todo momento con otras instancias, sobre todo con instancias superiores. El labriego chino creía, hasta hace poco, que el bienestar de su vida dependía de las virtudes privadas que tuviese a bien poseer el emperador. Por tanto, su vida era constantemente referida a esta instancia suprema de que dependía. *Mas el hombre que analizamos se habitúa a no apelar de sí mismo a ninguna instancia fuera de él.* Está satisfecho tal y como es. Ingenuamente, sin necesidad de ser vano, como lo más natural del mundo tenderá a afirmar y dar por bueno cuanto en sí halla: opiniones, apetitos, preferencias o gustos. ¿Por qué no, si, según hemos visto, nada ni nadie le fuerza a caer en la cuenta de que él es un hombre de segunda clase, limitadísimo, incapaz de crear ni conservar la organización misma que da a su vida esa amplitud y contentamiento, en los cuales funda tal afirmación de su persona?

Nunca el hombre-masa hubiera apelado a nada fuera de él si la *circunstancia* no le hubiese forzado violentamente a ello. Como ahora la circunstancia no le obliga, el eterno hombre-masa, consecuente con su índole, deja de apelar y se siente soberano de su vida. En cambio, el hombre selecto o excelente está constituido por una íntima necesidad de apelar de sí mismo a una norma más allá de él, superior a él, a cuyo servicio libremente se pone. Recuérdese que, al comienzo, distinguíamos al hombre excelente del hombre vulgar diciendo: que aquél es el que se exige mucho a sí mismo, y éste, el que no se exige nada, sino que se contenta con lo que es y está encantado consigo[1]. Contra lo que suele creerse, es la criatura de selección, y no la masa, quien vive en esencial servidumbre. No le sabe su vida si no la hace consistir en servicio a algo trascendente. Por eso no estima la necesidad de servir como una opresión. Cuando ésta, por azar, le falta, siente desasosiego e inventa nuevas normas más difíciles,

---

1. Es intelectualmente masa el que ante un problema cualquiera se contenta con pensar lo que buenamente encuentra en su cabeza. Es, en cambio, egregio el que desestima lo que halla sin previo esfuerzo en su mente, y sólo acepta como digno de él lo que aún está por encima de él y exige un nuevo estirón para alcanzarlo.

más exigentes, que le opriman. Esto es la vida como disciplina –la vida noble. La nobleza se define por la exigencia, por las obligaciones, no por los derechos. *Noblesse oblige.* «Vivir a gusto es de plebeyo: el noble aspira a ordenación y a ley» (Goethe). Los privilegios de la nobleza no son originariamente concesiones o favores, sino, por el contrario, son conquistas. Y, en principio, supone su mantenimiento que el privilegiado sería capaz de reconquistarlas en todo instante, si fuese necesario y alguien se lo disputase[1]. Los derechos privados o *privi-legios* no son, pues, pasiva posesión y simple goce, sino que representan el perfil adonde llega el esfuerzo de la persona. En cambio, los derechos comunes, como son los del «hombre y del ciudadano», son propiedad pasiva, puro usufructo y beneficio, don generoso del destino con que todo hombre se encuentra y que no responde a esfuerzo ninguno, como no sea el respirar y evitar la demencia. Yo diría, pues, que el derecho impersonal se tiene y el personal se sostiene.

Es irritante la degeneración sufrida en el vocabulario usual por una palabra tan inspiradora como «nobleza». Porque al significar para muchos «nobleza de sangre» hereditaria, se convierte en algo parecido a los derechos comunes, en una calidad estática y pasiva, que se recibe y transmite como una cosa inerte. Pero el sentido propio, el *etymo* del vocablo «nobleza» es esencialmente dinámico. Noble significa el «conocido», se entiende el conocido de todo el mundo, el famoso, que se ha dado a conocer sobresaliendo sobre la masa anónima. Implica

---

1. Véase *España invertebrada* (1922), pág. 156.

un esfuerzo insólito que motivó la fama. Equivale, pues, noble, a esforzado o excelente. La nobleza o fama del hijo es ya puro beneficio. El hijo es conocido porque su padre logró ser famoso. Es conocido por reflejo, y, en efecto, la nobleza hereditaria tiene un carácter indirecto, es luz espejada, es nobleza lunar como hecha con muertos. Sólo queda en ella de vivo, auténtico, dinámico, la incitación que produce en el descendiente a mantener el nivel de esfuerzo que el antepasado alcanzó. Siempre, aun en este sentido desvirtuado, *noblesse oblige*. El noble originario se obliga a sí mismo, y al noble hereditario le obliga la herencia. Hay, de todas suertes, cierta contradicción en el traspaso de la nobleza desde el noble inicial a sus sucesores. Más lógicos los chinos, invierten el orden de la transmisión, y no es el padre quien ennoblece al hijo, sino el hijo quien, al conseguir la nobleza, la comunica a sus antepasados, destacando con su esfuerzo a su estirpe humilde. Por eso, al conceder los rangos de nobleza, se gradúan por el número de generaciones atrás que quedan prestigiadas, y hay quien sólo hace noble a su padre y quien alarga su fama hasta el quinto o décimo abuelo. Los antepasados viven del hombre actual, cuya nobleza es efectiva, actuante; en suma, *es*, no *fue*[1].

La «nobleza» no aparece como término formal hasta el Imperio romano, y precisamente para oponerlo a la nobleza hereditaria, ya en decadencia.

---

1. Como en lo anterior se trata sólo de retrotraer el vocablo «nobleza» a su sentido primordial, que excluye la herencia, no hay oportunidad para estudiar el hecho de que tantas veces aparezca en la historia una «nobleza de sangre». Queda, pues, intacta esta cuestión.

Para mí, nobleza es sinónimo de vida esforzada, puesta siempre a superarse a sí misma, a trascender de lo que ya es hacia lo que se propone como deber y exigencia. De esta manera, la vida noble queda contrapuesta a la vida vulgar o inerte, que, estáticamente, se recluye a sí misma, condenada a perpetua inmanencia como una fuerza exterior no la obligue a salir de sí. De aquí que llamemos masa a este modo de ser hombre –no tanto porque sea multitudinario, cuanto porque es inerte.

Conforme se avanza por la existencia va uno hartándose de advertir que la mayor parte de los hombres –y de las mujeres– son incapaces de otro esfuerzo que el estrictamente impuesto como reacción a una necesidad externa. Por lo mismo, quedan más aislados y como monumentalizados en nuestra experiencia los poquísimos seres que hemos conocido capaces de un esfuerzo espontáneo y lujoso. Son los hombres selectos, los nobles, los únicos activos y no sólo reactivos, para quienes vivir es una perpetua tensión, un incesante entrenamiento. Entrenamiento = *áskesis*. Son los ascetas[1].

No sorprenda esta aparente digresión. Para definir al hombre-masa actual, que es tan masa como el de siempre, pero quiere suplantar a los excelentes, hay que contraponerlo a las dos formas puras que en él se mezclan: la masa normal y el auténtico noble o esforzado.

Ahora podemos caminar más de prisa, porque ya somos dueños de lo que, a mi juicio, es la clave o ecuación psicológica del tipo humano dominante hoy. Todo lo que sigue es consecuencia o corolario de esa estructura

---

1. Véase «El origen deportivo del Estado», en *El Espectador*.

radical que podría resumirse así: el mundo organizado por el siglo XIX, al producir automáticamente un hombre nuevo, ha metido en él formidables apetitos, poderosos medios de todo orden para satisfacerlos –económicos, corporales (higiene, salud media superior a la de todos los tiempos), civiles y técnicos (entiendo por éstos la enormidad de conocimientos parciales y de eficiencia práctica que hoy tiene el hombre medio y de que siempre careció en el pasado). Después de haber metido en él todas estas potencias, el siglo XIX lo ha abandonado a sí mismo, y entonces, siguiendo el hombre medio su índole natural, se ha cerrado dentro de sí. De esta suerte, nos encontramos con una masa más fuerte que la de ninguna época, pero, a diferencia de la tradicional, hermetizada en sí misma, incapaz de atender a nada ni a nadie, creyendo que se basta –en suma: indócil[1]. Continuando las cosas como hasta aquí, cada día se notará más en toda Europa –y por reflejo en todo el mundo– que las masas son incapaces de dejarse dirigir en ningún orden. En las horas difíciles que llegan para nuestro continente es posible que, súbitamente angustiadas, tengan un momento la buena voluntad de aceptar, en ciertas materias especialmente premiosas, la dirección de minorías superiores.

Pero aun esa buena voluntad fracasará. Porque la textura radical de su alma está hecha de hermetismo e indocilidad, porque les falta de nacimiento la función de atender a lo que está más allá de ellas, sean hechos, sean

---

[1]. Sobre la indocilidad de las masas, especialmente de las españolas, hablé ya en *España invertebrada* (1922), y a lo dicho allí me remito.

personas. Querrán seguir a alguien, y no podrán. Querrán oír, y descubrirán que son sordas.

Por otra parte, es ilusorio pensar que el hombre-medio vigente, por mucho que haya ascendido su nivel vital en comparación con el de otros tiempos, va a poder regir, por sí mismo, el proceso de la civilización. Digo proceso, no ya progreso. El simple proceso de mantener la civilización actual es superlativamente complejo y requiere sutilezas incalculables. Mal puede gobernarlo este hombre-medio que ha aprendido a usar muchos aparatos de civilización, pero que se caracteriza por ignorar de raíz los principios mismos de la civilización.

Reitero al lector que, paciente, haya leído hasta aquí, la conveniencia de no entender todos estos enunciados atribuyéndoles, desde luego, un significado político. La actividad política, que es de toda la vida pública la más eficiente y la más visible, es, en cambio, la postrera, resultante de otras más íntimas e impalpables. Así, la indocilidad política no sería grave si no proviniese de una más honda y decisiva indocilidad intelectual y moral. Por eso, mientras no hayamos analizado ésta, faltará la última claridad al teorema de este ensayo.

## VIII

### POR QUÉ LAS MASAS INTERVIENEN EN TODO Y POR QUÉ SÓLO INTERVIENEN VIOLENTAMENTE

Quedamos en que ha acontecido algo sobremanera paradójico, pero que en verdad era naturalísimo: de puro mostrarse abiertos mundo y vida al hombre mediocre, se le ha cerrado a éste el alma. Pues bien: yo sostengo que en esa obliteración de las almas medias consiste la rebeldía de las masas en que, a su vez, consiste el gigantesco problema planteado hoy a la humanidad.

Ya sé que muchos de los que me leen no piensan lo mismo que yo. También eso es naturalísimo y confirma el teorema. Pues aunque resultase en definitiva errónea mi opinión, siempre quedaría el hecho de que muchos de esos lectores discrepantes no han pensado cinco minutos sobre tan compleja materia. ¿Cómo van a pensar lo mismo que yo? Pero al creerse con derecho a tener una opinión sobre el asunto sin previo esfuerzo para forjársela, manifiestan su ejemplar pertenencia al modo absurdo de ser hombre que he llamado «masa rebelde».

Eso es precisamente tener obliterada, hermética, el alma. En este caso se trataría de hermetismo intelectual. La persona se encuentra con un repertorio de ideas dentro de sí. Decide contentarse con ellas y considerarse intelectualmente completa. Al no echar de menos nada fuera de sí, se instala definitivamente en aquel repertorio. He ahí el mecanismo de la obliteración.

El hombre-masa se siente perfecto. Un hombre de selección, para sentirse perfecto, necesita ser especialmente vanidoso, y la creencia en su perfección no está consustancialmente unida a él, no es ingenua, sino que le llega de su vanidad y aun para él mismo tiene un carácter ficticio, imaginario y problemático. Por eso el vanidoso necesita de los demás, busca en ellos la confirmación de la idea que quiere tener de sí mismo. De suerte que ni aun en este caso morboso, ni aun «cegado» por la vanidad, consigue el hombre noble sentirse de verdad completo. En cambio, al hombre mediocre de nuestros días, al nuevo Adán, no se le ocurre dudar de su propia plenitud. Su confianza en sí es, como de Adán, paradisíaca. El hermetismo nato de su alma le impide lo que sería condición previa para descubrir su insuficiencia: compararse con otros seres. Compararse sería salir un rato de sí mismo y trasladarse al prójimo. Pero el alma mediocre es incapaz de transmigraciones –deporte supremo.

Nos encontramos, pues, con la misma diferencia que eternamente existe entre el tonto y el perspicaz. Éste se sorprende a sí mismo siempre a dos dedos de ser tonto; por ello hace un esfuerzo para escapar a la inminente tontería, y en ese esfuerzo consiste la inteligencia. El tonto, en cambio, no se sospecha a sí mismo: se parece discretísimo, y de ahí la envidiable tranquilidad con que el necio se asienta e instala en su propia torpeza. Como esos insectos que no hay manera de extraer fuera del orificio en que habitan, no hay modo de desalojar al tonto de su tontería, llevarle de paseo un rato más allá de su ceguera y obligarle a que contraste su torpe visión habitual con otros modos de ver más sutiles. El tonto es vitalicio y sin poros. Por eso decía Anatole France que un necio es mucho más funesto que un malvado. Porque el malvado descansa algunas veces; el necio, jamás[1].

No se trata de que el hombre-masa sea tonto. Por el contrario, el actual es más listo, tiene más capacidad intelectiva que el de ninguna otra época. Pero esa capacidad no le sirve de nada; en rigor, la vaga sensación de poseerla le sirve sólo para cerrarse más en sí y no usarla. De una vez para siempre consagra el surtido de tópicos, prejuicios, cabos de ideas o, simplemente, vocablos hueros que el azar ha amontonado en su interior y, con una audacia que sólo por la ingenuidad se explica, los impondrá dondequiera. Esto es lo que en el primer capítulo enunciaba yo como característico de nuestra época: no que el vulgar crea que es sobresaliente y no vulgar, sino que el vulgar proclame e imponga el derecho de la vulgaridad, o la vulgaridad como un derecho.

El imperio que sobre la vida pública ejerce hoy la vulgaridad intelectual es acaso el factor de la presente situa-

---

1. Muchas veces me he planteado la siguiente cuestión: es indudable que desde siempre ha tenido que ser para muchos hombres uno de los tormentos más angustiosos de su vida el contacto, el choque con la tontería de los prójimos. ¿Cómo es posible, sin embargo, que no se haya intentado nunca –me parece– un estudio sobre ella, un *ensayo sobre la tontería*?

ción más nuevo, menos asimilable a nada del pretérito. Por lo menos en la historia europea hasta la fecha, nunca el vulgo había creído tener «ideas» sobre las cosas. Tenía creencias, tradiciones, experiencias, proverbios, hábitos mentales, pero no se imaginaba en posesión de opiniones teóricas sobre lo que las cosas son o deben ser –por ejemplo, sobre política o sobre literatura. Le parecía bien o mal lo que el político proyectaba y hacía; aportaba o retiraba su adhesión, pero su actitud se reducía a repercutir, positiva o negativamente, la acción creadora de otros. Nunca se le ocurrió oponer a las «ideas» del político otras suyas; ni siquiera juzgar las «ideas» del político desde el tribunal de otras «ideas» que creía poseer. Lo mismo en arte y en los demás órdenes de la vida pública. Una innata conciencia de su limitación, de no estar calificado para teorizar[1] se lo vedaba completamente. La consecuencia automática de esto era que el vulgo no pensaba, ni de lejos, decidir en casi ninguna de las actividades públicas, que en su mayor parte son de índole teórica.

Hoy, en cambio, el hombre medio tiene las «ideas» más taxativas sobre cuanto acontece y debe acontecer en el universo. Por eso ha perdido el uso de la audición. ¿Para qué oír, si ya tiene dentro cuanto hace falta? Ya no es sazón de escuchar, sino, al contrario, de juzgar, de sentenciar, de decidir. No hay cuestión de vida pública donde no intervenga, ciego y sordo como es, imponiendo sus «opiniones».

Pero ¿no es esto una ventaja? ¿No representa un progreso enorme que las masas tengan «ideas», es decir, que

---

1. No se pretenda escamotear la cuestión: todo opinar es teorizar.

sean cultas? En manera alguna. Las «ideas» de este hombre medio no son auténticamente ideas, ni su posesión es cultura. La idea es un jaque a la verdad. Quien quiera tener ideas necesita antes disponerse a querer la verdad y aceptar las reglas de juego que ella imponga. No vale hablar de ideas u opiniones donde no se admite una instancia que las regula, una serie de normas a que en la discusión cabe apelar. Estas normas son los principios de la cultura. No me importa cuáles. Lo que digo es que no hay cultura donde no hay normas a que nuestros prójimos puedan recurrir. No hay cultura donde no hay principios de legalidad civil a que apelar. No hay cultura donde no hay acatamiento de ciertas últimas posiciones intelectuales a que referirse en la disputa[1]. No hay cultura cuando no preside a las relaciones económicas un régimen de tráfico bajo el cual ampararse. No hay cultura donde las polémicas estéticas no reconocen la necesidad de justificar la obra de arte.

Cuando faltan todas esas cosas no hay cultura; hay, en el sentido más estricto de la palabra, barbarie. Y esto es, no nos hagamos ilusiones, lo que empieza a haber en Europa bajo la progresiva rebelión de las masas. El viajero que llega a un país bárbaro sabe que en aquel territorio no rigen principios a que quepa recurrir. No hay normas bárbaras propiamente. La barbarie es ausencia de normas y de posible apelación.

---

1. Si alguien en su discusión con nosotros se desinteresa de ajustarse a la verdad, si no tiene la voluntad de ser verídico, es intelectualmente un bárbaro. De hecho, ésa es la posición del hombre-masa cuando habla, da conferencias o escribe.

El más y el menos de cultura se mide por la mayor o menor precisión de las normas. Donde hay poca, regulan éstas la vida sólo *grosso modo*; donde hay mucha, penetran hasta el detalle en el ejercicio de todas las actividades. La escasez de la cultura intelectual española, esto es, del cultivo o ejercicio disciplinado del intelecto, se manifiesta, no en que se sepa más o menos, sino en la habitual falta de cautela y cuidados para ajustarse a la verdad que suelen mostrar los que hablan y escriben. No, pues, en que se acierte o no –la verdad no está en nuestra mano–, sino en la falta de escrúpulo que lleva a no cumplir los requisitos elementales para acertar. Seguimos siendo el eterno cura de aldea que rebate triunfante al maniqueo, sin haberse ocupado antes de averiguar lo que piensa el maniqueo.

Cualquiera puede darse cuenta de que en Europa, desde hace años, han empezado a pasar «cosas raras». Por dar algún ejemplo concreto de estas cosas raras nombraré ciertos movimientos políticos, como el sindicalismo y el fascismo. No se diga que parecen raros simplemente porque son nuevos. El entusiasmo por la innovación es de tal modo ingénito en el europeo que le ha llevado a producir la historia más inquieta de cuantas se conocen. No se atribuya, pues, lo que estos nuevos hechos tienen de raro a lo que tienen de nuevo, sino a la extrañísima vitola de estas novedades. Bajo las especies de sindicalismo y fascismo aparece por primera vez en Europa un tipo de hombre que *no quiere dar razones ni quiere tener razón*, sino, sencillamente, se muestra resuelto a imponer sus opiniones. He aquí lo nuevo: el derecho a no tener razón, la razón de la sinrazón. Yo veo en ello la manifestación más palpable del nuevo modo de ser las masas, por haberse resuelto a dirigir la sociedad sin capacidad para ello. En su conducta política se revela la estructura del alma nueva de la manera más cruda y contundente, pero la clave está en el hermetismo intelectual. El hombre-medio se encuentra con «ideas» dentro de sí, pero carece de la función de idear. Ni sospecha siquiera cuál es el elemento sutilísimo en que las ideas viven. Quiere opinar, pero no quiere aceptar las condiciones y supuestos de todo opinar. De aquí que sus «ideas» no sean efectivamente sino apetitos con palabras, como las romanzas musicales.

Tener una idea es creer que se poseen las razones de ella, y es por tanto creer que existe una razón, un orbe de verdades inteligibles. Idear, opinar, es una misma cosa con apelar a tal instancia, supeditarse a ella, aceptar su código y su sentencia, creer, por tanto, que la forma superior de la convivencia es el diálogo en que se discuten las razones de nuestras ideas. Pero el hombre-masa se sentiría perdido si aceptase la discusión, e instintivamente repudia la obligación de acatar esa instancia suprema que se halla fuera de él. Por eso, lo «nuevo» es en Europa «acabar con las discusiones», y se detesta toda forma de convivencia que por sí misma implique acatamiento de normas objetivas desde la conversación hasta el Parlamento, pasando por la ciencia. Esto quiere decir que se renuncia a la convivencia de cultura, que es una convivencia bajo normas y se retrocede a una convivencia bárbara. Se suprimen todos los trámites normales y se va directamente a la imposición de lo que se desea. El hermetismo del alma, que, como hemos visto antes, empuja a la masa para que intervenga en toda la vida pública, la lleva también, inexorablemente, a un procedimiento único de intervención: la acción directa.

El día en que se reconstruya la génesis de nuestro tiempo, se advertirá que las primeras notas de su peculiar melodía sonaron en aquellos grupos sindicalistas y realistas franceses de hacia 1900, inventores de la manera y la palabra «acción directa». Perpetuamente el hombre ha acudido a la violencia: unas veces este recurso era simplemente un crimen, y no nos interesa. Pero otras era la violencia el medio a que recurría el que había agotado antes todos los demás para defender la razón y la justicia que creía tener. Será muy lamentable que la condición humana lleve una y otra vez a esta forma de violencia, pero es innegable que ella significa el mayor homenaje a la razón y la justicia. Como que no es tal violencia otra cosa que la razón exasperada. La fuerza era, en efecto, la *ultima ratio*. Un poco estúpidamente ha solido entenderse con ironía esta expresión, que declara muy bien el previo rendimiento de la fuerza a las normas racionales. La civilización no es otra cosa que el ensayo de reducir la fuerza a *ultima ratio*. Ahora empezamos a ver esto con sobrada claridad, porque la «acción directa» consiste en invertir el orden y proclamar la violencia como *prima ratio*; en rigor, como única razón. Es ella la norma que propone la anulación de toda norma, que suprime todo intermedio entre nuestro propósito y su imposición. Es la *Charta Magna* de la barbarie.

Conviene recordar que en todo tiempo, cuando la masa, por uno u otro motivo, ha actuado en la vida pública, lo ha hecho en forma de «acción directa». Fue, pues, siempre el modo de operar natural a las masas. Y corrobora enérgicamente la tesis de este ensayo el hecho patente de que ahora, cuando la intervención directora de las masas en la vida pública ha pasado de casual e infrecuente a ser lo normal, aparezca la «acción directa» oficialmente como norma reconocida.

Toda la convivencia humana va cayendo bajo este nuevo régimen en que se suprimen las instancias indirectas. En el trato social se suprime la «buena educación». La literatura, como «acción directa», se constituye en el insulto. Las relaciones sexuales reducen sus trámites.

¡Trámites, normas, cortesía, usos intermediarios, justicia, razón! ¿De qué vino inventar todo esto, crear tanta complicación? Todo ello se resume en la palabra «civilización», que al través de la idea de *civis*, el ciudadano, descubre su propio origen. Se trata con todo ello de hacer posible la ciudad, la comunidad, la convivencia. Por eso, si miramos por dentro cada uno de esos trebejos de la civilización que acabo de enumerar, hallaremos una misma entraña en todos. Todos, en efecto, suponen el deseo radical y progresivo de contar cada persona con las demás. Civilización es, antes que nada, voluntad de convivencia. Se es incivil y bárbaro en la medida en que no se cuente con los demás. La barbarie es tendencia a la disociación. Y así todas las épocas bárbaras han sido tiempos de desparramamiento humano, pululación de mínimos grupos separados y hostiles.

La forma que en política ha representado la más alta voluntad de convivencia es la democracia liberal. Ella lleva al extremo la resolución de contar con el prójimo y es prototipo de la «acción indirecta». El liberalismo es el principio de derecho político según el cual el Poder público, no obstante ser omnipotente, se limita a sí mismo y procura, aun a su costa, dejar hueco en el Estado que él impera para que puedan vivir los que ni piensan ni sienten como él, es decir, como los más fuertes, como la mayoría. El liberalismo –conviene hoy recordar esto– es la suprema generosidad: es el derecho que la mayoría otorga a las minorías y es, por tanto, el más noble grito que ha sonado en el planeta. Proclama la decisión de convivir con el enemigo, más aún, con el enemigo débil. Era inverosímil que la especie humana hubiese llegado a una cosa tan bonita, tan paradójica, tan elegante, tan acrobática, tan antinatural. Por eso, no debe sorprender que prontamente parezca esa misma especie resuelta a abandonarla. Es un ejercicio demasiado difícil y complicado para que se consolide en la tierra.

¡Convivir con el enemigo! ¡Gobernar con la oposición! ¿No empieza a ser ya incomprensible semejante ternura? Nada acusa con mayor claridad la fisonomía del presente como el hecho de que vayan siendo tan pocos los países donde existe la oposición. En casi todos, una masa homogénea pesa sobre el Poder público y aplasta, aniquila todo grupo opositor. La masa –¿quién lo diría al ver su aspecto compacto y multitudinario?– no desea la convivencia con lo que no es ella. Odia a muerte lo que no es ella.

## IX

PRIMITIVISMO Y TÉCNICA

Me importa mucho recordar aquí que estamos sumergidos en el análisis de una situación –la del presente– sustancialmente equívoca. Por eso insinué al principio que todos los rasgos actuales y, en especie, la rebelión de las masas, presentan doble vertiente. Cualquiera de ellos no sólo tolera, sino que reclama una doble interpretación, favorable y peyorativa. Y este equívoco no reside en nuestro juicio, sino en la realidad misma. No es que pueda parecernos por un lado bien, por otro mal, sino que en sí misma la situación presente es potencia bifronte de triunfo o de muerte.

No es cosa de lastrar este ensayo con toda una metafísica de la historia. Pero claro es que lo voy construyendo sobre el cimiento subterráneo de mis convicciones filosóficas, expuestas o aludidas en otros lugares. No creo en la absoluta determinación de la historia. Al contrario, pienso que toda vida y, por tanto, la histórica, se compone de puros instantes, cada uno de los cuales está relativamente indeterminado con respecto al anterior, de suerte que en él la realidad vacila, *piétine sur place*, y no sabe bien si decidirse por una u otra entre varias posibilidades. Este titubeo meta-físico proporciona a todo lo vital esa inconfundible cualidad de vibración y estremecimiento.

La rebelión de las masas *puede*, en efecto, ser tránsito a una nueva y sin par organización de la humanidad, pero también *puede* ser una catástrofe en el destino humano. No hay razón para negar la realidad del progreso, pero es preciso corregir la noción que cree seguro este progreso. Más congruente con los hechos es pensar que no hay ningún progreso seguro, ninguna evolución, sin la amenaza de involución y retroceso. Todo, todo es posible en la historia –lo mismo el progreso triunfal e indefinido que la periódica regresión. Porque la vida, individual o colectiva, personal o histórica, es la única entidad del universo cuya sustancia es peligro. Se compone de peripecias. Es, rigorosamente hablando, drama[1].

---

1. Ni que decir tiene que casi nadie tomará en serio estas expresiones, y los mejor intencionados las entenderán como simples metáforas, tal vez conmovedoras. Sólo algún lector lo bastante ingenuo para no creer que sabe ya definitivamente lo que es la vida o, por lo menos, lo que no es, se dejará ganar por el sentido primario de estas frases y será precisamente el que –verdaderas o falsas– las *entienda*. Entre los demás reinará la más efusiva unanimidad, con esta única diferencia: los unos pensarán que, *hablando en serio*, vida es el proceso existencial de un alma, y los otros, que es una sucesión de reacciones químicas. No creo que mejore mi situación ante lectores tan herméticos resumir toda una manera de pensar diciendo que el sentido *primario y radical* de la palabra vida aparece cuando se la emplea en el sentido de biografía y no en el de biología. Por la fortísima razón de que toda biología es en definitiva sólo un capítulo de ciertas biografías, es lo que en su vida (biografiable) hacen los biólogos. Otra cosa es abstracción, fantasía y mito.

Esto, que es verdad en general, adquiere mayor intensidad en los «momentos críticos», como es el presente. Y así, los síntomas de nueva conducta, que bajo el imperio actual de las masas van apareciendo y agrupábamos bajo el título «acción directa», *pueden* anunciar también futuras perfecciones. Es claro que toda vieja cultura arrastra en su avance tejidos caducos y no parva cargazón de materia córnea, estorbo a la vida y tóxico residuo. Hay instituciones muertas, valoraciones y respetos supervivientes y ya sin sentido, soluciones indebidamente complicadas, normas que han probado su insustancialidad. Todos estos elementos de la acción *indirecta*, de la civilización, demandan una época de frenesí simplificador. La levita y el plastrón románticos solicitan una venganza por medio del actual *déshabillé* y el «en mangas de camisa». Aquí, la simplificación es higiene y mejor gusto; por tanto, una solución más perfecta, como siempre que con menos medios se consigue más. El árbol del amor romántico exigía también una poda para que cayeran las demasiadas magnolias falsas zurcidas a sus ramas y el furor de lianas, volutas, retorcimientos e intrincaciones que no lo dejaban solearse.

En general, la vida pública, sobre todo la política, requería urgentemente una reducción a lo auténtico, y la humanidad europea no podría dar el salto elástico que el optimista reclama de ella si no se pone antes desnuda, si no se aligera hasta su pura esencialidad, hasta coincidir consigo misma. El entusiasmo que siento por esta disciplina de nudificación, de autenticidad, la conciencia de que es imprescindible para franquear el paso a un futuro estimable, me hace reivindicar plena libertad de ideador frente a todo el pasado. Es el porvenir quien debe imperar sobre el pretérito, y de él recibimos la orden para nuestra conducta frente a cuanto fue[1].

Pero es preciso evitar el pecado mayor de los que dirigieron el siglo XIX: la defectuosa conciencia de su responsabilidad, que les hizo no mantenerse alertas y en vigilancia. Dejarse deslizar por la pendiente favorable que presenta el curso de los acontecimientos y embotarse para la dimensión de peligro y mal cariz que aun la hora más jocunda posee, es precisamente faltar a la misión de responsable. Hoy se hace menester suscitar una hiperestesia de responsabilidad en los que sean capaces de sentirla y parece lo más urgente subrayar el lado palmariamente funesto de los síntomas actuales.

Es indudable que en un balance diagnóstico de nuestra vida pública los factores adversos superan con mucho a los favorables, si el cálculo se hace no tanto pensando en el presente como en lo que anuncian y prometen.

Todo el crecimiento de posibilidades concretas que ha experimentado la vida corre riesgo de anularse a sí mismo al topar con el más pavoroso problema sobrevenido en el destino europeo y que de nuevo formulo: se ha apoderado de la dirección social un tipo de hombre a quien no inte-

---

[1]. Esta holgura de movimientos frente al pasado no es, pues, una petulante rebeldía, sino, por el contrario, una clarísima obligación de toda «época crítica». Si yo defiendo el liberalismo del siglo XIX contra las masas que incivilmente lo atacan, no quiere decir que renuncie a una plena libertad frente a ese propio liberalismo. Viceversa: el primitivismo que en este ensayo aparece bajo su haz peor es, por otra parte en cierto sentido, condición de todo gran avance histórico. Véase lo que, hace no pocos años, decía yo sobre esto en el ensayo «Biología y Pedagogía», *El Espectador*, III, «La paradoja del salvajismo».

resan los principios de la civilización. No los de ésta o los de aquélla, sino –a lo que hoy puede juzgarse– los de ninguna. Le interesan evidentemente los anestésicos, los automóviles y algunas cosas más. Pero esto confirma su radical desinterés hacia la civilización. Pues esas cosas son sólo productos de ella, y el fervor que se les dedica hace resaltar más crudamente la insensibilidad para los principios de que nacen. Baste hacer constar este hecho: desde que existen las *nuove scienze*, las ciencias físicas –por tanto, desde el Renacimiento–, el entusiasmo hacia ellas había aumentado sin colapso, a lo largo del tiempo. Más concretamente: el número de gentes que en proporción se dedicaban a esas puras investigaciones era mayor en cada generación. El primer caso de retroceso –repito, proporcional– se ha producido en la generación que hoy va de los veinte a los treinta. En los laboratorios de ciencia pura empieza a ser difícil atraer discípulos. Y esto acontece cuando la industria alcanza su mayor desarrollo y cuando las gentes muestran mayor apetito por el uso de aparatos y medicinas creados por la ciencia.

Si no fuera prolijo, podría demostrarse pareja incongruencia en política, en arte, en moral, en religión y en las zonas cotidianas de la vida.

¿Qué nos significa situación tan paradójica? Este ensayo pretende haber preparado la respuesta a tal pregunta. Significa que el hombre hoy dominante es un primitivo, un *Naturmensch* emergiendo en medio de un mundo civilizado. Lo civilizado es el mundo, pero su habitante no lo es: ni siquiera ve en él la civilización, sino que usa de ella como si fuese naturaleza. El nuevo hombre desea el automóvil y goza de él; pero cree que es fruta espontánea de un árbol edénico. En el fondo de su alma desconoce el carácter artificial, casi inverosímil, de la civilización, y no alargará su entusiasmo por los aparatos hasta los principios que los hacen posibles. Cuando más arriba, trasponiendo unas palabras de Rathenau, decía yo que asistimos a la «invasión vertical de los bárbaros», pudo juzgarse –como es sólito– que se trataba sólo de una «frase». Ahora se ve que la expresión podrá enunciar una verdad o un error, pero que es lo contrario de una «frase», a saber: una definición formal que condensa todo un complicado análisis. El hombre-masa actual es, en efecto, un primitivo, que por los bastidores se ha deslizado en el viejo escenario de la civilización.

A toda hora se habla hoy de los progresos fabulosos de la técnica, pero yo no veo que se hable, ni por los mejores, con una conciencia de su porvenir suficientemente dramático. El mismo Spengler, tan sutil y tan hondo –aunque tan maniático–, me parece en este punto demasiado optimista. Pues cree que a la «cultura» va a suceder una época de «civilización» bajo la cual entiende sobre todo la técnica. La idea que Spengler tiene de la «cultura», y en general de la historia, es tan remota de la presupuesta en este ensayo que no es fácil, ni aun para rectificarlas, traer aquí a comento sus conclusiones. Sólo brincando sobre distancias y precisiones, para reducir ambos puntos de vista a un común denominador, pudiera plantearse así la divergencia: Spengler cree que la técnica puede seguir viviendo cuando ha muerto el interés por los principios de la cultura. Yo no puedo resolverme a creer tal cosa. La técnica es consustancialmente ciencia, y la ciencia no existe si no interesa en su pureza y por ella misma y no puede interesar si las gentes no continúan entusiasmadas con los principios generales de la cultura. Si se embota este fervor –como parece ocurrir–, la técnica sólo puede pervivir un rato, el que le dure la inercia del impulso cultural que la creó. Se vive con la técnica, pero no *de* la técnica. Ésta no se nutre ni respira a sí misma, no es *causa sui*, sino precipitado útil, práctico, de preocupaciones superfluas, imprácticas[1].

Voy, pues, a la advertencia de que el actual interés por la técnica no garantiza nada, y menos que nada el progreso mismo o la perduración de la técnica. Bien está que se considere el tecnicismo como uno de los rasgos característicos de la «cultura moderna», es decir, de una cultura que contiene un género de ciencia, el cual resulta materialmente aprovechable. Por eso, al resumir la fisonomía novísima de la vida implantada por el siglo XIX, me quedaba yo con estas dos solas facciones: democracia liberal y técnica[2]. Pero repito que me sorprende la ligereza con que al hablar de la técnica se olvida que su víscera cordial es la ciencia pura, y que las condiciones de su perpetuación involucran las que hacen posible el puro

---

1. De aquí que, a mi juicio, no dice nada quien cree haber dicho algo definiendo a Norteamérica por su «técnica». Una de las cosas que perturban más gravemente la conciencia europea es el conjunto de juicios pueriles sobre Norteamérica que oye uno sustentar aun a las personas más cultas. Es un caso particular de la desproporción que más adelante apunto entre la complejidad de los problemas actuales y la capacidad de las mentes.
2. En rigor, la democracia liberal y la técnica se implican e intersuponen, a su vez tan estrechamente, que no es concebible la una sin la otra, y, por tanto, fuera deseable un tercer nombre, más genérico, que incluyese ambas. Ése sería el verdadero nombre, el sustantivo de la última centuria.

ejercicio científico. ¿Se ha pensado en todas las cosas que necesitan seguir vigentes en las almas para que pueda seguir habiendo de verdad «hombres de ciencia»? ¿Se cree en serio que mientras haya *dollars* habrá ciencia? Esta idea en que muchos se tranquilizan no es sino una prueba más de primitivismo.

¡Ahí es nada la cantidad de ingredientes, los más dispares entre sí, que es menester reunir y agitar para obtener el *cocktail* de la ciencia fisicoquímica! Aun contentándose con la presión más débil y somera del tema, salta ya el clarísimo hecho de que en toda la amplitud de la tierra y en toda la del tiempo, la fisicoquímica sólo ha logrado constituirse, establecerse plenamente en el breve cuadrilátero que inscriben Londres, Berlín, Viena y París. Y aun dentro de ese cuadrilátero, sólo en el siglo XIX. Esto demuestra que la ciencia experimental es uno de los productos más improbables de la historia. Magos, sacerdotes, guerreros y pastores han pululado donde y como quiera. Pero esta fauna del hombre experimental requiere, por lo visto, para producirse, un conjunto de condiciones más insólito que el que engendra al unicornio. Hecho tan sobrio y tan magro debía hacer reflexionar un poco sobre el carácter supervolátil, evaporante, de la inspiración científica[1]. ¡Lucido va quien crea que si Europa desapareciese podrían los norteamericanos *continuar* la ciencia!

Importaría mucho tratar a fondo el asunto y especificar con toda minucia cuáles son los supuestos históricos, vita-

---

1. No hablemos de cuestiones más internas. La mayor parte de los investigadores mismos no tienen hoy la más ligera sospecha de la gravísima, peligrosísima crisis íntima que hoy atraviesa su ciencia.

les de la ciencia experimental y, consecuentemente, de la técnica. Pero no se espere que, aun aclarada la cuestión, el hombre-masa se daría por enterado. El hombre-masa no atiende a razones, y sólo aprende en su propia carne.

Una observación me impide hacerme ilusiones sobre la eficacia de tales prédicas, que a fuer de racionales tendrían que ser sutiles. ¿No es demasiado absurdo que en las circunstancias actuales no sienta el hombre-medio, espontáneamente y sin prédicas, fervor superlativo hacia aquellas ciencias y sus congéneres las biológicas? Porque repárese en cuál es la situación actual: mientras evidentemente todas las demás cosas de la cultura se han vuelto problemáticas –la política, el arte, las normas sociales, la moral misma–, hay una que cada día comprueba, de la manera más indiscutible y más propia para hacer efecto al hombre-masa, su maravillosa eficiencia: la ciencia empírica. Cada día facilita un nuevo invento, que ese hombre medio utiliza. Cada día produce un nuevo analgésico o vacuna, de que ese hombre medio beneficia. Todo el mundo sabe que, no cediendo la inspiración científica, si se triplicasen o decuplicasen los laboratorios, se multiplicarían automáticamente riqueza, comodidades, salud, bienestar. ¿Puede imaginarse propaganda más formidable y contundente en favor de un principio vital? ¿Cómo, no obstante, no hay sombra de que las masas se pidan a sí mismas un sacrificio de dinero y de atención para dotar mejor a la ciencia? Lejos de esto, la postguerra ha convertido al hombre de ciencia en el nuevo paria social. Y conste que me refiero a físicos, químicos, biólogos –no a los filósofos. La filosofía no necesita ni protección, ni atención, ni simpatía de la masa. Cuida su aspecto de perfecta inutilidad[1], y con ello se liberta de toda supeditación al hombre medio. Se sabe a sí misma por esencia problemática, y abraza alegre su libre destino de pájaro del buen Dios, sin pedir a nadie que cuente con ella, ni recomendarse ni defenderse. Si a alguien buenamente le aprovecha para algo, se regocija por simple simpatía humana; pero no vive de ese provecho ajeno, ni lo premedita ni lo espera. ¿Cómo va a pretender que nadie la tome en serio, si ella comienza por dudar de su propia existencia, si no vive más que en la medida en que se combata a sí misma, en que se desviva a sí misma? Dejemos, pues, a un lado la filosofía, que es aventura de otro rango.

Pero las ciencias experimentales sí necesitan de la masa, como ésta necesita de ellas, so pena de sucumbir, ya que en un planeta sin fisicoquímica no puede sustentarse el número de hombres hoy existentes.

¿Qué razonamientos pueden conseguir lo que no consigue el automóvil, donde van y vienen esos hombres, y la inyección de pantopón, que fulmina, *milagrosa*, sus dolores? La desproporción entre el beneficio constante y patente que la ciencia les procura y el interés que por ella muestran es tal que no hay modo de sobornarse a sí mismo con ilusorias esperanzas y esperar más que barbarie de quien así se comporta. *Máxime si, según veremos, este despego hacia la ciencia como tal aparece, quizá con mayor claridad que en ninguna otra parte, en la masa de los técnicos mismos –de médicos, ingenieros, etcétera*, los cuales suelen ejercer su profesión con un estado de espíritu idéntico en lo esencial al de quien se contenta con

---

1. Aristóteles: *Metafísica*, 983 a 10.

usar del automóvil o comprar un tubo de aspirina–, sin la menor solidaridad íntima con el destino de la ciencia, de la civilización.

Habrá quien se sienta más sobrecogido por otros síntomas de barbarie emergente que, siendo de cualidad positiva, de acción, y no de omisión, saltan más a los ojos y se materializan en espectáculo. Para mí es éste de la desproporción entre el provecho que el hombre medio recibe de la ciencia y la gratitud que le dedica –que no le dedica– el más aterrador[1]. Sólo acierto a explicarme esta ausencia del adecuado reconocimiento si recuerdo que en el centro de África los negros van también en automóvil y se aspirinizan. El europeo que *empieza* a predominar –ésta es mi hipótesis– sería, *relativamente a la compleja civilización en que ha nacido*, un hombre primitivo, un bárbaro emergiendo por escotillón, un «invasor vertical».

---

1. Centuplica la monstruosidad del hecho que –como he indicado– todos los demás principios vitales –política, derecho, arte, moral, religión– se hallan efectivamente y por sí mismos en crisis, en, por lo menos, transitoria falla. Sólo la ciencia no falla, sino que cada día cumple con fabulosas creces cuanto promete y más de lo que promete. No tiene, pues, concurrencia, no cabe disculpar el despego hacia ella suponiendo al hombre-medio distraído por algún otro entusiasmo de cultura.

## X

## PRIMITIVISMO E HISTORIA

La Naturaleza está siempre ahí. Se sostiene a sí misma. En ella, en la selva, podemos impunemente ser salvajes. Podemos inclusive resolvernos a no dejar de serlo nunca, sin más riesgo que el advenimiento de otros seres que no lo sean. Pero, en principio, son posibles pueblos perennemente primitivos. Los hay. Breysig los ha llamado «los pueblos de la perpetua aurora», los que se han quedado en una alborada detenida, congelada, que no avanza hacia ningún mediodía.

Esto pasa en el mundo que es sólo Naturaleza. Pero no pasa en el mundo que es civilización, como el nuestro. La civilización no está ahí, no se sostiene a sí misma. Es artificio y requiere un artista o artesano. Si usted quiere aprovecharse de las ventajas de la civilización, pero no se preocupa usted de sostener la civilización..., se ha fastidiado usted. En un dos por tres se queda usted sin civilización. ¡Un descuido, y cuando mira usted en derredor todo se ha volatilizado! Como si hubiesen recogido unos tapices que tapaban la pura Naturaleza, reaparece repristinada la selva primitiva. La selva siempre es primitiva. Y viceversa. Todo lo primitivo es selva.

A los románticos de todos los tiempos les dislocaban estas escenas de violación, en que lo natural e infrahumano volvía a oprimir la palidez humana de la mujer, y pintaban al cisne sobre Leda, estremecido; al toro con Pasiphae y a Antíope bajo el capro. Generalizando, hallaron un espectáculo más sutilmente indecente en el paisaje con ruinas, donde la piedra civilizada, geométrica, se ahoga bajo el abrazo de la silvestre vegetación. Cuando un buen romántico divisa un edificio, lo primero que sus ojos buscan es, sobre la acrótera o el tejado, el «amarillo jaramago». Él anuncia que, en definitiva, todo es tierra; que, dondequiera, la selva rebrota.

Sería estúpido reírse del romántico. *También* el romántico tiene razón. Bajo esas imágenes inocentemente perversas late un enorme y sempiterno problema: el de las relaciones entre la civilización y lo que quedó tras ella —la Naturaleza—, entre lo racional y lo cósmico. Reclamo, pues, la franquía para ocuparme de él en otra ocasión y para ser en la hora oportuna romántico.

Pero ahora me encuentro en faena opuesta. Se trata de contener la selva invasora. El «buen europeo» tiene que dedicarse ahora a lo que constituye, como es sabido, grave preocupación de los Estados australianos: a impedir que las chumberas ganen terreno y arrojen a los hombres al mar. Hacia el año cuarenta y tantos, un emigrante meridional, nostálgico de su paisaje —¿Málaga, Sicilia?—, llevó a Australia un tiesto con una chumberita de nada.

Hoy los presupuestos de Oceanía se cargan con partidas onerosas destinadas a la guerra contra la chumbera, que ha invadido el continente y cada año gana en sección más de un kilómetro.

El hombre-masa cree que la civilización en que ha nacido y que usa es tan espontánea y primigenia como la Naturaleza, e *ipso facto* se convierte en primitivo. La civilización se le antoja selva. Ya lo he dicho. Pero ahora hay que añadir algunas precisiones.

Los principios en que se apoya el mundo civilizado –el que hay que sostener– no existen para el hombre medio actual. No le interesan los valores fundamentales de la cultura, no se hace solidario de ellos, no está dispuesto a ponerse en su servicio. ¿Cómo ha pasado esto? Por muchas causas; pero ahora voy a destacar sólo una.

La civilización, cuanto más avanza, se hace más compleja y más difícil. Los problemas que hoy plantea son archiintrincados. Cada vez es menor el número de personas cuya mente está a la altura de esos problemas. La postguerra nos ofrece un ejemplo bien claro de ello. La reconstitución de Europa –se va viendo– es un asunto demasiado algebraico, y el europeo vulgar se revela inferior a tan sutil empresa. No es que falten medios para la solución. Faltan cabezas. Más exactamente: hay algunas cabezas, muy pocas; pero el cuerpo vulgar de la Europa central no quiere ponérselas sobre los hombros.

Este desequilibrio entre la sutileza complicada de los problemas y la de las mentes será cada vez mayor si no se pone remedio y constituye la más elemental tragedia de la civilización. De puro ser fértiles y certeros los principios que la informan, aumenta su cosecha en cantidad y en agudeza hasta rebosar la receptividad del hombre normal. No creo que esto haya acontecido nunca en el pasado. Todas las civilizaciones han fenecido por la insuficiencia de sus principios. La europea amenaza sucumbir por lo contrario. En Grecia y Roma no fracasó el hombre, sino sus principios. El Imperio romano finiquita por falta de técnica. Al llegar a un grado de población grande y exigir tan vasta convivencia la solución de ciertas urgencias materiales, que sólo la técnica podía hallar, comenzó el mundo antiguo a involucionar, a retroceder y consumirse.

Mas ahora es el hombre quien fracasa por no poder seguir emparejado con el progreso de su misma civilización. Da grima oír hablar sobre los temas más elementales del día a las personas relativamente más cultas. Parecen toscos labriegos que con dedos gruesos y torpes quieren coger una aguja que está sobre una mesa. Se manejan, por ejemplo, los temas políticos y sociales con el instrumental de conceptos romos que sirvieron hace doscientos años para afrontar situaciones de hecho doscientas veces menos sutiles.

Civilización avanzada es una y misma cosa con problemas arduos. De aquí que cuanto mayor sea el progreso, más en peligro está. La vida es cada vez mejor; pero, bien entendido, cada vez más complicada. Claro es que al complicarse los problemas se van perfeccionando también los medios para resolverlos. Pero es menester que cada nueva generación se haga dueña de esos medios adelantados. Entre éstos –por concretar un poco– hay uno perogrullescamente unido al avance de una civilización, que es tener mucho pasado a su espalda, mucha experiencia; en suma: historia. El saber histórico es una técnica de primer orden para conservar y continuar una civilización provecta. No porque dé soluciones positivas al nuevo cariz de los conflictos vitales –la vida es siempre diferente de lo que fue–, sino porque evita cometer los errores ingenuos de otros tiempos. Pero si usted, encima de ser viejo y, por tanto, de que su vida empieza a ser difícil, ha perdido la memoria del pasado, no aprovecha usted su experiencia, entonces todo son desventajas. Pues yo creo que ésta es la situación de Europa. Las gentes más «cultas» de hoy padecen una ignorancia histórica increíble. Yo sostengo que hoy sabe el europeo dirigente mucha menos historia que el hombre del siglo XVIII y aun del XVII. Aquel saber histórico de las minorías gobernantes –gobernantes *sensu lato*– hizo posible el avance prodigioso del siglo XIX. Su política está pensada –por el XVIII– precisamente para evitar los errores de todas las políticas antiguas, está ideada *en vista* de esos errores, y resume en su sustancia la más larga experiencia. Pero ya el siglo XIX comenzó a perder «cultura histórica», a pesar de que en su transcurso los especialistas la hicieron avanzar muchísimo como ciencia[1]. A este abandono se deben en buena parte sus peculiares errores, que hoy gravitan sobre nosotros. En su último tercio se inició –aun subterráneamente– la involución, el retroceso a la barbarie; esto es, a la ingenuidad y primitivismo de quien no tiene u olvida su pasado.

Por eso son *bolchevismo* y *fascismo*, los dos intentos «nuevos» de política que en Europa y sus aledaños se

---

1. Ya aquí entrevemos la diferencia entre el estado de las ciencias de una época y el estado de su cultura, que pronto nos va a ocupar.

están haciendo, dos claros ejemplos de regresión sustancial. No tanto por el contenido positivo de sus doctrinas, que, aislado, tiene naturalmente una verdad parcial –¿quién en el universo no tiene una porciúncula de razón?–, como por la manera *anti*-histórica, anacrónica, con que tratan su parte de razón. Movimientos típicos de hombres-masas, dirigidos, como todos los que lo son, por hombres mediocres, extemporáneos y sin larga memoria, sin «conciencia histórica», se comportan desde un principio como si hubiesen pasado ya, como si acaeciendo en esta hora perteneciesen a la fauna de antaño.

La cuestión no está en ser o no ser comunista y bolchevique. No discuto el credo. Lo que es inconcebible y anacrónico es que un comunista de 1917 se lance a hacer una revolución que es en su forma idéntica a todas las que antes ha habido y en que no se corrigen lo más mínimo los defectos y errores de las antiguas. Por eso no es interesante históricamente lo acontecido en Rusia; por eso es estrictamente lo contrario que un comienzo de vida humana. Es, por el contrario, una monótona repetición de la revolución de siempre, es el perfecto lugar común de las revoluciones. Hasta el punto que no hay frase hecha, de las muchas que sobre las revoluciones la vieja experiencia humana ha hecho, que no reciba deplorable confirmación cuando se aplica a ésta. «¡La revolución devora sus propios hijos!» «La revolución comienza por un partido mesurado, pasa en seguida a los extremistas y comienza muy pronto a retroceder hacia una restauración», etcétera, etcétera. A los cuales tópicos venerables podían agregarse algunas otras verdades menos notorias, pero no menos probables, entre ellas ésta: una revolución no dura más de quince años, período que coincide con la vigencia de una generación[1].

Quien aspire verdaderamente a crear una nueva realidad social o política, necesita preocuparse ante todo de que esos humildísimos lugares comunes de la experiencia histórica queden invalidados por la situación que él suscita. Por mi parte reservaré la calificación de genial para el político que apenas comience a operar comiencen a volverse locos los profesores de Historia de los Institutos, en vista de que todas las «leyes» de su ciencia resultan caducadas, interrumpidas y hechas cisco.

Invirtiendo el signo que afecta al bolchevismo, podríamos decir cosas similares del fascismo. Ni uno ni otro ensayo están «a la altura de los tiempos», no llevan dentro de sí escorzado todo el pretérito, condición irremisible para superarlo. Con el pasado no se lucha cuerpo a cuerpo. El porvenir lo vence porque se lo traga. Como deje algo de él fuera, está perdido.

Uno y otro –bolchevismo y fascismo– son dos seudoalboradas; no traen la mañana de mañana, sino la de

---

1. Una generación actúa alrededor de treinta años. Pero esa actuación se divide en dos etapas y toma dos formas: durante la primera mitad –aproximadamente– de ese período, la nueva generación hace la propaganda de sus ideas, preferencias y gustos, que, al cabo, adquieren vigencia y son lo dominante en la segunda mitad de su carrera. Mas la generación educada bajo su imperio trae ya otras ideas, preferencias y gustos, que empiezan a inyectar en el aire público. Cuando las ideas, preferencias y gustos de la generación imperante son extremistas, y por ello revolucionarios, la nueva generación es antiextremista y antirrevolucionaria, es decir, de alma sustancialmente restauradora. Claro que por restauración no ha de entenderse simple «vuelta a lo antiguo», cosa que nunca han sido las restauraciones.

un arcaico día, ya usado una o muchas veces; son primitivismo. Y esto serán todos los movimientos que recaigan en la simplicidad de entablar un pugilato con tal o cual porción del pasado, en vez de proceder a su digestión.

No cabe duda de que es preciso superar el liberalismo del siglo XIX. Pero esto es justamente lo que no puede hacer quien, como el fascismo, se declara antiliberal. Porque eso –ser antiliberal o no liberal– es lo que hacía el hombre anterior al liberalismo. Y como ya una vez éste triunfó de aquél, repetirá su victoria innumerables veces o se acabará todo –liberalismo y antiliberalismo– en una destrucción de Europa. Hay una cronología vital inexorable. El liberalismo es en ella posterior al antiliberalismo, o, lo que es lo mismo, es más vida que éste, como el cañón es más arma que la lanza.

Al primer pronto, una actitud *anti-algo* parece posterior a este algo, puesto que significa una reacción contra él y supone su previa existencia. Pero la innovación que el *anti* representa se desvanece en vacío ademán negador y deja sólo como contenido positivo una «antigualla». El que se declara anti-Pedro no hace, traduciendo su actitud a lenguaje positivo, más que declararse partidario de un mundo donde Pedro no exista. Pero esto es precisamente lo que acontecía al mundo cuando aún no había nacido Pedro. El antipedrista, en vez de colocarse después de Pedro, se coloca antes y retrotrae toda la película a la situación pasada, al cabo de la cual está inexorablemente la reaparición de Pedro. Les pasa, pues, a todos estos *anti* lo que, según la leyenda, a Confucio. El cual nació, naturalmente, después que su padre; pero, ¡diablo!, nació ya con ochenta años, mientras su progenitor no tenía más que treinta. Todo *anti* no es más que un simple y hueco *no.*

Sería todo muy fácil si con un *no* mondo y lirondo aniquilásemos el pasado. Pero el pasado es por esencia *revenant.* Si se le echa, vuelve, vuelve irremediablemente. Por eso su única auténtica superación es no echarlo. Contar con él. Comportarse en vista de él para sortearlo, para evitarlo. En suma, vivir «a la altura de los tiempos», con hiperestésica conciencia de la coyuntura histórica.

El pasado tiene razón, la suya. Si no se le da ésa que tiene, volverá a reclamarla, y de paso a imponer la que no tiene. El liberalismo tenía una razón, y ésa hay que dársela *per saecula saeculorum*. Pero no tenía toda la razón, y ésa que no tenía es la que hay que quitarle. Europa necesita conservar su esencial liberalismo. Ésta es la condición para superarlo.

Si he hablado aquí de fascismo y bolchevismo no ha sido más que oblicuamente, fijándome sólo en su facción anacrónica. Ésta es, a mi juicio, inseparable de todo lo que hoy parece triunfar. Porque hoy triunfa el hombre-masa, y, por tanto, sólo intentos por él informados, saturados de su estilo primitivo, pueden celebrar una aparente victoria. Pero, aparte de esto, no discuto ahora la entraña del uno ni la del otro, como no pretendo dirimir el perenne dilema entre revolución y evolución. Lo más que este ensayo se atreve a solicitar es que revolución o evolución sean históricas y no anacrónicas.

El tema que persigo en estas páginas es políticamente neutro, porque alienta en estrato mucho más profundo que la política y sus disensiones. No es más ni menos masa el conservador que el radical, y esta diferencia –que en toda época ha sido muy superficial– no impide ni de lejos que ambos sean un mismo hombre, vulgo rebelde.

Europa no tiene remisión si su destino no es puesto en manos de gentes verdaderamente «contemporáneas» que sientan bajo sí palpitar todo el subsuelo histórico, que conozcan la altitud presente de la vida y repugnen todo gesto arcaico y silvestre. Necesitamos de la historia íntegra para ver si logramos escapar de ella, no recaer en ella.

## XI

## LA ÉPOCA DEL «SEÑORITO SATISFECHO»

Resumen: El nuevo hecho social que aquí se analiza es éste: la historia europea parece, por vez primera, entregada a la decisión del hombre vulgar como tal. O dicho en voz activa: el hombre vulgar, antes dirigido, ha resuelto gobernar el mundo. Esta resolución de adelantarse al primer plano social se ha producido en él, automáticamente, apenas llegó a madurar el nuevo tipo de hombre que él representa. Si atendiendo a los efectos de vida pública, se estudia la estructura psicológica de este nuevo tipo de hombre-masa, se encuentra lo siguiente: 1.°, una impresión nativa y radical de que la vida es fácil, sobrada, sin limitaciones trágicas; por tanto, cada individuo medio encuentra en sí una sensación de dominio y triunfo que, 2.°, le invita a afirmarse a sí mismo tal cual es, a dar por bueno y completo su haber moral e intelectual. Este contentamiento consigo le lleva a cerrarse para toda instancia exterior, a no escuchar, a no poner en tela de juicio sus opiniones y a no contar con los demás. Su sensación íntima de dominio le incita constantemente a ejercer predominio. Actuará, pues, como si sólo él y sus congéneres existieran en el mundo; por tanto, 3.°, intervendrá en todo imponiendo su vulgar opinión, sin miramientos, contemplaciones, trámites ni reservas, es decir, según un régimen de «acción directa».

Este repertorio de facciones nos hizo pensar en ciertos modos deficientes de ser hombre, como el «niño mimado» y el primitivo rebelde; es decir, el bárbaro. (El primitivo normal, por el contrario, es el hombre más dócil a instancias superiores que ha existido nunca –religión, *tabús*, tradición social, costumbres). No es necesario extrañarse de que yo acumule dicterios sobre esta figura de ser humano. El presente ensayo no es más que un primer ensayo de ataque a ese hombre triunfante y el anuncio de que unos cuantos europeos van a revolverse enérgicamente contra su pretensión de tiranía. Por ahora se trata de un ensayo de ataque nada más: el ataque a fondo vendrá luego, tal vez muy pronto, en forma muy distinta de la que este ensayo reviste. El ataque a fondo tiene que venir en forma que el hombre-masa no pueda precaverse contra él, lo vea ante sí y no sospeche que aquello, precisamente aquello, es el ataque a fondo.

Este personaje, que ahora anda por todas partes y dondequiera impone su barbarie íntima, es, en efecto, el niño mimado de la historia humana. El niño mimado es el heredero que se comporta exclusivamente como heredero. Ahora la herencia es la civilización –las comodidades, la seguridad, en suma, las ventajas de la civilización. Como hemos visto, sólo dentro de la holgura vital que ésta ha fabricado en el mundo, puede surgir un hombre constituido por aquel repertorio de facciones, inspirado por tal carácter. Es una de tantas deformaciones como el lujo produce en la materia humana. Tenderíamos ilusoriamente a creer que una vida nacida en un mundo sobrado sería mejor, más vida y de superior calidad a la que consiste, precisamente, en luchar con la escasez. Pero no hay tal. Por razones muy rigorosas y archifundamentales que no es ahora ocasión de enunciar. Ahora, en vez de esas razones, basta con recordar el hecho siempre repetido que constituye la tragedia de toda aristocracia hereditaria. El aristócrata hereda, es decir, encuentra atribuidas a su persona unas condiciones de vida que él no ha creado, por tanto, que no se producen orgánicamente unidas a su vida personal y propia. Se halla al nacer instalado, de pronto y sin saber cómo, en medio de su riqueza y de sus prerrogativas. Él no tiene, íntimamente, nada que ver con ellas, porque no vienen de él. Son el caparazón gigantesco de otra persona, de otro ser viviente, su antepasado. Y tiene que vivir como heredero, esto es, tiene que usar el caparazón de otra vida. ¿En qué quedamos? ¿Qué vida va a vivir el «aristócrata» de herencia, la suya o la del prócer inicial? Ni la una ni la otra. Está condenado a *representar* al otro, por tanto, a no ser ni el otro ni él mismo. Su vida pierde, inexorablemente, autenticidad y se convierte en pura representación o ficción de otra vida. La sobra de medios que está obligado a manejar no le deja vivir su propio y personal destino, atrofia su vida. *Toda vida es la lucha, el esfuerzo por ser sí misma.* Las dificultades con que tropiezo para realizar mi vida son, precisamente, lo que despierta y moviliza mis actividades, mis capacidades. Si mi cuerpo no me pesase, yo no podría andar. Si la atmósfera no me oprimiese, sentiría mi cuerpo como una cosa vaga, fofa, fantasmática. Así, en el «aristócrata» heredero toda su persona se va envagueciendo, por falta de uso y esfuerzo vital. El resultado es esa específica bobería de las viejas noblezas, que no se parece a nada y que, en rigor, nadie ha descrito todavía en su interno y trágico mecanismo –el interno y trágico mecanismo que conduce toda aristocracia hereditaria a su irremediable degeneración.

Vaya esto tan sólo para contrarrestar nuestra ingenua tendencia a creer que la sobra de medios favorece la vida. Todo lo contrario. Un mundo sobrado[1] de posibilidades produce, automáticamente, graves deformaciones y viciosos tipos de existencia humana –los que se pueden reunir en la clase general «hombre-heredero», de que el «aristócrata» no es sino un caso particular, y otro, el niño mimado, y otro, mucho más amplio y radical, el hombre-masa de nuestro tiempo. (Por otra parte, cabría aprovechar más detalladamente la anterior alusión al «aristócrata», mostrando cómo muchos de los rasgos característicos de éste, en todos los pueblos y tiempos, se dan, de manera germinal, en el hombre-masa. Por ejemplo: la propen-

---

1. No se confunda el aumento, y aun la abundancia de medios, con la sobra. En el siglo XIX aumentaban las facilidades de vida, y ello produce el prodigioso crecimiento –cuantitativo y cualitativo– de ella que he apuntado más arriba. Pero ha llegado un momento en que el mundo civilizado, puesto en relación con la capacidad del hombre medio, adquiría un cariz *sobrado*, excesivamente rico, superfluo. Un solo ejemplo de esto: la seguridad que parecía ofrecer el progreso (= aumento siempre creciente de ventajas vitales) desmoralizó al hombre medio, inspirándole una confianza que es ya falsa, atrófica, viciosa.

sión a hacer ocupación central de la vida los juegos y los deportes; el cultivo de su cuerpo –régimen higiénico y atención a la belleza del traje; falta de romanticismo en la relación con la mujer; divertirse con el intelectual, pero, en el fondo, no estimarlo y mandar que los lacayos o los esbirros lo azoten; preferir la vida bajo la autoridad absoluta a un régimen de discusión[1], etcétera, etcétera).

Insisto, pues, con leal pesadumbre en hacer ver que este hombre lleno de tendencias inciviles, que este novísimo bárbaro es un producto automático de la civilización moderna, especialmente de la forma que esta civilización adoptó en el siglo XIX. No ha venido de fuera al mundo civilizado como los «grandes bárbaros blancos» del siglo V; no ha nacido tampoco dentro de él por generación espontánea y misteriosa, como, según Aristóteles, los renacuajos en la alberca, sino que es su fruto natural. Cabe formular esta ley que la paleontología y biogeografía confirman; la vida humana ha surgido y ha progresado sólo cuando los medios con que contaba estaban

---

[1]. En esto, como en otras cosas, la aristocracia inglesa parece una excepción de lo dicho. Pero, con ser su caso admirabilísimo, bastaría con dibujar las líneas generales de la historia británica para hacer ver que esta excepción, aun siéndolo, confirma la regla. Contra lo que suele decirse, la nobleza inglesa ha sido la menos «sobrada» de Europa y ha vivido en más constante peligro que ninguna otra. Y porque ha vivido siempre en peligro ha sabido y logrado hacerse respetar –lo cual supone haber permanecido sin descanso en la brecha. Se olvida el dato fundamental de que Inglaterra ha sido, hasta muy dentro del siglo XVIII, el país más pobre de Occidente. La nobleza se salvó por esto mismo. Como no era sobrada de medios, tuvo que aceptar, desde luego, la ocupación comercial e industrial –innoble en el continente–, es decir, se decidió muy pronto a vivir económicamente en forma creadora y a no atenerse a los privilegios.

equilibrados por los problemas que sentía. Esto es verdad lo mismo en el orden espiritual que en el físico. Así, para referirme a una dimensión muy concreta de la vida corporal, recordaré que la especie humana ha brotado en zonas del planeta donde la estación caliente quedaba compensada por una estación de frío intenso. En los trópicos, el animal-hombre degenera y, viceversa, las razas inferiores –por ejemplo, los pigmeos– han sido empujadas hacia los trópicos por razas nacidas después que ellas y superiores en la escala de la evolución[1].

Pues bien, la civilización del siglo XIX es de índole tal que permite al hombre-medio instalarse en un mundo sobrado, del cual percibe sólo la superabundancia de medios, pero no las angustias. Se encuentra rodeado de instrumentos prodigiosos, de medicinas benéficas, de Estados previsores, de derechos cómodos. Ignora, en cambio, lo difícil que es inventar esas medicinas e instrumentos y asegurar para el futuro su producción; no advierte lo inestable que es la organización del Estado, y apenas si siente dentro de sí obligaciones. Este desequilibrio le falsifica, le vicia en su raíz de ser viviente haciéndole perder contacto con la sustancia misma de la vida, que es absoluto peligro, radical problematismo. La forma más contradictoria de la vida humana que puede aparecer en la vida humana es el «señorito satisfecho». Por eso, cuando se hace figura predominante, es preciso dar la voz de alarma y anunciar que la vida se halla amenazada de degeneración, es decir, de relativa muerte. Según esto, el nivel vital que representa la Europa de hoy es superior a todo el pasado humano; pero si

---

1. Véase Olbricht: *Klima und Entwicklung*, 1923.

se mira el porvenir, hace temer que ni conserve su altura ni produzca otro nivel más elevado, sino, por el contrario, que retroceda y recaiga en altitudes inferiores.

Esto, pienso, hace ver con suficiente claridad la anormalidad superlativa que representa el «señorito satisfecho». Porque es un hombre que ha venido a la vida para hacer lo que le dé la gana. En efecto, esta ilusión se hace el «hijo de familia». Ya sabemos por qué: en el ámbito familiar, todo, hasta los mayores delitos, puede quedar a la postre impune. El ámbito familiar es relativamente artificial, y tolera dentro de él muchos actos que en la sociedad, en el aire de la calle, traerían automáticamente consecuencias desastrosas e ineludibles para su autor. Pero el «señorito» es el que cree poder comportarse fuera de casa como en casa, el que cree que nada es fatal, irremediable e irrevocable. Por eso cree que puede hacer lo que le dé la gana[1]. ¡Gran equivocación! *Vossa mercé irá a onde o levem*, como se dice al loro en el cuento del portugués. No es que no se *deba* hacer lo que le dé a uno la gana; es que no se puede hacer sino lo que cada cual *tiene* que hacer, *tiene* que ser. Lo único que cabe es negarse a hacer eso que hay que hacer; pero esto no nos deja en franquía para hacer otra cosa que nos dé la gana. En este punto poseemos sólo una libertad negativa de al-

---

1. Lo que la casa es frente a la sociedad lo es más en grande la nación frente al conjunto de las naciones. Una de las manifestaciones a la vez más claras y voluminosas del «señoritismo» vigente es, como veremos, la decisión que algunas naciones han tomado de «hacer lo que les dé la gana» en la convivencia internacional. A esto llaman ingenuamente «nacionalismo». Y yo, que repugno la supeditación beata a la internacionalidad, encuentro, por otra parte, grotesco ese transitorio «señoritismo» de las naciones menos granadas.

bedrío –la *noluntad*. Podemos perfectamente desertar de nuestro destino más auténtico; pero es para caer prisioneros en los pisos inferiores de nuestro destino. Yo no puedo hacer esto evidente a cada lector en lo que su destino individualísimo tiene de tal, porque no conozco a cada lector; pero sí es posible hacérselo ver en aquellas porciones o facetas de su destino que son idénticas a las de otros. Por ejemplo: todo europeo actual sabe, con una certidumbre mucho más vigorosa que la de todas sus «ideas» y «opiniones» expresas, que el hombre europeo actual *tiene* que ser liberal. No discutamos si esta o la otra forma de libertad es la que tiene que ser. Me refiero a que el europeo más reaccionario sabe, en el fondo de su conciencia, que eso que ha intentado Europa en el último siglo con el nombre de liberalismo es, en última instancia, algo ineludible, inexorable, que el hombre occidental de hoy es, quiera o no.

Aunque se demuestre, con plena e incontrastable verdad, que son falsas y funestas todas las maneras concretas en que se ha intentado hasta ahora realizar ese imperativo irremisible de ser políticamente libre, inscrito en el destino europeo, queda en pie la última evidencia de que en el siglo último tenía *sustancialmente* razón. Esta evidencia última actúa lo mismo en el comunista europeo que en el fascista, por muchos gestos que hagan para convencernos y convencerse de lo contrario, como actúa –quiera o no, *créalo o no*– en el católico que preste más leal adhesión al *Syllabus*[1]. Todos «saben» que más allá de las

---

1. El que *cree* copernicamente que el sol no cae en el horizonte, sigue *viéndolo* caer, y como el ver implica una convicción primaria, sigue

justas críticas con que se combaten las manifestaciones del liberalismo queda la irrevocable verdad de éste, una verdad que no es teórica, científica, intelectual, sino de un orden radicalmente distinto y más decisivo que todo eso –a saber, una verdad de destino. Las verdades teóricas no sólo son discutibles, sino que todo su sentido y fuerza están en ser discutidas; nacen de la discusión, viven en tanto se discuten y están hechas *exclusivamente* para la discusión. Pero el destino –lo que vitalmente se tiene que ser o no se tiene que ser– no se discute, sino que se acepta o no. Si lo aceptamos, somos auténticos; si no lo aceptamos, somos la negación, la falsificación de nosotros mismos[1]. El destino no consiste en aquello que

---

*creyéndolo.* Lo que pasa es que su *creencia* científica detiene, constantemente, los efectos de su *creencia* primaria o espontánea. Así, ese católico niega, con su creencia dogmática, su propia, *auténtica* creencia liberal. Esta alusión al caso de ese católico va aquí sólo como ejemplo para aclarar la idea que expongo ahora; pero no se refiere a él la censura radical que dirijo al hombre-masa de nuestro tiempo, al «señorito satisfecho». Coincide con éste sólo en un punto. Lo que echo en cara al «señorito satisfecho» es la falta de autenticidad en casi todo su ser. El católico no es auténtico en algunos puntos de su ser. Pero aun esta coincidencia parcial es sólo aparente. El católico no es auténtico en una parte de su ser –todo lo que tiene, quiera o no, de hombre moderno– *porque* quiere ser fiel a otra parte efectiva de su ser, que es su fe religiosa. Esto significa que el destino de ese católico es en sí mismo trágico. Y al aceptar esa porción de inautenticidad cumple con su deber. El «señorito satisfecho», en cambio, deserta de sí mismo por pura frivolidad y del todo, precisamente para eludir toda tragedia.
1. Envilecimiento, encanallamiento, no es otra cosa que el modo de vida que le queda al que se ha negado a ser el que tiene que ser. Este su auténtico ser no muere por eso, sino que se convierte en sombra acusadora, en fantasma, que le hace sentir constantemente la inferioridad de la existencia que lleva respecto a la que tenía que llevar. El envilecido es el suicida superviviente.

tenemos ganas de hacer; más bien se reconoce y muestra su claro, rigoroso perfil en la conciencia de *tener* que hacer lo que no tenemos ganas.

Pues bien: el «señorito satisfecho» se caracteriza por «saber» que ciertas cosas no pueden ser y, sin embargo, y por lo mismo, fingir con sus actos y palabras la convicción contraria. El fascista se movilizará contra la libertad política, precisamente porque sabe que ésta no faltará nunca a la postre y en serio, sino que está ahí, irremediablemente, en la sustancia misma de la vida europea y que en ella se recaerá siempre que de verdad haga falta, a la hora de la seriedad. Porque ésta es la tónica de la existencia en el hombre-masa: la inseriedad, la «broma». Lo que hacen lo hacen sin el carácter de irrevocable, como hace sus travesuras el «hijo de familia». Toda esa prisa por adoptar en todos los órdenes actitudes aparentemente trágicas, últimas, tajantes, es sólo apariencia. Juegan a la tragedia porque creen que no es verosímil la tragedia efectiva en el mundo civilizado.

Bueno fuera que estuviésemos forzados a aceptar como auténtico ser de una persona lo que ella pretendía mostrarnos como tal. Si alguien se obstina en afirmar que cree dos más dos igual a cinco y no hay motivo para suponerlo demente, debemos asegurar que no lo cree, por mucho que grite y aunque se deje matar por sostenerlo.

Un ventarrón de farsa general y omnímoda sopla sobre el terruño europeo. Casi todas las posiciones que se toman y ostentan son internamente falsas. Los únicos esfuerzos que se hacen van dirigidos a huir del propio destino, a cegarse ante su evidencia y su llamada profunda, a evitar cada cual el careo con *ese que tiene que ser*. Se vive humorísticamente y tanto más cuanto más tragicota sea la máscara adoptada. Hay humorismo dondequiera que se vive de actitudes revocables en que la persona no se hinca entera y sin reservas. El hombre-masa no afirma el pie sobre la firmeza inconmovible de su sino; antes bien, vegeta suspendido ficticiamente en el espacio. De aquí que nunca como ahora estas vidas sin peso y sin raíz –*déracinées* de su destino– se dejen arrastrar por la más ligera corriente. Es la época de las «corrientes» y del «dejarse arrastrar». Casi nadie presenta resistencia a los superficiales torbellinos que se forman en arte o en ideas, o en política, o en los usos sociales. Por lo mismo, más que nunca triunfa la retórica. El superrealista cree haber superado toda la historia literaria cuando ha escrito (aquí una palabra que no es necesario escribir) donde otros escribieron «jazmines, cisnes y faunesas». Pero claro es que con ello no ha hecho sino extraer otra retórica que hasta ahora yacía en las letrinas.

Aclara la situación actual advertir, no obstante la singularidad de su fisonomía, la porción que de común tiene con otras del pasado. Así acaece que apenas llega a su máxima altitud la civilización mediterránea –hacia el siglo III antes de Cristo– hace su aparición el cínico. Diógenes patea con sus sandalias hartas de barro las alfombras de Arístipo. El cínico se hizo un personaje pululante, que se hallaba tras cada esquina y en todas las alturas. Ahora bien, el cínico no hacía otra cosa que sabotear la civilización aquella. Era el nihilista del helenismo. Jamás creó ni hizo nada. Su papel era deshacer –mejor dicho–, intentar deshacer, porque tampoco consiguió su propósito. El cínico, parásito de la civilización, vive de negarla, por lo mismo que está convencido de que no faltará. ¿Qué haría el cínico en un pueblo salvaje donde todos, naturalmente y en serio, hacen lo que él, en farsa, considera como su papel personal? ¿Qué es un fascista si no habla mal de la libertad y un superrealista si no perjura del arte?

No podía comportarse de otra manera este tipo de hombre nacido en un mundo demasiado bien organizado, del cual sólo percibe las ventajas y no los peligros. El contorno lo mima, porque es «civilización» –esto es, una casa–, y el «hijo de familia» no siente nada que le haga salir de su temple caprichoso, que incite a escuchar instancias externas superiores a él y mucho menos que le obligue a tomar contacto con el fondo inexorable de su propio destino.

## XII

## LA BARBARIE DEL «ESPECIALISMO»

La tesis era que la civilización del siglo XIX ha producido automáticamente el hombre-masa. Conviene no cerrar su exposición general sin analizar, en un caso particular, la mecánica de esa producción. De esta suerte, al concretarse, la tesis gana en fuerza persuasiva.

Esta civilización del siglo XIX, decía yo, puede resumirse en dos grandes dimensiones: democracia liberal y técnica. Tomemos ahora sólo la última. La técnica contemporánea nace de la copulación entre el capitalismo y la ciencia experimental. No toda técnica es científica. El que fabricó las hachas de sílex, en el período chelense, carecía de ciencia, y, sin embargo, creó una técnica. La China llegó a un alto grado de tecnicismo sin sospechar lo más mínimo la existencia de la física. Sólo la técnica moderna de Europa tiene una raíz científica, y de esa raíz le viene su carácter específico, la posibilidad de un ilimitado progreso. Las demás técnicas –mesopotámica, nilota, griega, romana, oriental– se estiran hasta un punto de desarrollo que no pueden sobrepasar, y apenas lo tocan comienzan a retroceder en lamentable involución.

Esta maravillosa técnica occidental ha hecho posible la maravillosa proliferación de la casta europea. Recuérdese el dato de que tomó su vuelo este ensayo y que, como dije, encierra germinalmente todas estas meditaciones. Del siglo V a 1800, Europa no consigue tener una población mayor de 180 millones. De 1800 a 1914 asciende a más de 460 millones. El brinco es único en la historia humana. No cabe dudar de que la técnica –junto con la democracia liberal– ha engendrado al hombre-masa en el sentido cuantitativo de esta expresión. Pero estas páginas han intentado mostrar que también es responsable de la existencia del hombre-masa en el sentido cualitativo y peyorativo del término.

Por «masa» –prevenía yo al principio– no se entiende especialmente al obrero; no designa aquí una clase social, sino una clase o modo de ser hombre que se da hoy en todas las clases sociales, que por lo mismo representa a nuestro tiempo, sobre el cual predomina e impera. Ahora vamos a ver esto con sobrada evidencia.

¿Quién ejerce hoy el poder social? ¿Quién impone la estructura de su espíritu en la época? Sin duda, la burguesía. ¿Quién, dentro de esa burguesía, es considerado como el grupo superior, como la aristocracia del presente? Sin duda, el técnico: ingeniero, médico, financiero, profesor, etcétera, etcétera. ¿Quién, dentro del grupo técnico, lo representa con mayor altitud y pureza? Sin duda, el hombre de ciencia. Si un personaje astral visitase Europa, y con ánimo de juzgarla le preguntase por qué tipo de hombre, entre los que la habitan, prefería ser juzgada, no hay duda de que Europa señalaría, complacida y segura de una sentencia favorable, a sus hombres de ciencia. Claro que el personaje astral no preguntaría por individuos excepcionales, sino que buscaría la regla, el tipo genérico «hombre de ciencia», cima de la humanidad europea.

Pues bien: resulta que el hombre de ciencia actual es el prototipo del hombre-masa. Y no por casualidad, ni por defecto unipersonal de cada hombre de ciencia, sino porque la ciencia misma –raíz de la civilización– lo convierte automáticamente en hombre-masa; es decir, hace de él un primitivo, un bárbaro moderno.

La cosa es harto sabida: innumerables veces se ha hecho constar; pero sólo articulada en el organismo de este ensayo adquiere la plenitud de su sentido y la evidencia de su gravedad.

La ciencia experimental se inicia al finalizar el siglo XVI (Galileo), logra constituirse a fines del XVII (Newton) y empieza a desarrollarse a mediados del XVIII. El desarrollo de algo es cosa distinta de su constitución, y está sometido a condiciones diferentes. Así, la constitución de la física, nombre colectivo de la ciencia experimental, obligó a un esfuerzo de unificación. Tal fue la obra de Newton y demás hombres de su tiempo. Pero el desarrollo de la física inició una faena de carácter opuesto a la unificación. Para progresar, la ciencia necesitaba que los hombres de ciencia se especializasen. Los hombres de ciencia, no ella misma. La ciencia no es especialista. *Ipso facto* dejaría de ser verdadera. Ni siquiera la ciencia empírica, tomada en su integridad, es verdadera si se la separa de la matemática, de la lógica, de la filosofía. Pero el trabajo en ella sí tiene –irremisiblemente– que ser especializado.

Sería de gran interés, y mayor utilidad que la aparente a primera vista, hacer una historia de las ciencias físicas y biológicas, mostrando el proceso de creciente especialización en la labor de los investigadores. Ella haría ver cómo, generación tras generación, el hombre de ciencia ha ido constriñéndose, recluyéndose, en un campo de ocupación intelectual cada vez más estrecho. Pero no es esto lo importante que esa historia nos enseñaría, sino más bien lo inverso: cómo en cada generación el científico, por tener que reducir su órbita de trabajo, iba progresivamente perdiendo contacto con las demás partes de la ciencia, con una interpretación integral del universo, que es lo único merecedor de los nombres de ciencia, cultura, civilización europea.

La especialización comienza, precisamente, en un tiempo que llama hombre civilizado al hombre «enciclopédico». El siglo XIX inicia sus destinos bajo la dirección de criaturas que viven enciclopédicamente, aunque su producción tenga ya un carácter de especialismo. En la generación subsiguiente, la ecuación se ha desplazado, y la especialidad empieza a desalojar dentro de cada hombre de ciencia a la cultura integral. Cuando en 1890 una tercera generación toma el mando intelectual de Europa, nos encontramos con un tipo de científico sin ejemplo en la historia. Es un hombre que, de todo lo que hay que saber para ser un personaje discreto, conoce sólo una ciencia determinada y aun de esa ciencia sólo conoce bien la pequeña porción en que él es activo investigador. Llega a proclamar como una virtud el no enterarse de cuanto quede fuera del angosto paisaje que especialmente cultiva y llama *dilettantismo* a la curiosidad por el conjunto del saber.

El caso es que, recluido en la estrechez de su campo visual, consigue, en efecto, descubrir nuevos hechos y hacer avanzar su ciencia, que él apenas conoce, y con ella la enciclopedia del pensamiento, que concienzudamente desconoce. ¿Cómo ha sido y es posible cosa semejante? Porque conviene recalcar la extravagancia de este hecho innegable: la ciencia experimental ha progresado en buena parte merced al trabajo de hombres fabulosamente mediocres, y aun menos que mediocres. Es decir, que la ciencia moderna, raíz y símbolo de la civilización actual, da acogida dentro de sí al hombre intelectualmente medio y le permite operar con buen éxito. La razón de ello está en lo que es a la par ventaja mayor y peligro máximo de la ciencia nueva y de toda la civilización que ésta dirige y representa: la mecanización. Una buena parte de las cosas que hay que hacer en física o en biología es faena mecánica de pensamiento que puede ser ejecutada por cualquiera, o poco menos. Para los efectos de innumerables investigaciones es posible dividir la ciencia en pequeños segmentos, encerrarse en uno y desentenderse de los demás. La firmeza y exactitud de los métodos permiten esta transitoria y práctica desarticulación del saber. Se trabaja con uno de esos métodos como con una máquina, y ni siquiera es forzoso para obtener abundantes resultados poseer ideas rigorosas sobre el sentido y fundamento de ellos. Así, la mayor parte de los científicos empujan el progreso general de la ciencia encerrados en la celdilla de su laboratorio, como la abeja en la de su panal o como el pachón de asador en su cajón.

Pero esto crea una casta de hombres sobremanera extraños. El investigador que ha descubierto un nuevo hecho de la Naturaleza tiene por fuerza que sentir una impresión de dominio y de seguridad en su persona. Con cierta aparente justicia se considerará como «un hombre que sabe». Y, en efecto, en él se da un pedazo de algo que, junto con otros pedazos no existentes en él, constituyen verdaderamente el saber. Ésta es la situación íntima del especialista, que en los primeros años de este siglo ha llegado a su más frenética exageración. El especialista «sabe» muy bien su mínimo rincón de universo; pero ignora de raíz todo el resto.

He aquí un precioso ejemplar de este extraño hombre nuevo que he intentado, por una y otra de sus vertientes y haces, definir. He dicho que era una configuración humana sin par en toda la historia. El especialista nos sirve para concretar enérgicamente la especie y hacernos ver todo el radicalismo de su novedad. Porque antes los hombres podían dividirse, sencillamente, en sabios e ignorantes, en más o menos sabios y más o menos ignorantes. Pero el especialista no puede ser subsumido bajo ninguna de esas dos categorías. No es un sabio, porque ignora formalmente cuanto no entra en su especialidad; pero tampoco es un ignorante, porque es «un hombre de ciencia» y conoce muy bien su porciúncula de universo. Habremos de decir que es un sabio-ignorante, cosa sobremanera grave, pues significa que es un señor el cual se comportará en todas las cuestiones que ignora, no como un ignorante, sino con toda la petulancia de quien en su cuestión especial es un sabio.

Y, en efecto, éste es el comportamiento del especialista. En política, en arte, en los usos sociales, en las otras ciencias, tomará posiciones de primitivo, de ignorantísimo; pero las tomará con energía y suficiencia, sin admitir –y esto es lo paradójico– especialistas de esas cosas. Al especializarlo, la civilización le ha hecho hermético y satisfecho dentro de su limitación; pero esta misma sensación íntima de dominio y valía le llevará a querer predominar fuera de su especialidad. De donde resulta que, aun en este caso, que representa un *maximum* de hombre cualificado –especialismo– y, por tanto, lo más opuesto al hombre-masa, el resultado es que se comportará sin cualificación y como hombre-masa en casi todas las esferas de la vida.

La advertencia no es vaga. Quien quiera puede observar la estupidez con que piensan, juzgan y actúan hoy en política, en arte, en religión y en los problemas generales de la vida y el mundo los «hombres de ciencia», y claro es, tras ellos, médicos, ingenieros, financieros, profesores, etcétera. Esta condición de «no escuchar», de no someterse a instancias superiores, que reiteradamente he presentado como característica del hombre-masa, llega al colmo precisamente en estos hombres parcialmente cualificados. Ellos simbolizan, y en gran parte constituyen, el imperio actual de las masas, y su barbarie es la causa más inmediata de la desmoralización europea.

Por otra parte, significan el más claro y preciso ejemplo de cómo la civilización del último siglo, *abandonada a su propia inclinación*, ha producido este rebrote de primitivismo y barbarie.

El resultado más inmediato de este especialismo *no compensado* ha sido que hoy, cuando hay mayor número de «hombres de ciencia» que nunca, haya muchos menos hombres «cultos» que, por ejemplo, hacia 1750. Y lo peor es que con esos pachones del asador científico ni siquiera está asegurado el progreso íntimo de la ciencia. Porque ésta necesita de tiempo en tiempo, como orgánica regulación de su propio incremento, una labor de re-constitución, y, como he dicho, esto requiere un esfuerzo de unificación, cada vez más difícil, que cada vez complica regiones más vastas del saber total. Newton pudo crear su sistema físico sin saber mucha filosofía; pero Einstein ha necesitado saturarse de Kant y de Mach para poder llegar a su aguda síntesis. Kant y Mach –con estos nombres se simboliza sólo la masa enorme de pensamientos filosóficos y psicológicos que han influido en Einstein– han servido para *liberar* la mente de éste y dejarle la vía franca hacia su innovación. Pero Einstein no es suficiente. La física entra en la crisis más honda de su historia y sólo podrá salvarla una nueva enciclopedia más sistemática que la primera.

El especialismo, pues, que ha hecho posible el progreso de la ciencia experimental durante un siglo, se aproxima a una etapa en que no podrá avanzar por sí mismo si no se encarga una generación mejor de construirle un nuevo asador más poderoso.

Pero si el especialista desconoce la fisiología interna de la ciencia que cultiva, mucho más radicalmente ignora las condiciones históricas de su perduración, es decir, cómo tienen que estar organizados la sociedad y el corazón del hombre para que pueda seguir habiendo investigadores. El descenso de vocaciones científicas que en estos años se observa –y a que ya aludí– es un síntoma preocupador para todo el que tenga una idea clara de lo que es civilización, la idea que suele faltar al típico «hombre de ciencia», cima de nuestra actual civilización. También él cree que la civilización *está ahí*, simplemente, como la corteza terrestre y la selva primigenia.

## XIII

### EL MAYOR PELIGRO, EL ESTADO

En una buena ordenación de las cosas públicas, la masa es lo que no actúa por sí misma. Tal es su misión. Ha venido al mundo para ser dirigida, influida, representada, organizada –hasta para dejar de ser masa, o, por lo menos, aspirar a ello. Pero no ha venido al mundo para hacer todo eso por sí. Necesita referir su vida a la instancia superior, constituida por las minorías excelentes. Discútase cuanto se quiera quiénes son los hombres excelentes; pero que, sin ellos –sean unos o sean otros– la humanidad no existiría en lo que tiene de más esencial, es cosa sobre la cual conviene que no haya duda alguna, aunque lleve Europa todo un siglo metiendo la cabeza debajo del alón, al modo de los estrucios, para ver si consigue no ver tan radiante evidencia. Porque no se trata de una opinión fundada en hechos más o menos frecuentes y probables, sino en una ley de la «física» social, mucho más inconmovible que las leyes de la física de Newton. El día que vuelva a imperar en Europa una auténtica filosofía[1] –única cosa que puede salvarla– se volverá a caer en la cuenta de que el hombre es, tenga de ello ganas o no, un ser constitutivamente forzado a buscar una instancia superior. Si logra por sí mismo encontrarla, es que es un hombre excelente; si no, es que es un hombre-masa y necesita recibirla de aquél.

Pretender la masa actuar por sí misma es, pues, rebelarse contra su propio destino, y como eso es lo que hace ahora, hablo yo de la rebelión de las masas. Porque a la postre, la única cosa que sustancialmente y con verdad puede llamarse rebelión es la que consiste en no aceptar cada cual su destino, en rebelarse contra sí mismo. En rigor, la rebelión del arcángel Luzbel no lo hubiera sido menos si en vez de empeñarse en ser Dios –lo que no era su destino– se hubiese empecinado en ser el más ínfimo de los ángeles, que tampoco lo era. (Si Luzbel hubiera sido ruso, como Tolstoi, habría acaso preferido este último estilo de rebeldía, que no es más ni menos contra Dios que el otro tan famoso).

Cuando la masa actúa por sí misma, lo hace sólo de una manera, porque no tiene otra: lincha. No es completamente casual que la ley de Lynch sea americana, ya que América es en cierto modo el paraíso de las masas. Ni mu-

---

1. Para que la filosofía impere, no es menester que los filósofos imperen –como Platón quiso primero–, ni siquiera que los emperadores filosofen –como quiso, más modestamente, después. Ambas cosas son, en rigor, funestísimas. Para que la filosofía impere, basta con que la haya; es decir, con que los filósofos sean filósofos. Desde hace casi una centuria, los filósofos son todo menos eso –son políticos, son pedagogos, son literatos o son hombres de ciencia.

cho menos podrá extrañar que ahora, cuando las masas triunfan, triunfe la violencia y se haga de ella la única *ratio*, la única doctrina. Va para mucho tiempo que hacía yo notar este progreso de la violencia como norma[1]. Hoy ha llegado a su máximo desarrollo, y esto es un buen síntoma, porque significa que automáticamente va a iniciarse su descenso. Hoy es ya la violencia la retórica del tiempo; los retóricos, los inanes, la hacen suya. Cuando una realidad humana ha cumplido su historia, ha naufragado y ha muerto, las olas la escupen en las costas de la retórica, donde, cadáver, pervive largamente. La retórica es el cementerio de las realidades humanas; cuando más, su hospital de inválidos. A la realidad sobrevive su nombre que, aun siendo sólo palabra, es, al fin y al cabo, nada menos que palabra y conserva siempre algo de su poder mágico.

Pero aun cuando no sea imposible que haya comenzado a menguar el prestigio de la violencia como norma cínicamente establecida, continuaremos bajo su régimen, bien que en otra forma.

Me refiero al peligro mayor que hoy amenaza a la civilización europea. Como todos los demás peligros que amenazan a esta civilización, también éste ha nacido de ella. Más aún: constituye una de sus glorias; es el Estado contemporáneo. Nos encontramos, pues, con una réplica de lo que en el capítulo anterior se ha dicho sobre la ciencia: la fecundidad de sus principios la empuja hacia un fabuloso progreso, pero éste impone inexorablemente la especialización, y la especialización amenaza con ahogar a la ciencia.

1. Véase *España invertebrada*, 1.ª edición, 1921.

Lo mismo acontece con el Estado.

Rememórese lo que era el Estado a fines del siglo XVIII en todas las naciones europeas. ¡Bien poca cosa! El primer capitalismo y sus organizaciones industriales, donde por vez primera triunfa la técnica, la nueva técnica, la racionalizada, habían producido un primer crecimiento de la sociedad. Una nueva clase social apareció, más poderosa en número y potencia que las preexistentes: la burguesía. Esta indina burguesía poseía, ante todo y sobre todo, una cosa: talento, talento práctico. Sabía organizar, disciplinar, dar continuidad y articulación al esfuerzo. En medio de ella, como en un océano, navegaba azarosa la «nave del Estado». La nave del Estado es una metáfora, reinventada por la burguesía, que se sentía a sí misma oceánica, omnipotente y encinta de tormentas. Aquella nave era cosa de nada o poco más; apenas si tenía soldados, apenas si tenía burócratas, apenas si tenía dinero. Había sido fabricada en la Edad Media por una clase de hombres muy distintos de los burgueses: los nobles, gente admirable por su coraje, por su don de mando, por su sentido de responsabilidad. Sin ellos no existirían las naciones de Europa. Pero con todas esas virtudes del corazón, los nobles andaban, han andado siempre, mal de cabeza. Vivían de la otra víscera. De inteligencia muy limitada, sentimentales, instintivos, intuitivos; en suma: «irracionales». Por eso no pudieron desarrollar ninguna técnica, cosa que obliga a la racionalización. No inventaron la pólvora. Se fastidiaron. Incapaces de inventar nuevas armas, dejaron que los burgueses —tomándola de Oriente u otro sitio— utilizaran la pólvora, y con ello automáticamente ganaran la batalla al guerrero noble, al «caballero», cubierto estúpidamente de hierro, que apenas podía moverse en la lid, y a quien no se había ocurrido que el secreto eterno de la guerra no consiste tanto en los medios de defensa como en los de agresión (secreto que iba a redescubrir Napoleón)[1].

Como el Estado es una técnica –de orden público y de administración–, el «antiguo régimen» llega a los fines del siglo XVIII con un Estado debilísimo, azotado de todos lados por una ancha y revuelta sociedad. La desproporción entre el poder del Estado y el poder social es tal en ese momento que, comparando la situación con la vigente en tiempos de Carlomagno, aparece el Estado del XVIII como una degeneración. El Estado carolingio era, claro está, mucho menos pudiente que el de Luis XVI, pero, en cambio, la sociedad que lo rodeaba no tenía fuerza ninguna[2]. El enorme desnivel entre la fuerza social y la

---

1. Esta imagen sencilla del gran cambio histórico en que se sustituye la supremacía de los nobles por el predominio de los burgueses se debe a Ranke; pero claro es que su verdad simbólica y esquemática requiere no pocos aditamentos para ser completamente verdadera. La pólvora era conocida de tiempo inmemorial. La invención de la carga en un tubo se debió a alguien de la Lombardía. Aun así, no fue eficaz hasta que se inventó la bala fundida. Los «nobles» usaron en pequeñas dosis el arma de fuego, pero era demasiado cara. Sólo los ejércitos burgueses, mejor organizados económicamente, pudieron emplearla en grande. Queda, sin embargo, como literalmente cierto que los nobles, representados por el ejército de tipo medieval de los borgoñeses, fueron derrotados de manera definitiva por el nuevo ejército, no profesional, sino de burgueses, que formaron los suizos. Su fuerza primaria consistió en la nueva disciplina y la nueva racionalización de la táctica.
2. Merecería la pena de insistir sobre este punto y hacer notar que la época de las Monarquías absolutas europeas ha operado con Estados muy débiles. ¿Cómo se explica esto? Ya la sociedad en torno comenzaba a crecer. ¿Por qué, si el Estado lo podía todo –era «absoluto»–, no se hacía más fuerte? Una de las causas es la apuntada: incapacidad

del Poder público hizo posible la Revolución, las revoluciones (hasta 1848).

Pero con la Revolución se adueñó del Poder público la burguesía, y aplicó al Estado sus innegables virtudes, y en poco más de una generación creó un Estado poderoso, que acabó con las revoluciones. Desde 1848, es decir, desde que comienza la segunda generación de gobiernos burgueses, no hay en Europa verdaderas revoluciones. Y no ciertamente porque no hubiese motivos para ellas sino porque no había medios. Se niveló el Poder público con el poder social. ¡*Adiós revoluciones para siempre*! Ya no cabe en Europa más que lo contrario: el golpe de Estado. Y todo lo que con posterioridad pudo darse aires de revolución no fue más que un golpe de Estado con máscara.

En nuestro tiempo, el Estado ha llegado a ser una máquina formidable, que funciona prodigiosamente; de una maravillosa eficiencia por la cantidad y precisión de sus medios. Plantada en medio de la sociedad, basta tocar a un resorte para que actúen sus enormes palancas y operen fulminantes sobre cualquier trozo del cuerpo social.

El Estado contemporáneo es el producto más visible y notorio de la civilización. Y es muy interesante, es revelador, percatarse de la actitud que ante él adopta el hombre-masa. Éste lo ve, lo admira, sabe que *está ahí*, asegurando su vida; pero no tiene conciencia de que es una creación

---

técnica, racionalizadora, burocrática, de las aristocracias de sangre. Pero no basta esto. Además de eso aconteció en el Estado absoluto que *aquellas aristocracias no quisieron agrandar el Estado a costa de la sociedad.* Contra lo que se cree, el Estado absoluto respeta instintivamente la sociedad mucho más que nuestro Estado democrático, más inteligente, pero con menos sentido de la responsabilidad histórica.

humana, inventada por ciertos hombres y sostenida por ciertas virtudes y supuestos que hubo ayer en los hombres, y que puede evaporarse mañana. Por otra parte, el hombre-masa ve en el Estado un poder anónimo, y como él se siente a sí mismo anónimo –vulgo–, cree que el Estado es cosa suya. Imagínese que sobreviene en la vida pública de un país cualquier dificultad, conflicto o problema, el hombre-masa tenderá a exigir que inmediatamente lo asuma el Estado, que se encargue directamente de resolverlo con sus gigantescos e incontrastables medios.

Éste es el mayor peligro que hoy amenaza a la civilización: la estatificación de la vida, el intervencionismo del Estado, la absorción de toda espontaneidad social por el Estado; es decir, la anulación de la espontaneidad histórica, que en definitiva sostiene, nutre y empuja los destinos humanos. Cuando la masa siente alguna desventura, o simplemente algún fuerte apetito, es una gran tentación para ella esa permanente y segura posibilidad de conseguirlo todo –sin esfuerzo, lucha, duda ni riesgo– sin más que tocar el resorte y hacer funcionar la portentosa máquina. La masa se dice: «El Estado soy yo», lo cual es un perfecto error. El Estado es la masa sólo en el sentido en que puede decirse de dos hombres que son idénticos porque ninguno de los dos se llama Juan. Estado contemporáneo y masa coinciden sólo en ser anónimos. Pero el caso es que el hombre-masa cree, en efecto, que él es el Estado, y tenderá cada vez más a hacerlo funcionar con cualquier pretexto, a aplastar con él toda minoría creadora que lo perturbe –que lo perturbe en cualquier orden: en política, en ideas, en industria.

El resultado de esta tendencia será fatal. La espontaneidad social quedará violentada una vez y otra por la intervención del Estado; ninguna nueva simiente podrá fructificar. La sociedad tendrá que vivir *para* el Estado; el hombre, *para* la máquina del Gobierno. Y como a la postre no es sino una máquina, cuya existencia y mantenimiento dependen de la vitalidad circundante que la mantenga, el Estado, después de chupar el tuétano a la sociedad, se quedará hético, esquelético, muerto, con esa muerte herrumbrosa de la máquina, mucho más cadavérica que la del organismo vivo.

Éste fue el sino lamentable de la civilización antigua. No tiene duda que el Estado imperial, creado por los Julios y los Claudios, fue una máquina admirable, incomparablemente superior como artefacto al viejo Estado republicano de las familias patricias. Pero –curiosa coincidencia– apenas llegó a su pleno desarrollo, comienza a decaer el cuerpo social. Ya en los tiempos de los Antoninos (siglo II) el Estado gravita con una antivital supremacía sobre la sociedad. Ésta empieza a ser esclavizada, a no poder vivir más que *en servicio del Estado.* La vida toda se burocratiza. ¿Qué acontece? La burocratización de la vida produce su mengua absoluta –en todos los órdenes. La riqueza disminuye, y las mujeres paren poco. Entonces el Estado, para subvenir a sus propias necesidades, fuerza más la burocratización de la existencia humana. Esta burocratización en segunda potencia es la militarización de la sociedad. La urgencia mayor del Estado es su aparato bélico, su ejército. El Estado es, ante todo, productor de seguridad (la seguridad de que nace el hombre-masa, no se olvide). Por eso es, ante todo, ejército. Los Severos, de origen africano, militarizan al mundo. ¡Vana faena! La miseria aumenta, las matrices son cada día menos fecundas. Faltan hasta soldados. Después de los Severos, el ejército tiene que ser reclutado entre extranjeros.

¿Se advierte cuál es el proceso paradójico y trágico del estatismo? La sociedad, para vivir mejor ella, crea como un utensilio el Estado. Luego el Estado se sobrepone, y la sociedad tiene que empezar a vivir para el Estado[1]. Pero al fin y al cabo el Estado se compone aún de los hombres de aquella sociedad. Mas pronto no basta con éstos para sostener el Estado, y hay que llamar a extranjeros; primero, dálmatas; luego, germanos. Los extranjeros se hacen dueños del Estado, y los restos de la sociedad, del pueblo inicial, tienen que vivir esclavos de ellos, de gente con la cual no tienen nada que ver. A esto lleva el intervencionismo del Estado: el pueblo se convierte en carne y pasta que alimenta el mero artefacto y máquina que es el Estado. El esqueleto se come la carne en torno a él. El andamio se hace propietario e inquilino de la casa.

Cuando se sabe esto, azora un poco oír que Mussolini pregona con ejemplar petulancia, como un prodigioso descubrimiento, hecho ahora en Italia, la fórmula *Todo por el Estado; nada fuera del Estado; nada contra el Estado*. Bastaría esto para descubrir en el fascismo un típico movimiento de hombres-masa. Mussolini se encontró con un Estado admirablemente construido –no por él, sino precisamente por las fuerzas e ideas que él combate: por la democracia liberal. Él se limita a usarlo incontinentemente, y, sin que yo me permita ahora juzgar el detalle de su obra, es indiscutible que los resultados obtenidos

---

1. Recuérdense las últimas palabras de Septimio Severo a sus hijos: *Permaneced unidos, pagad a los soldados y despreciad el resto.*

hasta el presente no pueden compararse a los logrados en la función política y administrativa por el Estado liberal. Si algo ha conseguido, es tan menudo, poco visible y nada sustantivo, que difícilmente equilibra la acumulación de poderes anormales que le consienten emplear aquella máquina en forma extrema.

El estatismo es la forma superior que toman la violencia y la acción directa, constituidas en norma. Al través y por medio del Estado, máquina anónima, las masas actúan por sí mismas.

Las naciones europeas tienen ante sí una etapa de grandes dificultades en su vida interior, problemas económicos, jurídicos y de orden público sobremanera arduos. ¿Cómo no temer que bajo el imperio de las masas se encargue el Estado de aplastar la independencia del individuo, del grupo, y agostar así definitivamente el porvenir?

Un ejemplo concreto de este mecanismo lo hallamos en uno de los fenómenos más alarmantes de estos últimos treinta años: el aumento enorme en todos los países de las fuerzas de Policía. El crecimiento social ha obligado includiblemente a ello. Por muy habitual que nos sea, no debe perder su terrible paradojismo ante nuestro espíritu el hecho de que la población de una gran urbe actual, para caminar pacíficamente y acudir a sus negocios, necesita, sin remedio, una Policía que regule la circulación. Pero es una inocencia de las gentes de «orden» pensar que estas «fuerzas de orden público», creadas para el orden, se van a contentar con imponer siempre el que aquéllas quieran. Lo inevitable es que acaben por definir y decidir ellas el orden que van a imponer, y que será, naturalmente, el que les convenga.

Conviene que aprovechemos el roce de esta materia para hacer notar la diferente reacción que ante una necesidad pública puede sentir una u otra sociedad. Cuando hacia 1800 la nueva industria comienza a crear un tipo de hombre –el obrero industrial– más criminoso que los tradicionales, Francia se apresura a crear una numerosa Policía. Hacia 1810 surge en Inglaterra, por las mismas causas, un aumento de la criminalidad, y entonces caen los ingleses en la cuenta de que ellos no tienen Policía. Gobiernan los conservadores. ¿Qué harán? ¿Crearán una Policía? Nada de eso. Se prefiere aguantar hasta donde se pueda el crimen. «La gente se resigna a hacer su lugar al desorden, considerándolo como rescate de la libertad». «En París –escribe John William Ward– tienen una Policía admirable, pero pagan caras sus ventajas. Prefiero ver que cada tres o cuatro años se degüella a media docena de hombres en Ratcliffe Road que estar sometido a visitas domiciliarias, al espionaje y a todas las maquinaciones de Fouché»[1]. Son dos ideas distintas del Estado. El inglés quiere que el Estado tenga límites.

---

1. Véase Élie Halévy: *Histoire du peuple anglais au XIXe siècle* (tomo I, pág. 40, 1912).

# Segunda parte:
## ¿Quién manda en el mundo?

## XIV

### ¿QUIÉN MANDA EN EL MUNDO?

La civilización europea –he repetido una y otra vez– ha producido automáticamente la rebelión de las masas. Por su anverso, el hecho de esta rebelión presenta un cariz óptimo; ya lo hemos dicho: la rebelión de las masas es una y misma cosa con el crecimiento fabuloso que la vida humana ha experimentado en nuestro tiempo. Pero el reverso del mismo fenómeno es tremebundo; mirada por ese haz, la rebelión de las masas es una y misma cosa con la desmoralización radical de la humanidad. Miremos ésta ahora desde nuevos puntos de vista.

I

La sustancia o índole de una nueva época histórica es resultante de variaciones internas –del hombre y su espíritu– o externas –formales y como mecánicas. Entre estas últimas, la más importante, casi sin duda, es el desplazamiento del poder. Pero éste trae consigo un desplazamiento del espíritu.

Por eso, al asomarnos a un tiempo con ánimo de comprenderlo, una de nuestras primeras preguntas debe ser ésta: «¿Quién manda en el mundo a la sazón?» Podrá ocurrir que a la sazón la humanidad esté dispersa en varios trozos, sin comunicación entre sí, que forman mundos interiores e independientes. En tiempo de Milcíades, el mundo mediterráneo ignoraba la existencia del mundo extremo oriental. En casos tales tendríamos que referir nuestra pregunta «¿Quién manda en el mundo?» a cada grupo de convivencia. Pero desde el siglo XVI ha entrado la humanidad toda en un proceso gigantesco de unificación, que en nuestros días ha llegado a su término insuperable. Ya no hay trozo de humanidad que viva aparte –no hay islas de humanidad. Por tanto, desde aquel siglo puede decirse que quien manda en el mundo ejerce, en efecto, su influjo autoritario sobre todo él. Tal ha sido el papel del grupo homogéneo formado por los pueblos europeos durante tres siglos. Europa mandaba, y bajo su unidad de mando, el mundo vivía con un estilo unitario, o al menos progresivamente unificado.

Ese estilo de vida suele denominarse «Edad Moderna», nombre gris e inexpresivo, bajo el cual se oculta esta realidad: época de la hegemonía europea.

Por «mando» no se entiende aquí primordialmente ejercicio de poder material, de coacción física. Porque aquí se aspira a evitar estupideces; por lo menos, las más gruesas y palmarias. Ahora bien: esa relación, estable y normal, entre hombres que se llama «mando» *no descansa nunca en la fuerza*, sino al revés; porque un hombre o grupo de hombres ejerce el mando, tiene a su disposición ese aparato o máquina social que se llama «fuerza». Los casos en que a primera vista parece ser la fuerza el fundamento del mando se revelan ante una inspección ulterior como los mejores ejemplos para confirmar aquella tesis. Napoleón dirigió a España una agresión, sostuvo esta agresión durante algún tiempo, pero no mandó propiamente en España ni un solo día. Y eso que tenía la fuerza, y precisamente porque tenía sólo la fuerza. Conviene distinguir entre un hecho o proceso de agresión y una situación de mando. El mando es el ejercicio normal de la autoridad. El cual se funda siempre en la opinión pública; siempre, hoy como hace diez mil años, entre los ingleses como entre los botocudos. Jamás ha mandado nadie en la tierra nutriendo su mando esencialmente de otra cosa que de la opinión pública.

¿O se cree que la soberanía de la opinión pública fue un invento hecho por el abogado Danton en 1789 o por Santo Tomás de Aquino en el siglo XIII? La noción de esa soberanía habrá sido descubierta aquí o allá, en esta o en la otra fecha; pero el hecho de que la opinión pública es la fuerza radical que en las sociedades humanas produce el fenómeno de mandar es cosa tan antigua y perenne como el hombre mismo. Así, en la física de Newton, la gravitación es la fuerza que produce el movimiento. Y la ley de la opinión pública es la gravitación universal de la historia política. Sin ella, ni la ciencia histórica sería posible. Por eso muy agudamente insinúa Hume que el tema de la historia consiste en demostrar cómo la soberanía de la opinión pública, lejos de ser una aspiración utópica, es lo que ha pesado siempre y a toda hora en las sociedades humanas. Pues hasta quien pretende gobernar con los jenízaros, depende de la opinión de éstos y de la que tengan sobre éstos los demás habitantes.

La verdad es que no se manda con los jenízaros. Así, Talleyrand a Napoleón: «Con las bayonetas, *sire*, se puede hacer todo menos una cosa: sentarse sobre ellas». Y mandar no es gesto de arrebatar el poder, sino tranquilo ejercicio de él. En suma: mandar es sentarse. Trono, silla curul, banco azul, poltrona ministerial, sede. Contra lo que una óptica inocente y folletinesca supone, el mandar no es tanto cuestión de puños como de posaderas. El Estado es, en definitiva, el estado de la opinión; una situación de equilibrio, de estática.

Lo que pasa es que a veces la opinión pública no existe. Una sociedad dividida en grupos discrepantes, cuya fuerza de opinión queda recíprocamente anulada, no da lugar a que se constituya un mando. Y como a la Naturaleza le horripila el vacío, ese hueco que deja la fuerza ausente de opinión pública se llena con la fuerza bruta. A lo sumo, pues, se adelanta ésta como sustituto de aquélla.

Por eso, si se quiere expresar con toda precisión la ley de la opinión pública como ley de la gravitación histórica, conviene tener en cuenta esos casos de ausencia, y entonces se llega a una fórmula que es el conocido, venerable y verídico lugar común: no se puede mandar contra la opinión pública.

Esto nos lleva a caer en la cuenta de que mando significa prepotencia de una opinión; por tanto, de un espíritu; de que mando no es, a la postre, otra cosa que poder espiritual. Los hechos históricos confirman esto escrupulosamente. Todo mando primitivo tiene un carácter «sacro» porque se funda en lo religioso, y lo religioso es la forma primera, bajo la cual aparece siempre lo que luego va a ser espíritu, idea, opinión; en suma: lo inmaterial y ultrafísico. En la Edad Media se reproduce con formato mayor el mismo fenómeno. El Estado o Poder público primero que se forma en Europa es la Iglesia, con su carácter específico y ya nominativo de «poder espiritual». De la Iglesia aprende el Poder político que él también no es originariamente sino poder espiritual, vigencia de ciertas ideas, y se crea el *Sacro* Romano Imperio. De este modo luchan dos poderes, igualmente espirituales, que no pudiendo diferenciarse en la sustancia –ambos son espíritu–, vienen al acuerdo de instalarse cada uno en un modo del tiempo: el temporal y el eterno. Poder temporal y poder religioso son idénticamente espirituales; pero el uno es espíritu del tiempo –opinión pública intramundana y cambiante–, mientras el otro es espíritu de eternidad –la opinión de Dios, la que Dios tiene sobre el hombre y sus destinos.

Tanto vale, pues, decir: en tal fecha manda tal hombre, tal pueblo o tal grupo homogéneo de pueblos, como decir: en tal fecha predomina en el mundo tal sistema de opiniones –ideas, preferencias, aspiraciones, propósitos.

¿Cómo ha de entenderse este predominio? La mayor parte de los hombres no tiene opinión, y es preciso que ésta le venga de fuera a presión, como entra el lubrificante en las máquinas. Por eso es preciso que el espíritu –sea el que sea– tenga poder y lo ejerza, para que la gente que no opina –y es la mayoría– opine. Sin opiniones, la convivencia humana sería el caos; menos aún: la nada histórica. Sin opiniones, la vida de los hombres carecería de arquitectura, de organicidad. Por eso, sin un poder espiritual, *sin alguien que mande*, y en la medida que ello falte, reina en la humanidad el caos. Y parejamente, *todo desplazamiento de poder*, todo cambio de imperantes, es a la vez un cambio de opiniones y, consecuentemente, nada menos que un cambio de gravitación histórica.

Volvamos ahora al comienzo. Durante varios siglos ha mandado en el mundo Europa, un conglomerado de pueblos con espíritu afín. En la Edad Media no mandaba nadie en el mundo temporal. Es lo que ha pasado en todas las edades medias de la historia. Por eso representan siempre un relativo caos y una relativa barbarie, un déficit de opinión. Son tiempos en que se ama, se odia, se ansía, se repugna, y todo ello en gran medida. Pero, en cambio, se opina poco. No carecen de delicia tiempos así. Pero en los grandes tiempos es la opinión de lo que vive la humanidad, y por eso hay orden. Del otro lado de la Edad Media hallamos nuevamente una época en que, como en la Moderna, manda alguien, bien que sobre una porción acotada del mundo: Roma, la gran mandona. Ella puso orden en el Mediterráneo y aledaños.

En estas jornadas de la postguerra comienza a decirse que Europa no manda ya en el mundo. ¿Se advierte toda la gravedad de ese diagnóstico? Con él se anuncia un desplazamiento del poder. ¿Hacia dónde se dirige? ¿Quién va a suceder a Europa en el mando del mundo? Pero ¿se está seguro de que va a sucederle alguien? Y si no fuera nadie, ¿qué pasaría?

## II

La pura verdad es que en el mundo pasa en todo instante, y, por tanto, ahora, infinidad de cosas. La pretensión de decir qué es lo que ahora pasa en el mundo ha de entenderse, pues, como ironizándose a sí misma. Mas por lo mismo que es imposible conocer directamente la plenitud de lo real, no tenemos más remedio que construir arbitrariamente una realidad, suponer que las cosas son de una cierta manera. Esto nos proporciona un esquema, es decir, un concepto o enrejado de conceptos. Con él, como al través de una cuadrícula, miramos luego la efectiva realidad, y entonces, sólo entonces, conseguimos una visión aproximada de ella. En esto consiste el método científico. Más aún: en esto consiste todo uso del intelecto. Cuando al ver llegar a nuestro amigo por la vereda del jardín decimos: «Éste es Pedro», cometemos deliberadamente, irónicamente, un error. Porque Pedro significa para nosotros un esquemático repertorio de modos de comportarse física y moralmente –lo qué llamamos «carácter»–, y la pura verdad es que nuestro amigo Pedro no se parece, a ratos, en casi nada a la idea «nuestro amigo Pedro».

Todo concepto, el más vulgar como el más técnico, va montado en la ironía de sí mismo, en los dientecillos de una sonrisa alciónica, como el geométrico diamante va montado en la dentadura de oro de su engarce. Él dice muy seriamente: «Esta cosa es A, y esta otra cosa es B». Pero es la suya la seriedad de un *pince-sans-rire*. Es la seriedad inestable de quien se ha tragado una carcajada y si no aprieta bien los labios la vomita. Él sabe muy bien que ni esta cosa es *A*, así, a rajatabla, ni la otra es *B*, así, sin reservas. Lo que el concepto piensa en rigor es un poco otra cosa que lo que dice, y en esta duplicidad consiste la ironía. Lo que verdaderamente piensa es esto: yo sé que, hablando con todo rigor, esta cosa no es *A*, ni aquélla *B*; pero, admitiendo que son *A* y *B*, yo me entiendo conmigo mismo para los efectos de mi comportamiento vital frente a una y otra cosa.

Esta teoría del conocimiento de la razón hubiera irritado a un griego. Porque el griego creyó haber descubierto en la razón, en el concepto, la realidad misma. Nosotros, en cambio, creemos que la razón, el concepto, es un instrumento doméstico del hombre que éste necesita y usa para aclarar su propia situación en medio de la infinita y archiproblemática realidad que es su vida. Vida es lucha con las cosas para sostenerse entre ellas. Los conceptos son el plan estratégico que nos formamos para responder a su ataque. Por eso, si se escruta bien la entraña última de cualquier concepto, se halla que no nos dice nada de la cosa misma, sino que resume lo que un hombre puede hacer con esa cosa o padecer de ella. Esta opinión taxativa, según la cual el contenido de todo concepto es siempre vital, es siempre acción posible o padecimiento posible de un hombre, no ha sido hasta ahora, que yo sepa, sustentada por nadie; pero es, a mi juicio, el término indefectible del proceso filosófico que se inicia con Kant. Por eso, si revisamos a su luz todo el pasado de la filosofía hasta Kant, nos parecerá que *en el fondo* todos los filósofos han dicho lo mismo. Ahora bien, todo descubrimiento filosófico no es más que un des-cubrimiento y un traer a la superficie lo que estaba en el fondo.

Pero semejante introito es desmesurado para lo que voy a decir, tan ajeno a problemas filosóficos. Yo iba a decir sencillamente que lo que ahora pasa en el mundo –se entiende, el histórico– es exclusivamente esto: durante tres siglos Europa ha mandado en el mundo y ahora Europa no está segura de mandar ni de seguir mandando. Reducir a fórmula tan simple la infinitud de cosas que integran la realidad histórica actual es, sin duda y en el mejor caso, una exageración, y yo necesitaba por eso recordar que pensar es, quiérase o no, exagerar. Quien prefiera no exagerar tiene que callarse; más aún: tiene que paralizar su intelecto y ver la manera de idiotizarse.

Creo, en efecto, que es aquello lo que verdaderamente está pasando en el mundo, y que todo lo demás es consecuencia, condición, síntoma o anécdota de eso.

Yo no he dicho que Europa haya dejado de mandar, sino, estrictamente, que en estos años Europa siente graves dudas sobre si manda o no, sobre si mañana mandará. A esto corresponde en los demás pueblos de la Tierra un estado de espíritu congruente: dudar de si ahora son mandados por alguien. Tampoco están seguros de ello.

Se ha hablado mucho estos años de la decadencia de Europa. Yo suplico fervorosamente que no se siga cometiendo la ingenuidad de pensar en Spengler simplemente porque se hable de la decadencia de Europa o de Occidente. Antes de que su libro apareciera, todo el mundo hablaba de ello, y el éxito de su libro se debió, como es notorio, a que tal sospecha o preocupación preexistía en todas las cabezas, con los sentidos y por las razones más heterogéneas.

Se ha hablado tanto de la decadencia europea, que muchos han llegado a darla por un hecho. No que crean en serio y con evidencia en él, sino que se han habituado a darlo por cierto, aunque no recuerden sinceramente haberse convencido resueltamente de ello en ninguna fecha determinada. El reciente libro de Waldo Frank, *Redescubrimiento de América*, se apoya íntegramente en el supuesto de que Europa agoniza. No obstante, Frank ni analiza ni discute, ni se hace cuestión de tan enorme hecho que le va a servir de formidable premisa. Sin más averiguación, parte de él como de algo inconcuso. Y esta ingenuidad en el punto de partida me basta para pensar que Frank no está convencido de la decadencia de Europa; lejos de eso, ni siquiera se ha planteado tal cuestión. La toma como un tranvía. Los lugares comunes son los tranvías del transporte intelectual.

Y como él, lo hacen muchas gentes. Sobre todo, lo hacen los pueblos, los pueblos enteros.

Es un paisaje de ejemplar puerilidad el que ahora ofrece el mundo. En la escuela, cuando alguien notifica que el maestro se ha ido, la turba parvular se encabrita e indisciplina. Cada cual siente la delicia de evadirse a la presión que la presencia del maestro imponía, de arrojar los yugos de las normas, de echar los pies por alto, de sentirse dueño del propio destino. Pero como quitada la norma que fijaba las ocupaciones y las tareas la turba parvular no tiene un quehacer propio, una ocupación formal, una tarea con sentido, continuidad y trayectoria, resulta que no puede ejecutar más que una cosa, la cabriola.

Es deplorable el frívolo espectáculo que los pueblos menores ofrecen. En vista de que, según se dice, Europa decae y, por tanto, deja de mandar, cada nación y nacioncita brinca, gesticula, se pone cabeza abajo o se engalla y estira, dándose aires de persona mayor que rige sus propios destinos. De aquí el vibriónico panorama de «nacionalismos» que se nos ofrece por todas partes.

En los capítulos anteriores he intentado filiar un nuevo tipo de hombre que hoy predomina en el mundo: le he llamado hombre-masa, y he hecho notar que su principal característica consiste en que, sintiéndose vulgar, proclama el derecho a la vulgaridad y se niega a reconocer instancias superiores a él. Era natural que si ese modo de ser predomina dentro de cada pueblo, el fenómeno se produzca también cuando miramos el conjunto de las naciones. También hay, relativamente, pueblos-masa resueltos a rebelarse contra los grandes pueblos creadores, minorías de estirpes humanas que han organizado la historia. Es verdaderamente cómico contemplar cómo esta o la otra republiquita, desde su perdido rincón, se pone sobre la punta de sus pies e increpa a Europa y declara su cesantía en la historia universal.

¿Qué resulta? Europa había creado un sistema de normas cuya eficacia y fertilidad han demostrado los siglos. Esas normas no son, ni mucho menos, las mejores posibles. Pero son, sin duda, definitivas mientras no existan o se columbren otras. Para superarlas es inexcusable parir otras. Ahora, los pueblos-masa han resuelto dar por caducado aquel sistema de normas que es la civilización europea, pero como son incapaces de crear otro, no saben qué hacer, y para llenar el tiempo se entregan a la cabriola.

Ésta es la primera consecuencia que sobreviene cuando en el mundo deja de mandar alguien: que los demás, al rebelarse, se quedan sin tarea, sin programa de vida.

## III

El gitano se fue a confesar; pero el cura, precavido, comenzó por preguntarle si sabía los mandamientos de la ley de Dios. A lo que el gitano respondió: «*Misté padre; yo loh iba a aprendé; pero he oído un runrún de que loh iban a quitá*».

¿No es ésta la situación presente del mundo? Corre el runrún de que ya no rigen los mandamientos europeos y, en vista de ello, las gentes –hombres y pueblos– aprovechan la ocasión para vivir sin imperativos. Porque existían sólo los europeos. No se trata de que –como otras veces ha acontecido– una germinación de normas nuevas desplace las antiguas y un fervor novísimo absorba en su fuego joven los viejos entusiasmos de menguante temperatura. Eso sería lo corriente. Es más: lo viejo resulta viejo no por propia senescencia, sino porque ya está ahí un principio nuevo, que sólo con ser nuevo avejenta de pronto al preexistente. Si no tuviéramos hijos, no seríamos viejos o tardaríamos mucho más en serlo. Lo propio pasa con los artefactos. Un automóvil de hace diez años parece más viejo que una locomotora de hace veinte, simplemente porque los inventos de la técnica automovilista se han sucedido con mayor rapidez. Esta decadencia que se origina en el brote de nuevas juventudes es un síntoma de salud.

Pero lo que ahora pasa en Europa es cosa insalubre y extraña. Los mandamientos europeos han perdido vigencia sin que otros se vislumbren en el horizonte. Europa –se dice– deja de mandar, y no se ve quién pueda sustituirla. Por Europa se entiende, ante todo y propiamente, la trinidad Francia, Inglaterra, Alemania. En la región del globo que ellas ocupan ha madurado un módulo de existencia humana conforme al cual ha sido organizado el mundo. Si, como ahora se dice, esos tres pueblos están en decadencia y su programa de vida ha perdido validez, no es extraño que el mundo se desmoralice.

Y ésta es la pura verdad. Todo el mundo –naciones, individuos– está desmoralizado. Durante una temporada, esta desmoralización divierte y hasta vagamente ilusiona. Los inferiores piensan que les han quitado un peso de encima. Los decálogos conservan del tiempo en que eran inscritos sobre piedra o sobre bronce su carácter de pesadumbre. La etimología de mandar significa cargar, ponerle a uno algo en las manos. El que manda es, sin remisión, cargante. Los inferiores de todo el mundo están ya hartos de que les carguen y encarguen, y aprovechan con aire festival este tiempo exonerado de gravosos imperativos. Pero la fiesta dura poco. Sin mandamientos que nos obliguen a vivir de un cierto modo, queda nuestra vida en pura disponibilidad. Ésta es la horrible situación íntima en que se encuentran ya las juventudes mejores del mundo. De puro sentirse libres, exentas de trabas, se sienten vacías. Una vida en disponibilidad es mayor negación de sí misma que la muerte. Porque vivir es tener que hacer algo determinado –es cumplir un encargo–, y en la medida en que eludamos poner a algo nuestra existencia evacuamos nuestra vida. Dentro de poco se oirá un grito formidable en todo el planeta, que subirá, como el aullido de canes innumerables, hasta las estrellas, pidiendo alguien y algo que mande, que imponga un quehacer u obligación.

Vaya esto dicho para los que, con inconsciencia de chicos, nos anuncian que Europa ya no manda. Mandar es dar quehacer a las gentes, meterlas en su destino, en su quicio: impedir su extravagancia, la cual suele ser vagancia, vida vacía, desolación.

No importaría que Europa dejase de mandar si hubiera alguien capaz de sustituirla. Pero no hay sombra de tal. Nueva York y Moscú no son nada nuevo con respecto a Europa. Son uno y otro dos parcelas del mandamiento europeo que, al disociarse del resto, han perdido su sentido. En rigor, da grima hablar de Nueva York y de Moscú. Porque uno no sabe con plenitud lo que son: sólo sabe que ni sobre uno ni sobre otro se han dicho aún palabras decisivas. Pero aun sin saber plenamente lo que son, se alcanza lo bastante para comprender su carácter genérico. Ambos, en efecto, pertenecen de lleno a lo que algunas veces he llamado «fenómenos de *camouflage* histórico». El *camouflage* es, por esencia, una realidad que no es la que parece. Su aspecto oculta, en vez de declarar, su sustancia. Por eso engaña a la mayor parte de las gentes. Sólo se puede librar de la equivocación que el *camouflage* produce quien sepa de antemano, y en general, que el *camouflage* existe. Lo mismo pasa con el espejismo. El concepto corrige a los ojos.

En todo hecho de *camouflage* histórico hay dos realidades que se superponen: una, profunda, efectiva, sustancial; otra, aparente, accidental y de superficie. Así, en Moscú hay una película de ideas europeas –el marxismo– pensadas en Europa en vista de realidades y problemas europeos. Debajo de ella hay un pueblo, no sólo distinto como materia étnica del europeo, sino –lo que importa mucho más– de una edad diferente que la nuestra. Un pueblo aún en fermento; es decir, juvenil. Que el marxismo haya triunfado en Rusia –donde no hay industria– sería la contradicción mayor que podría sobrevenir al marxismo. Pero no hay tal contradicción, porque no hay tal triunfo. Rusia es marxista aproximadamente como eran romanos los tudescos del Sacro Imperio *Romano*. Los pueblos nuevos no tienen *ideas*. Cuando crecen en un ámbito donde existe o acaba de existir una vieja cultura, se embozan en la idea que ésta les ofrece. Aquí está el *camouflage* y su razón. Se olvida –como he notado otras veces– que hay dos grandes tipos de evolución para un pueblo. Hay el pueblo que nace en un «mundo» vacío de toda civilización. Ejemplo: el egipcio o el chino. En un pueblo así, todo es autóctono, y sus gestos tienen un sentido claro y directo. Pero hay otros pueblos que germinan y se desarrollan en un ámbito ocupado ya por una cultura de añeja historia. Así Roma, que crece en pleno Mediterráneo, cuyas aguas estaban impregnadas de civilización greco-oriental. De aquí que la mitad de los gestos romanos no sean suyos, sino aprendidos. Y el gesto aprendido, recibido, es siempre doble, y su verdadera significación no es directa, sino oblicua. El que hace un gesto aprendido –por ejemplo, un vocablo de otro idioma– hace por debajo de él el gesto suyo, el auténtico; por ejemplo, traduce a su propio lenguaje el vocablo exótico. De aquí que para entender los *camouflages* sea menester también una mirada oblicua: la de quien traduce un texto con un diccionario al lado. Yo espero un libro en el que el marxismo de Stalin aparezca traducido a la historia de Rusia. Porque esto, lo que tiene de ruso, es lo que tiene de fuerte, y no lo que tiene de comunista. ¡Vaya usted a saber qué será! Lo único que cabe asegurar es que Rusia necesita siglos todavía para *optar al mando*. Porque carece aún de mandamientos, ha necesitado fingir su adhesión al principio europeo de Marx. Porque le sobra juventud le bastó con esa ficción. El joven no necesita razones para vivir; sólo necesita pretextos.

Cosa muy semejante acontece con Nueva York. También es un error atribuir su fuerza actual a los mandamientos a que obedece. En última instancia se reducen a éste: la técnica. ¡Qué casualidad! Otro invento europeo, no americano. La técnica es inventada por Europa durante los siglos XVIII y XIX. ¡Qué casualidad! Los siglos en que América nace. ¡Y en serio se nos dice que la esencia de América es su concepción practicista y técnica de la vida! En vez de decirnos: América es, como siempre las colonias, una re-pristinación o rejuvenecimiento de razas antiguas, sobre todo de Europa. Por razones distintas que Rusia, los Estados Unidos significan también un caso de esa específica realidad histórica que llamamos «pueblo nuevo». Se cree que esto es una frase cuando es una cosa tan efectiva como la juventud de un hombre. América es fuerte por su juventud, que se ha puesto al servicio del mandamiento contemporáneo «técnica», como podía haberse puesto al servicio del budismo si éste fuese la orden del día. Pero América no hace con esto sino comenzar su historia. Ahora empezarán sus angustias, sus disensiones, sus conflictos. Aún tiene que ser muchas cosas; entre ellas, algunas las más opuestas a la técnica y al practicismo. América tiene menos años que Rusia. Yo siempre, con miedo a exagerar, he sostenido que era un pueblo primitivo *camuflado* por los últimos inventos[1]. Ahora Waldo Frank, en su *Redescubrimiento de América*, lo declara francamente. América no ha sufrido aún; es ilusorio pensar que pueda poseer las virtudes del mando.

Quien evite caer en la consecuencia pesimista de que nadie va a mandar, y que, por tanto, el mundo histórico vuelve al caos, tiene que retroceder al punto de partida y preguntarse en serio: ¿Es tan cierto como se dice que Europa esté en decadencia y resigne el mando, abdique? ¿No será esta aparente decadencia la crisis bienhechora que permita a Europa ser literalmente Europa? La evidente decadencia de las *naciones* europeas, ¿no era *a priori* necesaria si algún día habían de ser posibles los Estados Unidos de Europa, la pluralidad europea sustituida por su formal unidad?

IV

La función de mandar y obedecer es la decisiva en toda sociedad. Como ande en ésta turbia la cuestión de quién manda y quién obedece, todo lo demás marchará impura y torpemente. Hasta la más íntima intimidad de cada individuo, salvas geniales excepciones, quedará perturbada y falsificada. Si el hombre fuese un ser solitario que accidentalmente se halla trabado en convivencia con otros, acaso permaneciese intacto de tales repercusiones, originadas en los desplazamientos y crisis del imperar, del Poder. Pero como es social en su más elemental

---

1. Véase el ensayo «Hegel y América», en *El Espectador.* Tomo VII, 1930.

textura, queda trastornado en su índole privada por mutaciones que en rigor sólo afectan inmediatamente a la colectividad. De aquí que si se toma aparte un individuo y se le analiza, cabe colegir sin más datos cómo anda en su país la conciencia de mando y obediencia.

Fuera interesante y hasta útil someter a este examen el carácter individual del español medio. La operación sería, no obstante, enojosa, y aunque útil, deprimente; por eso la eludo. Pero haría ver la enorme dosis de desmoralización íntima, de encanallamiento que en el hombre medio de nuestro país produce el hecho de ser España una nación que vive desde hace siglos con una conciencia sucia en la cuestión de mando y obediencia. El encanallamiento no es otra cosa que la aceptación como estado habitual y constituido de una irregularidad, de algo que mientras se acepta sigue pareciendo indebido. Como no es posible convertir en sana normalidad lo que en su esencia es criminoso y anormal, el individuo opta por adaptarse él a lo indebido, haciéndose por completo homogéneo al crimen o irregularidad que arrastra. Es un mecanismo parecido al que el adagio popular enuncia cuando dice: «Una mentira hace ciento». Todas las naciones han atravesado jornadas en que aspiró a mandar sobre ellas quien no debía mandar; pero un fuerte instinto les hizo concentrar al punto sus energías y expeler aquella irregular pretensión de mando. Rechazaron la irregularidad transitoria y reconstituyeron así su moral pública. Pero el español ha hecho lo contrario: en vez de oponerse a ser imperado por quien su íntima conciencia rechazaba, ha preferido falsificar todo el resto de su ser para acomodarlo a aquel fraude inicial. Mientras esto persista en nuestro país es vano esperar nada de los hombres de nuestra raza. No puede tener vigor elástico para la difícil faena de sostenerse con decoro en la historia una sociedad cuyo Estado, cuyo imperio o mando, es constitutivamente fraudulento.

No hay, pues, nada de extraño en que bastara una ligera duda, una simple vacilación sobre quién manda en el mundo, para que todo el mundo –en su vida pública y en su vida privada– haya comenzado a desmoralizarse.

La vida humana, por su naturaleza propia, tiene que estar puesta a algo, a una empresa gloriosa o humilde, a un destino ilustre o trivial. Se trata de una condición extraña, pero inexorable, inscrita en nuestra existencia. Por un lado, vivir es algo que cada cual hace por sí y para sí. Por otro lado, si esa vida mía, que sólo a mí me importa, no es entregada por mí a algo, caminará desvencijada, sin tensión y sin «forma». Estos años asistimos al gigantesco espectáculo de innumerables vidas humanas que marchan perdidas en el laberinto de sí mismas por no tener a qué entregarse. Todos los imperativos, todas las órdenes, han quedado en suspenso. Parece que la situación debía ser ideal, pues cada vida queda en absoluta franquía para hacer lo que le venga en gana, para vacar a sí misma. Lo mismo cada pueblo. Europa ha aflojado su presión sobre el mundo. Pero el resultado ha sido contrario a lo que podía esperarse. Librada a sí misma, cada vida se queda en sí misma, vacía, sin tener quehacer. Y como ha de llenarse con algo, se inventa o finge frívolamente a sí propia, se dedica a falsas ocupaciones que nada íntimo, sincero, impone. Hoy es una cosa; mañana, otra, opuesta a la primera. Está perdida al encontrarse sola consigo. El egoísmo es laberíntico. Se comprende. Vivir es ir disparado hacia algo, es caminar hacia una meta. La meta no es mi caminar, no es mi vida; es algo a que pongo ésta y que por lo mismo está fuera de ella, más allá. Si me resuelvo a andar sólo por dentro de mi vida, egoístamente, no avanzo, no voy a ninguna parte; doy vueltas y revueltas en un mismo lugar. Esto es el laberinto, un camino que no lleva a nada, que se pierde en sí mismo, de puro no ser más que caminar por dentro de sí.

Después de la guerra, el europeo se ha encerrado en su interior, se ha quedado sin empresa para sí y para los demás. Por eso seguimos históricamente como hace diez años.

No se manda en seco. El mando consiste en una presión que se ejerce sobre los demás. Pero no consiste sólo en esto. Si fuera esto sólo, sería violencia. No se olvide que mandar tiene doble efecto: se manda a alguien, pero se le manda algo. Y lo que se le manda es, a la postre, que participe en una empresa, en un gran destino histórico. Por eso no hay imperio sin programa de vida, precisamente sin un plan de vida imperial. Como dice el verso de Schiller:

*Cuando los reyes construyen, tienen que hacer los carreros.*

No conviene, pues, embarcarse en la opinión trivial que cree ver en la actuación de los grandes pueblos –como de los hombres– una inspiración puramente egoísta. No es tan fácil como se cree ser puro egoísta, y nadie siéndolo ha triunfado jamás. El egoísmo aparente de los grandes pueblos y de los grandes hombres es la dureza inevitable con que tiene que comportarse quien tiene su vida puesta a una empresa. Cuando de verdad se va a hacer algo y nos hemos entregado a un proyecto, no se nos puede pedir que estemos en disponibilidad para atender a los transeúntes y que nos dediquemos a pequeños altruismos de azar. Una de las cosas que más encantan a los viajeros cuando cruzan España es que si preguntan a alguien en la calle dónde está una plaza o edificio, con frecuencia el preguntado deja el camino que lleva y generosamente se sacrifica por el extraño, conduciéndolo hasta el lugar que a éste interesa. Yo no niego que pueda haber en esta índole del buen celtíbero algún factor de generosidad, y me alegro de que el extranjero interprete así su conducta. Pero nunca al oírlo o leerlo he podido reprimir este recelo: ¿es que el compatriota preguntado iba de verdad a alguna parte? Porque podría muy bien ocurrir que, en muchos casos, el español no va a nada, no tiene proyecto ni misión, sino que, más bien, sale a la vida para ver si las de otros llenan un poco la suya. En muchos casos me consta que mis compatriotas salen a la calle por ver si encuentran algún forastero a quien acompañar.

Grave es que esta duda sobre el mando del mundo, ejercido hasta ahora por Europa, haya desmoralizado al resto de los pueblos, salvo aquéllos que por su juventud están aún en su pre-historia. Pero es mucho más grave que este *piétinement sur place* llegue a desmoralizar por completo al europeo mismo. No pienso así porque yo sea europeo o cosa parecida. No es que diga: si el europeo no ha de mandar en el futuro próximo, no me interesa la vida del mundo. Nada me importaría el cese del mando europeo si existiera hoy otro grupo de pueblos capaz de sustituirlo en el Poder y la dirección del planeta.

Pero ni siquiera esto pediría. Aceptaría que no mandase nadie, si esto no trajese consigo la volatilización de todas las virtudes y dotes del hombre europeo.

Ahora bien: esto último es irremisible. Si el europeo se habitúa a no mandar él, bastarán generación y media para que el viejo continente, y tras él el mundo todo, caiga en la inercia moral, en la esterilidad intelectual y en la barbarie omnímoda. Sólo la ilusión del imperio y la disciplina de responsabilidad que ella inspira pueden mantener en tensión las almas de Occidente. La ciencia, el arte, la técnica y todo lo demás viven de la atmósfera tónica que crea la conciencia de mando. Si ésta falta, el europeo se irá envileciendo. Ya no tendrán las mentes esa fe radical en sí mismas que las lanza enérgicas, audaces, tenaces, a la captura de grandes ideas, nuevas en todo orden. El europeo se hará definitivamente cotidiano. Incapaz de esfuerzo creador y lujoso, recaerá siempre en el ayer, en el hábito, en la rutina. Se hará una criatura chabacana, formulista, huera, como los griegos de la decadencia y como los de toda la historia bizantina.

La vida creadora supone un régimen de alta higiene, de gran decoro, de constantes estímulos, que excitan la conciencia de la dignidad. La vida creadora es vida enérgica, y ésta sólo es posible en una de estas dos situaciones: o siendo uno el que manda o hallándose alojado en un mundo donde manda alguien a quien reconocemos pleno derecho para tal función; o mando yo u obedezco. Pero obedecer no es aguantar –aguantar es envilecerse–, sino, al contrario, estimar al que manda y seguirlo, solidarizándose con él, situándose con fervor bajo el ondeo de su bandera.

## V

Conviene que ahora retrocedamos al punto de partida de estos artículos: al hecho, tan curioso, de que en el mundo se hable estos años tanto sobre la decadencia de Europa. Ya es sorprendente el detalle de que esta decadencia no haya sido notada primeramente por los extraños, sino que el descubrimiento de ella se deba a los europeos mismos. Cuando nadie, fuera del viejo continente, pensaba en ello, ocurrió a algunos hombres de Alemania, de Inglaterra, de Francia, esta sugestiva idea: ¿No será que empezamos a decaer? La idea ha tenido buena Prensa, y hoy todo el mundo habla de la decadencia europea como de una realidad inconcusa.

Pero detened al que la enuncia con un leve gesto y preguntadle en qué fenómenos concretos y evidentes funda su diagnóstico. Al punto lo veréis hacer vagos ademanes y practicar esa agitación de brazos hacia la rotundidad del universo que es característica de todo náufrago. No sabe, en efecto, a qué agarrarse. La única cosa que, sin grandes precisiones, aparece cuando se quiere definir la actual decadencia europea es el conjunto de dificultades económicas que encuentra hoy delante cada una de las naciones europeas. Pero cuando se va a precisar un poco el carácter de esas dificultades, se advierte que ninguna de ellas afecta seriamente al poder de creación de riqueza y que el viejo continente ha pasado por crisis mucho más graves en este orden.

¿Es que, por ventura, el alemán o el inglés no se sienten hoy capaces de producir más y mejor que nunca? En modo alguno, e importa mucho filiar el estado de espíritu de ese alemán o de ese inglés en esta dimensión de lo económico. Pues lo curioso es, precisamente, que la depresión indiscutible de sus ánimos no proviene de que se sientan poco capaces, sino, al contrario, de que sintiéndose con más potencialidad que nunca, tropiezan con ciertas barreras fatales que les impiden realizar lo que muy bien podrían. Esas fronteras fatales de la economía actual alemana, inglesa, francesa, son las fronteras políticas de los Estados respectivos. La dificultad auténtica no radica, pues, en este o el otro problema económico que esté planteado, sino en que la forma de vida pública en que habían de moverse las capacidades económicas es incongruente con el tamaño de éstas. A mi juicio, la sensación de menoscabo, de impotencia que abruma innegablemente estos años a la vitalidad europea, se nutre de esa desproporción entre el tamaño de la potencialidad europea actual y el formato de la organización política en que tiene que actuar. El arranque para resolver las graves cuestiones urgentes es tan vigoroso como cuando más lo haya sido; pero tropieza al punto con las reducidas jaulas en que está alojado, con las pequeñas naciones en que hasta ahora vivía organizada Europa. El pesimismo, el desánimo que hoy pesa sobre el alma continental se parece mucho al del ave de ala larga que al batir sus grandes remeras se hiere contra los hierros del jaulón.

La prueba de ello es que la combinación se repite en todos los demás órdenes, cuyos factores son en apariencia tan distintos de lo económico. Por ejemplo, en la vida intelectual. Todo buen intelectual de Alemania, Inglaterra o Francia se siente hoy ahogado en los límites de su nación, siente su nacionalidad como una limitación absoluta. El profesor alemán se da ya clara cuenta de que es absurdo el estilo de producción a que le obliga su público inmediato de profesores alemanes, y echa de menos la superior libertad de expresión que gozan el escritor francés o el ensayista británico. Viceversa, el hombre de letras parisiense empieza a comprender que está agotada la tradición de mandarinismo literario, de verbal formalismo, a que le condena su oriundez francesa y preferiría, conservando las mejores calidades de esa tradición, integrarla con algunas virtudes del profesor alemán.

En el orden de la política interior pasa lo mismo. No se ha analizado aún a fondo la extrañísima cuestión de por qué anda tan en agonía la vida política de todas las grandes naciones. Se dice que las instituciones democráticas han caído en desprestigio. Pero esto es justamente lo que convendría explicar. Porque es un desprestigio extraño. Se habla mal del Parlamento en todas partes; pero no se ve que en ninguna de las que cuentan se intente su sustitución, ni siquiera que existan perfiles utópicos de otras formas de Estado que, al menos idealmente, parezcan preferibles. No hay, pues, que creer mucho en la autenticidad de este aparente desprestigio. No son las instituciones, en cuanto instrumentos de vida pública, las que marchan mal en Europa, sino las tareas en que emplearlas. Faltan programas de tamaño congruente con las dimensiones efectivas que la vida ha llegado a tener dentro de cada individuo europeo.

Hay aquí un error de óptica que conviene corregir de una vez, porque da grima escuchar las inepcias que a toda hora se dicen, por ejemplo, a propósito del Parlamento. Existe toda una serie de objeciones válidas al modo de conducirse los Parlamentos tradicionales; pero si se toman una a una, se ve que ninguna de ellas permite la conclusión de que deba suprimirse el Parlamento, sino, al contrario, todas llevan por vía directa y evidente a la necesidad de reformarlo. Ahora bien: lo mejor que humanamente puede decirse de algo es que necesita ser reformado, porque ello implica que es imprescindible y que es capaz de nueva vida. El automóvil actual ha salido de las objeciones que se pusieron al automóvil de 1910. Mas la desestima vulgar en que ha caído el Parlamento no procede de esas objeciones. Se dice, por ejemplo, que no es eficaz. Nosotros debemos preguntar entonces: ¿Para qué no es eficaz? Porque la eficacia es la virtud que un utensilio tiene para producir una finalidad. En este caso la finalidad sería la solución de los problemas públicos en cada nación. Por eso exigimos de quien proclama la ineficacia de los Parlamentos que posea él una idea clara de cuál es la solución de los problemas públicos actuales. Porque si no, si en ningún país está hoy claro, ni aun teóricamente, en qué consiste lo que hay que hacer, no tiene sentido acusar de ineficacia a los instrumentos institucionales. Más valía recordar que jamás institución ninguna ha creado en la historia Estados más formidables, más eficientes que los Estados parlamentarios del siglo XIX. El hecho es tan indiscutible que olvidarlo demuestra franca estupidez. No se confunda, pues, la posibilidad y la urgencia de reformar profundamente las Asambleas legislativas, para hacerlas «aún más» eficaces, con declarar su inutilidad.

El desprestigio de los Parlamentos no tiene nada que ver con sus notorios defectos. Procede de otra causa, ajena por completo a ellos en cuanto utensilios políticos. Procede de que el europeo no sabe en qué emplearlos, de que no estima las finalidades de la vida pública tradicional; en suma, de que no siente ilusión por los Estados nacionales en que está inscrito y prisionero. Si se mira con un poco de cuidado ese famoso desprestigio, lo que se ve es que el ciudadano, en la mayor parte de los países, no siente respeto por su Estado. Sería inútil sustituir el detalle de sus instituciones, porque lo irrespetable no son éstas, sino el Estado mismo, que se ha quedado chico.

Por vez primera, al tropezar el europeo en sus proyectos económicos, políticos, intelectuales, con los límites de su nación, siente que aquéllos –es decir, sus posibilidades de vida, su estilo vital– son inconmensurables con el tamaño del cuerpo colectivo en que está encerrado. Y entonces ha descubierto que ser inglés, alemán o francés es ser provinciano. Se ha encontrado, pues, con que es «menos» que antes, porque antes el inglés, el francés y el alemán creían, cada cual por sí, que eran el universo. Éste es, me parece, el auténtico origen de esa impresión de decadencia que aqueja al europeo. Por tanto, un origen puramente íntimo y paradójico, ya que la presunción de haber menguado nace precisamente de que ha crecido su capacidad y tropieza con una organización antigua, dentro de la cual ya no cabe.

Para dar a lo dicho un sostén plástico que lo aclare, tómese cualquier actividad concreta; por ejemplo: la fabricación de automóviles. El automóvil es invento puramente europeo. Sin embargo, hoy es superior la fabricación norteamericana de este artefacto. Consecuencia: el automóvil europeo está en decadencia. Y, sin embargo, el fabricante europeo –industrial y técnico– de automóviles sabe muy bien que la superioridad del producto americano no procede de ninguna virtud específica gozada por el hombre de ultramar, sino sencillamente de que la fábrica americana puede ofrecer su producto sin traba alguna a ciento veinte millones de hombres. Imagínese que una fábrica europea viese ante sí un área mercantil formada por todos los Estados europeos y sus colonias y protectorados. Nadie duda de que ese automóvil previsto para quinientos o seiscientos millones de hombres sería mucho mejor y más barato que el «Ford». Todas las gracias peculiares de la técnica americana son casi seguramente efectos y no causas de la amplitud y homogeneidad de su mercado. La «racionalización» de la industria es consecuencia automática de su tamaño.

La situación auténtica de Europa vendría, por tanto, a ser ésta: su magnífico y largo pasado la hace llegar a un nuevo estadio de vida donde todo ha crecido; pero a la vez las estructuras supervivientes de ese pasado son enanas e impiden la actual expansión. Europa se ha hecho en forma de pequeñas naciones. En cierto modo, la idea y el sentimiento nacionales han sido su invención más característica. Y ahora se ve obligada a superarse a sí misma. Éste es el esquema del drama enorme que va a representarse en los años venideros. ¿Sabrá libertarse de supervivencias, o quedará prisionera para siempre de ellas? Porque ya ha acaecido una vez en la historia que una gran civilización murió de no poder sustituir su idea tradicional de Estado...

## VI

He contado en otro lugar la pasión y muerte del mundo grecorromano, y en cuanto a ciertos detalles, me remito a lo dicho allí[1]. Pero ahora podemos tomar el asunto bajo otro aspecto.

Griegos y latinos aparecen en la historia alojados, como abejas en su colmena, dentro de urbes, de *polis*. Éste es un hecho que en estas páginas necesitamos tomar como absoluto y de génesis misteriosa; un hecho de que hay que partir sin más, como el zoólogo parte del dato bruto e inexplicado de que el *sphex* vive solitario, errabundo, peregrino, y en cambio la rubia abeja sólo existe en enjambre constructor de panales[2]. El caso es que la excavación y la arqueología nos permiten ver algo de lo que había en el suelo de Atenas y en el de Roma antes de que Atenas y Roma existiesen. Pero el tránsito de esta prehistoria, puramente rural y sin carácter específico, al brote de la ciudad, fruta de nueva especie que da el suelo de ambas penínsulas, queda arcano; ni siquiera está claro el nexo étnico entre aquellos pueblos protohistóricos y estas extrañas comunidades, que aportan al repertorio humano una gran innovación: la de construir una plaza pública y en

---

1. Véase el ensayo «Sobre la muerte de Roma» en *El Espectador.* Tomo VI, 1927.
2. Esto es lo que hace la razón física y biológica, la «razón naturalista», demostrando con ello que es menos razonable que la «razón histórica». Porque ésta, cuando trata a fondo de las cosas y no de soslayo, como en estas páginas, se niega a reconocer como absoluto ningún hecho. Para ella, razonar consiste en fluidificar todo hecho descubriendo su génesis. Véase, del autor, el ensayo *Historia como sistema* (Revista de Occidente, 2.ª edición).

torno una ciudad cerrada al campo. Porque, en efecto, la definición más certera de lo que es la urbe y la *polis* se parece mucho a la que cómicamente se da del cañón: toma usted un agujero, lo rodea usted de alambre muy apretado, y eso es un cañón. Pues lo mismo, la urbe o *polis* comienza por ser un hueco: el foro, el ágora; y todo lo demás es pretexto para asegurar ese hueco, para delimitar su dintorno. La *polis* no es primordialmente un conjunto de casas habitables, sino un lugar de ayuntamiento civil, un espacio acotado para funciones públicas. La urbe no está hecha, como la cabaña o el *domus*, para cobijarse de la intemperie y engendrar, que son menesteres privados y familiares, sino para discutir sobre la cosa pública. Nótese que esto significa nada menos que la invención de una nueva clase de espacio, mucho más nueva que el espacio de Einstein. Hasta entonces sólo existía un espacio: el campo, y en él se vivía con todas las consecuencias que esto trae para el ser del hombre. El hombre campesino es todavía un vegetal. Su existencia, cuanto piensa, siente y quiere, conserva la modorra inconsciente en que vive la planta. Las grandes civilizaciones asiáticas y africanas fueron en este sentido grandes vegetaciones antropomorfas. Pero el grecorromano decide separarse del campo, de la «naturaleza», del cosmos geobotánico. ¿Cómo es esto posible? ¿Cómo puede el hombre retraerse del campo? ¿Dónde irá, si el campo es toda la tierra, si es lo ilimitado? Muy sencillo: limitando un trozo de campo mediante unos muros que opongan el espacio incluso y finito al espacio amorfo y sin fin. He aquí la plaza. No es, como la casa, un «interior» cerrado por arriba, igual que las cuevas que existen en el campo, sino que es pura y simplemente la negación del campo. La plaza, merced a los muros que la acotan, es un pedazo de campo que se vuelve de espaldas al resto, que prescinde del resto y se opone a él. Este campo menor y rebelde, que practica secesión del campo infinito y se reserva a sí mismo frente a él, es campo abolido y, por tanto, un espacio *sui generis*, novísimo, en que el hombre se liberta de toda comunidad con la planta y el animal, deja a éstos fuera y crea un ámbito aparte puramente humano. Es el espacio civil. Por eso Sócrates, el gran urbano, triple extracto del jugo que rezuma la *polis*, dirá: «Yo no tengo que ver con los árboles en el campo; yo sólo tengo que ver con los hombres en la ciudad». ¿Qué han sabido nunca de esto el hindú, ni el persa, ni el chino, ni el egipcio?

Hasta Alejandro y César, respectivamente, la historia de Grecia y de Roma consiste en la lucha incesante entre esos dos espacios: entre la ciudad racional y el campo vegetal, entre el jurista y el labriego, entre el *ius* y el *rus*.

No se crea que este origen de la urbe es una pura construcción mía y que sólo le corresponde una verdad simbólica. Con rara insistencia, en el estrato primario y más hondo de su memoria conservan los habitantes de la ciudad grecolatina el recuerdo de un *synoikismos*. No hay, pues, que solicitar los textos; basta con traducirlos. *Synoikismos* es acuerdo de irse a vivir juntos; por tanto, ayuntamiento, estrictamente en el doble sentido físico y jurídico de este vocablo. Al desparramamiento vegetativo por la campiña sucede la concentración civil en la ciudad. La urbe es la supercasa, la superación de la casa o nido infrahumano, la creación de una entidad más abstracta y más alta que el *oikos* familiar. Es la *república*, la *politeia*, que no se compone de hombres y mujeres, sino de ciudadanos. Una dimensión nueva, irreducible a las primigenias y más próximas al animal, se ofrece al existir humano, y en ella van a poner los que antes sólo eran hombres sus mejores energías. De esta manera nace la urbe desde luego como Estado.

En cierto modo, toda la costa mediterránea ha mostrado siempre una espontánea tendencia a este tipo estatal. Con más o menos pureza, el Norte de África (Cartago = la ciudad) repite el mismo fenómeno. Italia no salió hasta el siglo XIX del Estado-ciudad, y nuestro Levante cae en cuanto puede en el cantonalismo, que es un resabio de aquella milenaria inspiración[1].

El Estado-ciudad, por la relativa parvedad de sus ingredientes permite ver claramente lo específico del principio estatal. Por una parte, la palabra «estado» indica que las fuerzas históricas consiguen una combinación de equilibrio, de asiento. En este sentido significa lo contrario de movimiento histórico: el Estado es convivencia estabilizada, constituida, estática. Pero este carácter de inmovilidad, de forma quieta y definida, oculta, como todo equilibrio, el dinamismo que produjo y sostiene al Estado. Hace olvidar, en suma, que el Estado constituido es sólo el resultado de un movimiento anterior de lucha, de esfuerzos, que a él tendían. Al Estado constituido precede el Estado constituyente, y éste es un principio de movimiento.

---

1. Sería interesante mostrar cómo en Cataluña colaboran dos inspiraciones antagónicas: el nacionalismo europeo y el *ciudadismo* de Barcelona, en que pervive siempre la tendencia del viejo hombre mediterráneo. Ya he dicho otra vez que el levantino es el resto del *homo antiquus* que hay en la Península.

Con esto quiero decir que el Estado no es una forma de sociedad que el hombre se encuentra dada y en regalo, sino que necesita fraguarla penosamente. No es como la horda o la tribu y demás sociedades fundadas en la consanguinidad que la Naturaleza se encarga de hacer sin colaboración con el esfuerzo humano. Al contrario, el Estado comienza cuando el hombre se afana por evadirse de la sociedad nativa dentro de la cual la sangre lo ha inscrito. Y quien dice la sangre, dice también cualquier otro principio natural; por ejemplo, el idioma. Originariamente, el Estado consiste en la mezcla de sangres y lenguas. Es superación de toda sociedad natural. Es mestizo y plurilingüe.

Así, la ciudad nace por reunión de pueblos diversos. Construye sobre la heterogeneidad zoológica una homogeneidad abstracta de jurisprudencia[1]. Claro está que la unidad jurídica no es la aspiración que impulsa el movimiento creador del Estado. El impulso es más sustantivo que todo derecho, es el propósito de empresas vitales mayores que las posibles a las minúsculas sociedades consanguíneas. En la génesis de todo Estado vemos o entrevemos siempre el perfil de un gran empresario.

Si observamos la situación histórica que precede inmediatamente al nacimiento de un Estado, encontraremos siempre el siguiente esquema: varias colectividades pequeñas cuya estructura social está hecha para que viva cada cual hacia dentro de sí misma. La forma social de cada una sirve sólo para una convivencia interna. Esto indica que en el pasado vivieron efectivamente

---

1. Homogeneidad jurídica, que no implica forzosamente centralismo.

aisladas, cada una por sí y para sí, sin más que contactos excepcionales con las limítrofes. Pero a ese aislamiento efectivo ha sucedido de hecho una convivencia externa, sobre todo económica. El individuo de cada colectividad no vive ya sólo de ésta, sino que parte de su vida está trabada con individuos de otras colectividades, con los cuales comercia mercantil e intelectualmente. Sobreviene, pues, un desequilibrio entre dos convivencias: la interna y la externa. La forma social establecida –derechos, «costumbres» y religión– favorece la interna y dificulta la externa, más amplia y nueva. En esta situación, el principio estatal es el movimiento que lleva a aniquilar las formas sociales de convivencia interna, sustituyéndolas por una forma social adecuada a la nueva convivencia externa. Aplíquese esto al momento actual europeo, y estas expresiones abstractas adquirirán figura y color.

No hay creación estatal si la mente de ciertos pueblos no es capaz de abandonar la estructura tradicional de una forma de convivencia y, además, de imaginar otra nunca sida. Por eso es auténtica creación. El Estado comienza por ser una obra de imaginación absoluta. La imaginación es el poder liberador que el hombre tiene. Un pueblo es capaz de Estado en la medida en que sepa imaginar. De aquí que todos los pueblos hayan tenido un límite de su evolución estatal, precisamente el límite impuesto por la Naturaleza a su fantasía.

El griego y el romano, capaces de imaginar la ciudad que triunfa de la dispersión campesina, se detuvieron en los muros urbanos. Hubo quien quiso llevar las mentes grecorromanas más allá, quien intentó libertarlas de la ciudad; pero fue vano empeño. La cerrazón imaginativa del romano, representada por Bruto, se encargó de asesinar a César –la mayor fantasía de la antigüedad. Nos importa mucho a los europeos de hoy recordar esta historia, porque la nuestra ha llegado al mismo capítulo.

VII

Cabezas claras, lo que se llama cabezas claras, no hubo probablemente en todo el mundo antiguo más que dos: Temístocles y César; dos políticos. La cosa es sorprendente porque, en general, el político, incluso el famoso, es político precisamente *porque* es torpe[1]. Hubo, sin duda, en Grecia y Roma otros hombres que pensaron ideas claras sobre muchas cosas –filósofos, matemáticos, naturalistas. Pero su claridad fue de orden científico; es decir, una claridad sobre cosas abstractas. Todas las cosas de que habla la ciencia, sea ella la que quiera, son abstractas, y las cosas abstractas son siempre claras. De suerte que la claridad de la ciencia no está tanto en la cabeza de los que la hacen como en las cosas de que hablan. Lo esencialmente confuso, intrincado, es la realidad vital concreta, que es siempre única. El que sea capaz de orientarse con precisión en ella; el que vislumbre bajo el caos que presenta toda situación vital la anatomía secreta del instante; en suma, el que no se pierda en la vida, ése es de verdad una cabeza clara. Observad a

---

1. El sentido de esta abrupta aseveración, que supone una idea clara sobre lo que es la política, toda política –la «buena» como la mala–, se hallará en el tratado sociológico del autor titulado *El hombre y la gente*.

los que os rodean y veréis cómo avanzan perdidos por su vida; van como sonámbulos, dentro de su buena o mala suerte, sin tener la más ligera sospecha de lo que les pasa. Los oiréis hablar en fórmulas taxativas sobre sí mismos y sobre su contorno, lo cual indicaría que poseen ideas sobre todo ello. Pero si analizáis someramente esas ideas, notaréis que no reflejan mucho ni poco la realidad a que parecen referirse, y si ahondáis más en el análisis hallaréis que ni siquiera pretenden ajustarse a tal realidad. Todo lo contrario: el individuo trata con ellas de interceptar su propia visión de lo real, de su vida misma. Porque la vida es por lo pronto un caos donde uno está perdido. El hombre lo sospecha; pero le aterra encontrarse cara a cara con esa terrible realidad, y procura ocultarla con un telón fantasmagórico donde todo está muy claro. Le trae sin cuidado que sus «ideas» no sean verdaderas; las emplea como trincheras para defenderse de su vida, como aspavientos para ahuyentar la realidad.

El hombre de cabeza clara es el que se liberta de esas «ideas» fantasmagóricas y mira de frente la vida, y se hace cargo de que todo en ella es problemático, y se siente perdido. Como esto es la pura verdad –a saber, que vivir es sentirse perdido–, el que lo acepta ya ha empezado a encontrarse, ya ha comenzado a descubrir su auténtica realidad, ya está en lo firme. Instintivamente, lo mismo que el náufrago, buscará algo a que agarrarse, y esa mirada trágica, perentoria, absolutamente veraz porque se trata de salvarse, le hará ordenar el caos de su vida. Éstas son las únicas ideas verdaderas: las ideas de los náufragos. Lo demás es retórica, postura, íntima farsa. El que no se siente de verdad perdido se pierde inexorablemente; es decir, no se encuentra jamás, no topa nunca con la propia realidad.

Esto es cierto en todos los órdenes, aun en la ciencia, no obstante ser la ciencia de suyo una huida de la vida (la mayor parte de los hombres de ciencia se ha dedicado a ella por terror a enfrentarse con su vida. No son cabezas claras; de aquí su notoria torpeza ante cualquier situación concreta). Nuestras ideas científicas valen en la medida en que nos hayamos sentido perdidos ante una cuestión, en que hayamos visto bien su carácter problemático y comprendamos que no podemos apoyarnos en ideas recibidas, en recetas, en lemas ni vocablos. El que descubre una nueva verdad científica tuvo antes que triturar casi todo lo que había aprendido y llega a esa nueva verdad con las manos sangrientas por haber yugulado innumerables lugares comunes.

La política es mucho más real que la ciencia, porque se compone de situaciones únicas en que el hombre se encuentra de pronto sumergido, quiera o no. Por eso es el tema que nos permite distinguir mejor quiénes son cabezas claras y quiénes son cabezas rutinarias.

César es el ejemplo máximo que conocemos de don para encontrar el perfil de la realidad sustantiva en un momento de confusión pavorosa, en una hora de las más caóticas que ha vivido la humanidad. Y como si el destino se hubiese complacido en subrayar la ejemplaridad, puso a su vera una magnífica cabeza de intelectual, la de Cicerón, dedicada durante toda su existencia a confundir las cosas.

El exceso de buena fortuna había dislocado el cuerpo político romano. La ciudad tiberina, dueña de Italia, de

España, del África Menor, del Oriente clásico y helenístico, estaba a punto de reventar. Sus instituciones públicas tenían una enjundia municipal y eran inseparables de la urbe, como las amadríadas están, so pena de consunción, adscritas al árbol que tutelan.

La salud de las democracias, cualesquiera que sean su tipo y su grado, depende de un mísero detalle técnico: el procedimiento electoral. Todo lo demás es secundario. Si el régimen de comicios es acertado, si se ajusta a la realidad, todo va bien; si no, aunque el resto marche óptimamente, todo va mal. Roma, al comenzar el siglo XVI antes de Cristo, es omnipotente, rica, no tiene enemigos delante. Sin embargo, está a punto de fenecer porque se obstina en conservar un régimen electoral estúpido. Un régimen electoral es estúpido cuando es falso. Había que votar en la ciudad. Ya los ciudadanos del campo no podían asistir a los comicios. Pero mucho menos los que vivían repartidos por todo el mundo romano. Como las elecciones eran imposibles, hubo que falsificarlas, y los candidatos organizaban partidas de la porra –con veteranos del ejército, con atletas del circo– que se encargaban de romper las urnas.

Sin el apoyo de auténtico sufragio las instituciones democráticas están en el aire. En el aire están las palabras. «La República no era más que una palabra». La expresión es de César. Ninguna magistratura gozaba de autoridad. Los generales de la izquierda y de la derecha –Mario y Sila– se insolentaban en vacuas dictaduras que no llevaban a nada.

César no ha explicado nunca su política, sino que se entretuvo en hacerla. Daba la casualidad de que era precisamente César y no el manual de cesarismo que suele venir luego. No tenemos más remedio, si queremos entender aquella política, que tomar sus actos y darles su nombre. El secreto está en su hazaña capital: la conquista de las Galias. Para emprenderla tuvo que declararse rebelde frente al Poder constituido. ¿Por qué?

Constituían el Poder los republicanos, es decir, los conservadores, los fieles al Estado-ciudad. Su política puede resumirse en dos cláusulas: Primera, los trastornos de la vida pública romana provienen de su excesiva expansión. La ciudad no puede gobernar tantas naciones. Toda nueva conquista es un delito de lesa república. Segunda, para evitar la disolución de las instituciones es preciso un *príncipe*.

Para nosotros tiene la palabra «príncipe» un sentido casi opuesto al que tenía para un romano. Éste entendía por tal precisamente un ciudadano como los demás, pero que era investido de poderes superiores a fin de regular el funcionamiento de las instituciones republicanas. Cicerón, en sus libros *Sobre la República*, y Salustio, en sus memoriales a César, resumen el pensamiento de todos los publicistas pidiendo un *princeps civitatis*, un *rector rerum publicarum*, un *moderator*.

La solución de César es totalmente opuesta a la conservadora. Comprende que para curar las consecuencias de las anteriores conquistas romanas no había más remedio que proseguirlas aceptando hasta el cabo tan enérgico destino. Sobre todo urgía conquistar los pueblos nuevos, más peligrosos en un porvenir no muy lejano que las naciones corruptas de Oriente. César sostendrá la necesidad de romanizar a fondo los pueblos bárbaros de Occidente.

Se ha dicho (Spengler) que los grecorromanos eran incapaces de sentir el tiempo, de ver su vida como una dilatación en la temporalidad. Existían en un presente puntual. Yo sospecho que este diagnóstico es erróneo, o, por lo menos, que confunde dos cosas. El grecorromano padece una sorprendente ceguera para el futuro. No lo ve, como el daltonista no ve el color rojo. Pero, en cambio, vive radicado en el pretérito. Antes de hacer ahora algo da un paso atrás, como *Lagartijo* al tirarse a matar; busca en el pasado un modelo para la situación presente e informado por aquél se zambulle en la actualidad, protegido y deformado por la escafandra ilustre. De aquí que todo su vivir es en cierto modo revivir. Esto es ser arcaizante y esto lo fue casi siempre el antiguo. Pero esto no es ser insensible al tiempo. Significa simplemente un cronismo incompleto, manco del ala futurista y con hipertrofia de antaños. Los europeos hemos gravitado desde siempre hacia el futuro y sentimos que es ésta la dimensión más sustancial del tiempo, el cual, para nosotros, empieza por el «después» y no por el «antes». Se comprende, pues, que al mirar la vida grecorromana nos parezca acrónica.

Esta como manía de tomar todo presente con las pinzas de un ejemplar pretérito se ha transferido del hombre antiguo al filólogo moderno. El filólogo es también ciego para el porvenir. También él retrograda, busca a toda actualidad un precedente, al cual llama, con lindo vocablo de égloga, su «fuente». Digo esto porque ya los antiguos biógrafos de César se cierran a la comprensión de esta enorme figura suponiendo que trata de imitar a Alejandro. La ecuación se imponía: si Alejandro no podía dormir pensando en los laureles de Milcíades, César tenía por fuerza que sufrir insomnio por los de Alejandro. Y así sucesivamente. Siempre el paso atrás y el pie de hogaño en huella de antaño. El filólogo contemporáneo repercute al biógrafo clásico.

Creer que César aspiraba a hacer algo así como lo que hizo Alejandro –y esto han creído casi todos los historiadores– es renunciar radicalmente a entenderlo. César es aproximadamente lo contrario que Alejandro. La idea de un reino universal es lo único que los empareja. Pero esta idea no es de Alejandro, sino que viene de Persia. La imagen de Alejandro hubiera empujado a César hacia Oriente, hacia el prestigioso pasado. Su preferencia radical por Occidente revela más bien la voluntad de contradecir al macedón. Pero además no es un reino universal, sin más ni más, lo que César se propone. Su propósito es más profundo. Quiere un Imperio romano que no viva de Roma, sino de la periferia, de las provincias, y esto implica la superación absoluta del Estado-ciudad. Un Estado donde los pueblos más diversos colaboren, de que todos se sientan solidarios. No un centro que manda y una periferia que obedece, sino un gigantesco cuerpo social donde cada elemento sea a la vez sujeto pasivo y activo del Estado. Tal es el Estado moderno, y ésta fue la fabulosa anticipación de su genio futurista. Pero ello suponía un poder extrarromano, antiaristócrata, infinitamente elevado sobre la oligarquía republicana sobre *su príncipe*, que era sólo un *primus inter pares.* Ese poder ejecutor y representante de la democracia universal sólo podía ser la Monarquía con su sede fuera de Roma.

¡República, Monarquía! Dos palabras que en la historia cambian constantemente de sentido *auténtico*, y que por lo mismo es preciso en todo instante triturar para cerciorarse de su eventual enjundia.

Sus hombres de confianza, sus instrumentos más inmediatos, no eran arcaicas ilustraciones de la urbe, sino gente nueva, provinciales, personajes enérgicos y eficientes. Su verdadero ministro fue Cornelio Balbo, un hombre de negocios gaditano, un atlántico, un «colonial».

Pero la anticipación del nuevo Estado era excesiva; las cabezas lentas del Lacio no podían dar brinco tan grande. La imagen de la ciudad, con su tangible materialismo, impidió que los romanos «viesen» aquella organización novísima del cuerpo público. ¿Cómo podían formar un Estado hombres que no vivían en una ciudad? ¿Qué género de unidad era ésa, tan sutil y como mística?

Repito una vez más: la realidad que llamamos Estado no es la espontánea convivencia de hombres que la consanguinidad ha unido. El Estado empieza cuando se obliga a convivir a grupos nativamente separados. Esta obligación no es desnuda violencia, sino que supone un proyecto incitativo, una tarea común que se propone a los grupos dispersos. Antes que nada es el Estado proyecto de un hacer y programa de colaboración. Se llama a las gentes para que juntas hagan algo. El Estado no es consanguinidad, ni unidad lingüística, ni unidad territorial, ni contigüidad de habitación. No es nada material, inerte, dado y limitado. Es un puro dinamismo –la voluntad de hacer algo en común–, y merced a ello la idea estatal no está limitada por término físico ninguno[1].

---

1. Véase, del autor, «El origen deportivo del Estado», en *El Espectador*, tomo VII. 1930.

Agudísima la conocida empresa política de Saavedra Fajardo: una flecha, y debajo: «O sube o baja». Eso es el Estado. No una cosa, sino un movimiento. El Estado es en todo instante algo que *viene de y va hacia*. Como todo movimiento, tiene un *terminus a quo* y un *terminus ad quem*. Córtese por cualquier hora la vida de un Estado que lo sea verdaderamente, y se hallará una unidad de convivencia que *parece* fundada en tal o cual atributo material: sangre, idioma, «fronteras naturales». La interpretación estática nos llevará a decir: eso es el Estado. Pero pronto advertimos que esa agrupación humana está haciendo algo comunal: conquistando otros pueblos, fundando colonias, federándose con otros Estados; es decir, que en toda hora está superando el que parecía principio material de su unidad. Es el *terminus ad quem*, es el verdadero Estado, cuya unidad consiste precisamente en superar toda unidad dada. Cuando ese impulso hacia el más allá cesa, el Estado automáticamente sucumbe, y la unidad que ya existía y parecía físicamente cimentada –raza, idioma, frontera natural– no sirve de nada: el Estado se desagrega, se dispersa, se atomiza.

Sólo esta duplicidad de momentos en el Estado –la unidad que ya es y la más amplia que proyecta ser– permite comprender la esencia del Estado nacional. Sabido es que todavía no se ha logrado decir en qué consiste una nación, si damos a este vocablo su acepción moderna. El Estado-ciudad era una idea muy clara, que se veía con los ojos de la cara. Pero el nuevo tipo de unidad pública que germinaba en galos y germanos, la inspiración política de Occidente, es cosa mucho más vaga y huidiza. El filólogo, el historiador actual, que es de suyo arcaizante, se encuentra ante este formidable hecho casi tan perplejo como César o Tácito cuando con su terminología romana querían decir lo que eran aquellos Estados incipientes, trasalpinos y ultrarrenanos, o bien los españoles. Les llaman *civitas, gens, natio*, dándose cuenta de que ninguno de estos nombres va bien a la cosa[1]. No son *civitas*, por la sencilla razón de que no son ciudades[2]. Pero ni siquiera cabe envaguecer el término y aludir con él a un territorio delimitado. Los pueblos nuevos cambian con suma facilidad de terruño, o por lo menos amplían y reducen el que ocupaban. Tampoco son unidades étnicas –*gentes, nationes.* Por muy lejos que recurramos, los nuevos Estados aparecen ya formados por grupos de natividad independiente. Son combinaciones de sangres distintas. ¿Qué es, pues, una nación, ya que no es ni comunidad de sangre, ni adscripción a un territorio, ni cosa alguna de este orden?

Como siempre acontece, también en este caso una pulcra sumisión a los hechos nos da la clave. ¿Qué es lo que salta a los ojos cuando repasamos la evolución de cualquiera «nación moderna» –Francia, España, Alemania? Sencillamente esto: lo que en una cierta fecha parecía constituir la nacionalidad aparece negado en una fecha posterior. Primero, la nación parece la tribu, y la no-nación la tribu de al lado. Luego la nación se compone de las dos tribus, más tarde es una comarca y poco después es ya todo un condado o ducado o «reino». La nación

---

1. Véase Dopsch, *Fundamentos económicos y sociales de la civilización europea.* Segunda edición, 1924, tomo II, págs. 3 y 4.
2. Los romanos no se resolvieron nunca a llamar ciudades a las poblaciones de los bárbaros, por muy denso que fuese el caserío. Las llamaban, *«faute de mieux», sedes aratorum.*

es León, pero no Castilla; luego es León y Castilla, pero no Aragón. Es evidente la presencia de dos principios: uno variable y siempre superado –tribu, comarca, ducado, «reino», con su idioma o dialecto; otro, permanente, que salta libérrimo sobre todos esos límites y postula como unidad lo que aquél consideraba precisamente como radical contraposición.

Los filólogos –llamo así a los que hoy pretenden denominarse «historiadores»– practican la más deliciosa gedeonada cuando parten de lo que ahora, en esta fecha fugaz, en estos dos o tres siglos, son las naciones de Occidente, y suponen que Vercingetorix o que el Cid Campeador querían ya una Francia desde Saint-Malo a Estrasburgo –precisamente– o una *Spania* desde Finisterre a Gibraltar. Estos filólogos –como el ingenuo dramaturgo– hacen casi siempre que sus héroes partan para la guerra de los treinta años. Para explicarnos cómo se han formado Francia y España, suponen que Francia y España preexistían como unidades en el fondo de las almas francesas y españolas. ¡Como si existiesen franceses y españoles originariamente antes de que Francia y España existiesen! ¡Como si el francés y el español no fuesen simplemente cosas que hubo que forjar en dos mil años de faena!

La verdad pura es que las naciones actuales son tan sólo la manifestación actual de aquel principio variable, condenado a perpetua superación. Ese principio no es ahora la sangre ni el idioma, puesto que la comunidad de sangre y de idioma, en Francia o en España, ha sido efecto y no causa de la unificación estatal; ese principio es ahora la «frontera natural».

Está bien que un diplomático emplee en su esgrima astuta este concepto de fronteras naturales como *ultima ratio* de sus argumentaciones. Pero un historiador no puede parapetarse tras él, como si fuese un reducto definitivo. Ni es definitivo ni siquiera suficientemente específico.

No se olvide cuál es, rigorosamente planteada, la cuestión. Se trata de averiguar qué es el Estado nacional –lo que hoy solemos llamar nación–, a diferencia de otros tipos de Estado, como el Estado-ciudad, o yéndonos al otro extremo, como el Imperio que Augusto fundó[1]. Si se quiere formular el tema de modo todavía más claro y preciso, dígase así: ¿Qué fuerza real ha producido esa convivencia de millones de hombres bajo una soberanía de Poder público, que llamamos Francia, o Inglaterra, o España, o Italia, o Alemania? No ha sido la previa comunidad de sangre, porque cada uno de esos cuerpos colectivos está regado por torrentes cruentos muy heterogéneos. No ha sido tampoco la unidad lingüística, porque los pueblos, hoy reunidos en un Estado, hablaban, o hablan todavía, idiomas distintos. La relativa homogeneidad de raza o lengua de que hoy gozan –suponiendo que ello sea un gozo– es resultado de la previa unificación política. Por tanto, ni la sangre ni el idioma hacen al Estado nacional; antes bien, es el Estado nacional quien nivela las diferencias originarias de glóbulo rojo y son articulado. Y siempre ha acontecido así. Pocas veces, por no decir nunca, habrá el *Estado coincidido con*

---

[1]. Sabido es que el Imperio de Augusto es lo contrario del que su padre adoptivo, César, aspiró a instaurar. Augusto opera en el sentido de Pompeyo, de los enemigos de César. Hasta la fecha, el mejor libro sobre el asunto es el de Eduardo Meyer: *La Monarquía de César y el Principado de Pompeyo*, 1918.

*una identidad previa de sangre o idioma.* Ni España es hoy un Estado nacional *porque* se hable en toda ella el español[1], ni fueron Estados nacionales Aragón y Cataluña *porque* en un cierto día, arbitrariamente escogido, coincidiesen los límites territoriales de su soberanía con los del habla aragonesa o catalana. Más cerca de la verdad estaríamos si, respetando la casuística que toda realidad ofrece, nos acostásemos a esta presunción: toda unidad lingüística que abarca un territorio de alguna extensión es casi seguramente precipitado de alguna unificación política precedente[2]. El Estado ha sido siempre el gran truchimán.

Hace mucho tiempo que esto consta, y resulta muy extraña la obstinación con que sin embargo se persiste en dar a la nacionalidad como fundamentos la sangre y el idioma. En lo cual yo veo tanta ingratitud como incongruencia. Porque el francés debe su Francia actual, y el español su actual España a un principio X, cuyo impulso consistió precisamente en superar la estrecha comunidad de sangre y de idioma. De suerte que Francia y España consistirían hoy en lo contrario de lo que las hizo posibles.

Pareja tergiversación se comete al querer fundar la idea de nación en una gran figura territorial, descubriendo el principio de unidad que sangre e idioma no proporcionan, en el misticismo geográfico de las «fronteras naturales». Tropezamos aquí con el mismo error de óptica. El azar de la fecha actual nos muestra a las llamadas nacio-

---

1. Ni siquiera como puro hecho es verdad que todos los españoles hablen español, no todos los ingleses inglés, ni todos los alemanes altoalemán.
2. Quedan, claro está, fuera los casos de *kionón* y *linguafranca*, que no son lenguajes nacionales, sino específicamente internacionales.

nes instaladas en amplios terruños del continente o en las islas adyacentes. De esos límites actuales se quiere hacer algo definitivo y espiritual. Son, se dice, «fronteras naturales», y con su «naturalidad» se significa una como mágica predeterminación de la historia por la forma telúrica. Pero este mito se volatiliza en seguida sometiéndolo al mismo razonamiento que invalidó la comunidad de sangre y de idioma como fuentes de la nación. También aquí, si retrocedemos algunos siglos, sorprendemos a Francia y a España disociadas en naciones menores, con sus inevitables «fronteras naturales». La montaña fronteriza sería menos prócer que el Pirineo o los Alpes, y la barrera líquida, menos caudalosa que el Rin, el paso de Calais o el estrecho de Gibraltar. Pero esto demuestra sólo que la «naturalidad» de las fronteras es meramente relativa. Depende de los medios económicos y bélicos de la época.

La realidad histórica de la famosa «frontera natural» consiste sencillamente en ser un estorbo a la expansión del pueblo A sobre el pueblo B. Porque es un estorbo –de convivencia o de guerra– para A, es una defensa para B. La idea de «frontera natural» implica, pues, ingenuamente, como más natural aún que la frontera, la posibilidad de la expansión y fusión ilimitada entre los pueblos. Por lo visto, sólo un obstáculo material les pone un freno. Las fronteras de ayer y de anteayer no nos parecen hoy fundamentos de la nación francesa o española, sino al revés: estorbos que la idea nacional encontró en su proceso de unificación. No obstante lo cual, queremos atribuir un carácter definitivo y fundamental a las fronteras de hoy, a pesar de que los nuevos medios de tráfico y guerra han anulado su eficacia como estorbos.

¿Cuál ha sido entonces el papel de las fronteras en la formación de las nacionalidades, ya que no han sido el fundamento positivo de éstas? La cosa es clara y de suma importancia para entender la auténtica inspiración del Estado nacional frente al Estado-ciudad. Las fronteras han servido para consolidar en cada momento la unificación política ya lograda. No han sido, pues, *principio* de la nación, sino al revés: al *principio* fueron estorbo, y luego, una vez allanadas, fueron medio material para asegurar la unidad.

Pues bien; exactamente el mismo papel corresponde a la raza y la lengua. No es la comunidad nativa de una u otra la que *constituyó* la nación, sino al contrario: el Estado nacional se encontró siempre, en su afán de unificación, frente a las muchas razas y las muchas lenguas, como con otros tantos estorbos. Dominados éstos enérgicamente, produjo una relativa unificación de sangres e idiomas, que sirvió para consolidar la unidad.

No hay, pues, otro remedio que deshacer la tergiversación tradicional padecida por la idea de Estado nacional y habituarse a considerar como estorbos primarios para la nacionalidad precisamente las tres cosas en que se creía consistir. Claro es que al deshacer una tergiversación, seré yo quien parezca cometerla ahora.

Es preciso resolverse a buscar el secreto del Estado nacional en su peculiar inspiración como tal Estado, en su política misma y no en principios forasteros de carácter biológico o geográfico.

¿Por qué, en definitiva, se creyó necesario recurrir a raza, lengua y territorio nativos para comprender el hecho maravilloso de las modernas naciones? Pura y simplemente porque en éstas hallamos una intimidad y solidaridad radical de los individuos con el Poder público desconocidas en el Estado antiguo. En Atenas y en Roma, sólo unos cuantos hombres eran el Estado; los demás –esclavos, aliados, provinciales, colonos– eran sólo súbditos. En Inglaterra, en Francia, en España, nadie ha sido nunca sólo súbdito del Estado, sino que ha sido siempre participante de él, uno con él. La forma, sobre todo jurídica, de esta unión con y en el Estado ha sido muy distinta según los tiempos. Ha habido grandes diferencias de rango y estatuto personal, clases relativamente privilegiadas y clases relativamente postergadas; pero si se interpreta la realidad efectiva de la situación política en cada época y se revive su espíritu, aparece evidente que todo individuo se sentía sujeto activo del Estado, partícipe y colaborador. Nación –en el sentido que este vocablo emite en Occidente desde hace más de un siglo– significa la «unión hipostática» del Poder público y la colectividad por él regida.

El Estado es siempre, cualquiera que sea su forma –primitiva, antigua medieval o moderna–, la invitación que un grupo de hombres hace a otros grupos humanos para ejecutar juntos una empresa. Esta empresa, cualesquiera sean sus trámites intermediarios, consiste a la postre en organizar un cierto tipo de vida común. Estado y proyecto de vida, programa de quehacer o conducta humanos, son términos inseparables. Las diferentes clases de Estado nacen de las maneras según las cuales el grupo empresario establezca la colaboración con los *otros*. Así, el Estado antiguo no acierta nunca a fundirse con los *otros.* Roma manda y educa a los italiotas y a las provincias, pero no los eleva a unión consigo. En la misma urbe no logró la fusión política de los ciudadanos. No se olvide que, durante la República, Roma fue en rigor dos Romas: el Senado y el pueblo. La unificación estatal no pasó nunca de mera articulación entre los grupos, que permanecieron externos y extraños los unos a los otros. Por eso el Imperio amenazado no pudo contar con el patriotismo de los *otros* y hubo de defenderse exclusivamente con sus medios burocráticos de administración y de guerra.

Esta incapacidad de todo grupo griego y romano para fundirse con otros proviene de causas profundas que no conviene perescrutar ahora y que en definitiva se resumen en una: el hombre antiguo interpretó la colaboración en que, quiérase o no, el Estado consiste de una manera simple, elemental y tosca, a saber: como dualidad de dominantes y dominados[1]. A Roma tocaba mandar y no obedecer; a los demás, obedecer y no mandar. De esta suerte, el Estado se materializa en el *pomoerium*, en el cuerpo urbano que unos muros delimitan físicamente.

Pero los pueblos nuevos traen una interpretación del Estado menos material. Si es él un proyecto de empresa común, su realidad es puramente dinámica; un *hacer*, la comunidad en la actuación. Según esto, forma parte activa del Estado, es sujeto político, todo el que preste adhesión a la empresa –raza, sangre, adscripción geográfica, clase so-

---

1. Confirma esto lo que a primera vista parece controvertirlo: la concesión de la ciudadanía a todos los habitantes del Imperio. Pues resulta que esta concesión fue hecha precisamente a medida que iba perdiendo su carácter de estatuto político, para convertirse o en simple carga y servicio del Estado, o en mero título de derecho civil. De una civilización en que la esclavitud tenía valor de principio no se podía esperar otra cosa. Para nuestras «naciones», en cambio, fue la esclavitud sólo un hecho residual.

cial, quedan en segundo término. No es la comunidad anterior, pretérita, tradicional o inmemorial –en suma: fatal o irreformable–, la que proporciona título para la convivencia política, sino la comunidad futura en el efectivo hacer. No lo que fuimos ayer, sino lo que vamos a hacer mañana juntos nos reúne en Estado. De aquí la facilidad con que la unidad política brinca en Occidente sobre todos los límites que aprisionaron al Estado antiguo. Y es que el europeo, relativamente al *homo antiquus*, se comporta como un hombre abierto al futuro, que vive conscientemente instalado en él y desde él decide su conducta presente.

Tendencia política tal avanzará inexorablemente hacia unificaciones cada vez más amplias, sin que haya nada que en principio la detenga. La capacidad de fusión es ilimitada. No sólo de un pueblo con otro, sino lo que es más característico aún del Estado nacional: la fusión de todas las clases sociales dentro de cada cuerpo político. Conforme crece la nación, territorial y étnicamente, va haciéndose más una la colaboración interior. El Estado nacional es en su raíz misma democrático, en un sentido más decisivo que todas las diferencias en las formas de gobierno.

Es curioso notar que al definir la nación fundándola en una comunidad de pretérito se acaba siempre por aceptar como la mejor la fórmula de Renan, simplemente porque en ella se añade a la sangre, el idioma y las tradiciones comunes un atributo nuevo, y se dice que es un «plebiscito cotidiano». Pero ¿se entiende bien lo que esta expresión significa? ¿No podemos darle ahora un contenido de signo opuesto al que Renan le insuflaba y que es, sin embargo, mucho más verdadero?

## VIII

«Tener glorias comunes en el pasado, una voluntad común en el presente; haber hecho juntos grandes cosas, querer hacer otras más; he aquí las condiciones esenciales para ser un pueblo... En el pasado, una herencia de glorias y remordimientos; en el porvenir, un mismo programa que realizar... La existencia de una nación es un plebiscito cotidiano».

Tal es la conocidísima sentencia de Renan. ¿Cómo se explica su excepcional fortuna? Sin duda, por la gracia de la coletilla. Esa idea de que la nación consiste en un plebiscito cotidiano opera sobre nosotros como una liberación. Sangre, lengua y pasado comunes son principios estáticos, fatales, rígidos, inertes; son prisiones. Si la nación consistiese en eso y en nada más, la nación sería una cosa situada a nuestra espalda, con la cual no tendríamos nada que hacer. La nación sería algo que se es, pero no algo que se hace. Ni siquiera tendría sentido defenderla cuando alguien la ataca.

Quiérase o no, la vida humana es constante ocupación con algo futuro. Desde el instante actual nos ocupamos del que sobreviene. Por eso vivir es siempre, siempre, sin pausa ni descanso, hacer. ¿Por qué no se ha reparado en que *hacer*, todo *hacer*, significa realizar un futuro? Inclusive cuando nos entregamos a recordar. *Hacemos* memoria en este segundo para lograr algo en el inmediato, aunque no sea más que el placer de revivir el pasado. Este modesto placer solitario se nos presentó hace un momento como un futuro deseable; por eso lo *hacemos*.

Conste, pues: nada tiene sentido para el hombre sino en función del porvenir[1].

Si la nación consistiese no más que en pasado y presente, nadie se ocuparía de defenderla contra un ataque. Los que afirman lo contrario son hipócritas o mentecatos. Mas acaece que el pasado nacional proyecta alicientes –reales o imaginarios– en el futuro. Nos parece deseable un porvenir, en el cual nuestra nación continúe existiendo. Por eso nos movilizamos en su defensa; no por la sangre, ni el idioma, ni el común pasado. Al defender la nación defendemos nuestro mañana, no nuestro ayer.

Esto es lo que reverbera en la frase de Renan: la nación como excelente programa para mañana. El plebiscito decide un futuro. Que en este caso el futuro consista en una perduración del pasado no modifica lo más mínimo

---

1. Según esto, el ser humano tiene irremediablemente una constitución futurista; es decir, vive ante todo en el futuro y del futuro. No obstante, he contrapuesto el hombre antiguo al europeo, diciendo que aquél es relativamente cerrado al futuro, y éste relativamente abierto. Hay, pues, aparente contradicción entre una y otra tesis. Surge esa apariencia cuando se olvida que el hombre es un ente de dos pisos: por un lado es lo que es; por otro tiene ideas sobre sí mismo que coinciden más o menos con su auténtica realidad. Evidentemente, nuestras ideas, preferencias, deseos, no pueden anular nuestro verdadero ser, pero sí complicarlo y modularlo. El antiguo y el europeo están igualmente preocupados del porvenir; pero aquél somete el futuro al régimen del pasado, en tanto que nosotros dejamos mayor autonomía al porvenir, a lo nuevo como tal. Este antagonismo, no en el ser, sino en el preferir, justifica que califiquemos al europeo de futurista y al antiguo de arcaizante. Es revelador que apenas el europeo despierta y toma posesión de sí empieza a llamar a su vida «época moderna». Como es sabido, «moderno» quiere decir lo nuevo, lo que niega el uso antiguo. Ya a fines del siglo XIV se empieza a subrayar la *modernidad*, precisamente en las cuestiones que más agudamente interesaban al tiempo, y se habla, por ejemplo, de *devotio moderna*, una especie de vanguardismo en la «mística teología».

la cuestión; únicamente revela que también la definición de Renan es arcaizante.

Por tanto, el Estado nacional representaría un principio estatal más próximo a la pura idea de Estado que la antigua *polis* o que la «tribu» de los árabes, circunscrita por la sangre. De hecho, la idea nacional conserva no poco lastre de adscripción al pasado, al territorio, a la raza; mas por lo mismo es sorprendente notar cómo en ella triunfa siempre el puro principio de unificación humana en torno a un incitante programa de vida. Es más: yo diría que ese lastre de pretérito y esa relativa limitación dentro de principios materiales no han sido ni son por completo espontáneos en las almas de Occidente, sino que proceden de la interpretación erudita dada por el romanticismo a la idea de nación. De haber existido en la Edad Media ese concepto diecinuevesco de nacionalidad, Inglaterra, Francia, España, Alemania habrían quedado nonatas[1]. Porque esa interpretación confunde lo que impulsa y constituye a una nación con lo que meramente la consolida y conserva. No es el patriotismo –dígase de una vez– quien ha hecho las naciones. Creer lo contrario es la gedeonada a que ya he aludido y que el propio Renan admite en su famosa definición. Si para que exista una nación es preciso que un grupo de hombres cuente con un pasado común, yo me pregunto cómo llamaremos a ese mismo grupo de hombres mientras vivía en presente eso que visto desde hoy es un pasado. Por lo visto, era forzoso que esa existencia común feneciese,

---

1. El principio de las nacionalidades es, cronológicamente, uno de los primeros síntomas del romanticismo, fines del siglo XVIII.

pasase, para que pudiesen decir: somos una nación. ¿No se advierte aquí el vicio gremial del filólogo, del archivero, su óptica profesional que le impide ver la realidad cuando no es pretérita? El filólogo es quien necesita para ser filólogo que, ante todo, exista un pasado; pero la nación, antes de poseer un pasado común, tuvo que crear esta comunidad, y antes de crearla tuvo que soñarla, que quererla, que proyectarla. Y basta que tenga el proyecto de sí misma para que la nación exista, aunque no se logre, aunque fracase la ejecución, como ha pasado tantas veces. Hablaríamos en tal caso de una nación malograda (por ejemplo, Borgoña).

Con los pueblos de Centro y Sudamérica tiene España un pasado común, raza común, lenguaje común, y sin embargo no forma con ellos una nación. ¿Por qué? Falta sólo una cosa que, por lo visto, es la esencial: el futuro común. España no supo inventar un programa de porvenir colectivo que atrajese a esos grupos, zoológicamente afines. El plebiscito futurista fue adverso a España, y nada valieron entonces los archivos, las memorias, los antepasados, la «patria». Cuando hay aquello, todo esto sirve como fuerzas de consolidación; pero nada más[1].

Veo, pues, en el Estado nacional una estructura histórica de carácter plebiscitario. Todo lo que además de eso parezca ser, tiene un valor transitorio y cambiante; representa el contenido o la forma, o la consolidación que en cada momento requiere el plebiscito. Renan encontró la

---

[1]. Ahora vamos a asistir a un ejemplo gigantesco y claro, como de laboratorio; vamos a ver si Inglaterra acierta a mantener en unidad soberana de convivencia las distintas porciones de su Imperio, proponiéndoles un programa atractivo.

mágica palabra, que revienta de luz. Ella nos permite vislumbrar catódicamente el entresijo esencial de una nación, que se compone de estos dos ingredientes: primero, un proyecto de convivencia total en una empresa común; segundo, la adhesión de los hombres a ese proyecto incitativo. Esta adhesión de todos engendra la interna solidez que distingue al Estado nacional de todos los antiguos, en los cuales la unión se produce y mantiene por presión externa del Estado sobre los grupos dispares, en tanto que aquí nace el vigor estatal de la cohesión espontánea y profunda entre los «súbditos». En realidad, los súbditos son ya el Estado, y no lo pueden sentir –esto es lo nuevo, lo maravilloso de la nacionalidad– como algo extraño a ellos.

Y, sin embargo, Renan anula o poco menos su acierto, dando al plebiscito un contenido retrospectivo, que se refiere a una nación ya hecha, cuya perpetuación decide. Yo preferiría cambiarle el signo y hacerle valer para la nación *in statu nascendi*. Ésta es la óptica decisiva. Porque, en verdad, una nación no está nunca hecha. En esto se diferencia de otros tipos de Estado. La nación está siempre o haciéndose o deshaciéndose. *Tertium non datur*. O está ganando adhesiones o las está perdiendo, según que su Estado represente o no a la fecha una empresa vivaz.

Por eso lo más instructivo fuera reconstruir la serie de empresas unitivas que sucesivamente han inflamado a los grupos humanos de Occidente. Entonces se vería cómo de ellas han vivido los europeos, no sólo en lo público, sino hasta en su existencia más privada; cómo se han «entrenado» o se han desmoralizado, según que hubiese o no empresa a la vista.

Otra cosa mostraría claramente ese estudio. Las empresas estatales de los antiguos, por lo mismo que no implicaban la adhesión fundente de los grupos humanos sobre que se intentaban, por lo mismo que el Estado, propiamente tal, quedaba siempre inscrito en una limitación fatal –tribu o urbe–, eran prácticamente ilimitadas. Un pueblo –el persa, el macedón o el romano– podía someter a unidad de soberanía cualesquiera proporciones del planeta. Como la unidad no era auténtica, interna ni definitiva, no estaba sujeta a otras condiciones que a la eficacia bélica y administrativa del conquistador. Mas en Occidente la unificación nacional ha tenido que seguir una serie inexorable de etapas. Debiera extrañarnos más el hecho de que en Europa no haya sido posible ningún imperio del tamaño que alcanzaron el persa, el de Alejandro o el de Augusto.

El proceso creador de naciones ha llevado siempre en Europa este ritmo: *Primer momento.* El peculiar instinto occidental, que hace sentir el Estado como fusión de varios pueblos en una unidad de convivencia política y moral, comienza a actuar sobre los grupos más próximos geográfica, étnica y lingüísticamente. No porque esta proximidad funde la nación, sino porque la diversidad entre próximos es más fácil de dominar. *Segundo momento.* Período de consolidación, en que se siente a los otros pueblos más allá del nuevo Estado como extraños y más o menos enemigos. Es el período en que el proceso nacional toma un aspecto de exclusivismo, de cerrarse hacia adentro del Estado; en suma, lo que hoy llamamos *nacionalismo.* Pero el hecho es que mientras se siente *políticamente* a los *otros* como extraños y contrincantes, se convive económica, intelectual y moralmente con ellos. Las guerras nacionalistas sirven para nivelar las diferencias de técnica y de espíritu. Los enemigos habituales se van haciendo históricamente homogéneos[1]. Poco a poco se va destacando en el horizonte la conciencia de que esos pueblos enemigos pertenecen al mismo círculo humano que el Estado nuestro. No obstante, se les sigue considerando como extraños y hostiles. *Tercer momento.* El Estado goza de plena consolidación. Entonces surge la nueva empresa: unirse a los pueblos que hasta ayer eran sus enemigos. Crece la convicción de que son afines con el nuestro en moral e intereses, y que juntos formamos un círculo nacional frente a otros grupos más distantes y aun más extranjeros. He aquí madura la nueva idea nacional.

Un ejemplo esclarecerá lo que intento decir: Suele afirmarse que en el tiempo del Cid era ya España –*Spania*– una idea nacional, y para superfetar la tesis se añade que siglos antes ya San Isidoro hablaba de la «madre España». A mi juicio, esto es un error craso de perspectiva histórica. En tiempos del Cid se estaba empezando a urdir el Estado León-Castilla, y esta unidad leonesacastellana era la idea nacional del tiempo, la idea políticamente eficaz. *Spania*, en cambio, era una idea principalmente erudita; en todo caso, una de tantas ideas fecundas que dejó sembradas en Occidente el Imperio romano. Los «españoles» se habían acostumbrado a ser reunidos por Roma en una unidad administrativa, en una *diócesis* del

---

1. Si bien esa homogeneidad respeta y no anula la pluralidad de condiciones originarias.

Bajo Imperio. Pero esta noción geográfico-administrativa era pura recepción, no íntima inspiración, y en modo alguno aspiración.

Por mucha realidad que se quiera dar a esa idea en el siglo XI, se reconocerá que no llega siquiera al vigor y precisión que tiene ya para los griegos del IV la idea de la Hélade. Y, sin embargo, la Hélade no fue nunca verdadera idea nacional. La efectiva correspondencia histórica sería más bien ésta: Hélade fue para los griegos del siglo IV, y *Spania* para los «españoles» del XI y aun del XIV, lo que Europa fue para los «europeos» en el siglo XIX.

Muestra esto cómo las empresas de unidad nacional van llegando a su hora del modo que los sones en una melodía. La mera afinidad de ayer tendrá que esperar hasta mañana para entrar en erupción de inspiraciones nacionales. Pero, en cambio, es casi seguro que le llegará su hora.

Ahora llega para los *europeos* la sazón en que Europa puede convertirse en idea nacional. Y es mucho menos utópico creerlo hoy así que lo hubiera sido vaticinar en el siglo XI la unidad de España y de Francia. El Estado nacional de Occidente, cuanto más fiel permanezca a su auténtica sustancia, más derecho va a depurarse en un gigantesco Estado continental.

IX

Apenas las naciones de Occidente perhinchen su actual perfil surge en torno de ellas y bajo ellas, como un fondo, Europa. Es ésta la unidad de paisaje en que van a moverse desde el Renacimiento, y ese paisaje europeo son ellas mismas, que sin advertirlo empiezan ya a abstraer de su belicosa pluralidad. Francia, Inglaterra, España, Italia, Alemania, pelean entre sí, forman ligas contrapuestas, las deshacen, las recomponen. Pero todo ello, guerra como paz, es convivir de igual a igual, lo que ni en paz ni en guerra pudo hacer nunca Roma con el celtíbero, el galo, el británico y el germano. La historia destacó en primer término las querellas y, en general, la política, que es el terreno más tardío para la espiga de la unidad; pero mientras se batallaba en una gleba, en cien se comerciaba con el enemigo, se cambiaban ideas y formas de arte y artículos de la fe. Diríase que aquel fragor de batallas ha sido sólo un telón tras el cual tanto más tenazmente trabajaba la pacífica polipera de la paz, entretejiendo la vida de las naciones hostiles. En cada nueva generación, la homogeneidad de las almas se acrecentaba. Si se quiere mayor exactitud y más cautela, dígase de este modo: las almas francesas e inglesas y españolas eran, son y serán todo lo diferentes que se quiera; pero poseen un mismo plan o arquitectura psicológicos y, sobre todo, van adquiriendo un contenido común. Religión, ciencia, derechos, arte, valores sociales y eróticos, van siendo comunes. Ahora bien: ésas son las cosas espirituales *de* que se vive. La homogeneidad resulta, pues, mayor que si las almas fueran de idéntico gálibo.

Si hoy hiciésemos balance de nuestro contenido mental –opiniones, normas, deseos, presunciones–, notaríamos que la mayor parte de todo eso no viene al francés de su Francia, ni al español de su España, sino del fondo común europeo. Hoy, en efecto, pesa mucho más en cada uno de nosotros lo que tiene de europeo que su porción diferencial de francés, español, etcétera. Si se hiciera el experimento imaginario de reducirse a vivir puramente con lo que somos, como «nacionales», y en obra de mera fantasía se extirpase al hombre medio francés todo lo que usa, piensa, siente, por recepción de los otros países continentales, sentiría terror. Vería que no le era posible vivir de ello sólo; que las cuatro quintas partes de su haber íntimo son bienes mostrencos europeos.

No se columbra qué otra cosa de monta podamos *hacer* los que existimos en este lado del planeta si no es realizar la promesa que desde hace cuatro siglos significa el vocablo Europa. Sólo se opone a ello el prejuicio de las viejas «naciones», la idea de nación como pasado. Ahora se va a ver si los europeos son también hijos de la mujer de Loth y se obstinan en hacer historia con la cabeza vuelta hacia atrás. La alusión a Roma, y, en general, al hombre antiguo, nos ha servido de amonestación; es muy difícil que un cierto tipo de hombre abandone la idea de Estado que una vez se le metió en la cabeza. Por fortuna, la idea del Estado nacional que el europeo, dándose de ello cuenta o no, trajo al mundo, no es la idea erudita, filológica, que se le ha predicado.

Resumo ahora la tesis de este ensayo. Sufre hoy el mundo una grave desmoralización, que entre otros síntomas se manifiesta por una desaforada rebelión de las masas y tiene su origen en la desmoralización de Europa. Las causas de esta última son muchas. Una de las principales, el desplazamiento del poder que antes ejercía sobre el resto del mundo y sobre sí mismo nuestro continente. Europa no está segura de mandar, ni el resto del mundo de ser mandado. La soberanía histórica se halla en dispersión.

Ya no hay «plenitud de los tiempos», porque eso supone un porvenir claro, prefijado, inequívoco, como era el del siglo XIX. Entonces se creía saber lo que iba a pasar mañana. Pero ahora se abre otra vez el horizonte hacia nuevas líneas incógnitas, *puesto que* no se sabe *quién* va a mandar, cómo se va a articular el poder sobre la tierra. *Quién*, es decir, qué pueblo o grupo de pueblos; por tanto, qué tipo étnico; por tanto, qué ideología, qué sistema de preferencias, de normas, de resortes vitales...

No se sabe hacia qué centro de gravitación van a ponderar en un próximo porvenir las cosas humanas, y por ello la vida del mundo se entrega a una escandalosa provisoriedad. Todo, todo lo que hoy se hace en lo público y en lo privado –hasta en lo íntimo–, sin más excepción que algunas partes de algunas ciencias, es provisional. Acertará quien no se fíe de cuanto hoy se pregona, se ostenta, se ensaya y se encomia. Todo eso va a irse con mayor celeridad que vino. Todo, desde la manía del deporte físico (la manía, no el deporte mismo) hasta la violencia en política; desde el «arte nuevo» hasta los baños de sol en las ridículas playas a la moda. Nada de eso tiene raíces, porque todo ello es pura invención, en el mal sentido de la palabra, que la hace equivaler a capricho liviano. No es creación desde el fondo sustancial de la vida; no es afán ni menester auténtico. En suma: todo eso es vitalmente falso. Se da el caso contradictorio de un estilo de vida que cultiva la sinceridad y a la vez es una falsificación. Sólo hay verdad en la existencia cuando sentimos sus actos como irrevocablemente necesarios. No hay hoy ningún político que sienta la inevitabilidad de su política, y la siente tanto menos cuanto más extremo es su gesto, más frívolo, menos exigido por el destino. No hay más vida con raíces propias, no hay más vida autóctona que la que se compone de escenas ineludibles. Lo demás, lo que está en nuestra mano tomar o dejar o sustituir, es precisamente falsificación de la vida.

La actual es fruto de un interregno, de un vacío entre dos organizaciones del mando histórico: la que fue, la que va a ser. Por eso es esencialmente provisional. Y ni los hombres saben bien a qué instituciones de verdad servir, ni las mujeres qué tipo de hombre prefieren de verdad.

Los europeos no saben vivir si no van lanzados en una gran empresa unitiva. Cuando ésta falta, se envilecen, se aflojan, se les descoyunta el alma. Un comienzo de esto se ofrece hoy a nuestros ojos. Los círculos que hasta ahora se han llamado naciones, llegaron hace un siglo o poco menos, a su máxima expansión. Ya no puede hacerse nada con ellos si no es trascenderlos. Ya no son sino pasado que se acumula en torno y bajo del europeo, aprisionándolo, lastrándolo. Con más libertad vital que nunca sentimos todos que el aire es irrespirable dentro de cada pueblo, porque es un aire confinado. Cada nación que antes era la gran atmósfera abierta, oreada, se ha vuelto provincia e «interior». En la supernación europea que imaginamos, la pluralidad actual no puede ni debe desaparecer. Mientras el Estado antiguo aniquilaba lo diferencial de los pueblos o lo dejaba inactivo fuera, o a lo sumo lo conservaba momificado, la idea nacional, más puramente dinámica, exige la permanencia activa de ese plural que ha sido siempre la vida de Occidente.

Todo el mundo percibe la urgencia de un nuevo principio de vida. Mas –como siempre acontece en crisis parejas– algunos ensayan salvar el momento por una intensificación extremada y artificial, precisamente del principio caduco. Éste es el sentido de la erupción «nacionalista» en los años que corren. Y siempre –repito– ha pasado así. La última llama, la más larga. El postrer suspiro, el más profundo. La víspera de desaparecer, las fronteras se hiperestesian –las fronteras militares y las económicas.

Pero todos estos nacionalismos son callejones sin salida. Inténtese proyectarlos hacia el mañana y se sentirá el tope. Por ahí no se sale a ningún lado. El nacionalismo es siempre un impulso de dirección opuesta al principio nacionalizador. Es exclusivista, mientras éste es inclusivista. En épocas de consolidación tiene, sin embargo, un valor positivo y es una alta norma. Pero en Europa todo está de sobra consolidado, y el nacionalismo no es más que una manía, el pretexto que se ofrece para eludir el deber de invención y de grandes empresas. La simplicidad de medios con que opera y la categoría de los hombres que exalta revelan sobradamente que es él lo contrario de una creación histórica.

Sólo la decisión de construir una gran nación con el grupo de los pueblos continentales volvería a entonar la pulsación de Europa. Volvería ésta a creer en sí misma, y automáticamente a exigirse mucho, a disciplinarse.

Pero la situación es mucho más peligrosa de lo que se suele apreciar. Van pasando los años y se corre el riesgo de que el europeo se habitúe a este tono menor de existencia que ahora lleva; se acostumbre a no mandar ni mandarse. En tal caso, se irían volatizando todas sus virtudes y capacidades superiores.

Pero a la unión de Europa se oponen, como siempre ha acontecido en el proceso de nacionalización, las clases conservadoras. Esto puede traer para ellas la catástrofe, pues, al peligro genérico de que Europa se desmoralice definitivamente y pierda toda su energía histórica, agrégase otro muy concreto e inminente. Cuando el comunismo triunfó en Rusia creyeron muchos que todo el Occidente quedaría inundado por el torrente rojo. Yo no participé de semejante pronóstico. Al contrario: por aquellos años escribí que el comunismo ruso era una sustancia inasimilable para los europeos, casta que ha puesto todos sus esfuerzos y fervores de su historia a la carta Individualidad. El tiempo ha corrido, y hoy han vuelto a la tranquilidad los temerosos de otrora. Han vuelto a la tranquilidad cuando llega justamente la sazón para que la perdieran. Porque ahora sí que puede derramarse sobre Europa el comunismo arrollador y victorioso.

Mi presunción es la siguiente: ahora, como antes, el contenido del credo comunista a la rusa no interesa, no atrae, no dibuja un porvenir deseable a los europeos. Y no por las razones triviales que sus apóstoles, tozudos, sordos y sin veracidad, como todos los apóstoles, suelen verbificar. Los *bourgeois* de Occidente saben muy bien que, aun sin comunismo, el hombre que vive exclusivamente de sus rentas y que las transmite a sus hijos tiene los días contados. No es esto lo que inmuniza a Europa para la fe rusa, ni es mucho menos temor. Hoy nos parecen bastante ridículos los arbitrarios supuestos en que hace veinte años fundaba Sorel su táctica de la violencia. El burgués no es cobarde, como él creía, y a la fecha está más dispuesto a la violencia que los obreros. Nadie ignora que si triunfó en Rusia el bolchevismo, fue porque en Rusia no había burgueses[1]. El fascismo, que es un movimiento *petit-bourgeois*, se ha revelado como más violento que todo el obrerismo junto. No es, pues, nada de eso lo que impide al europeo embalarse comunísticamente, sino una razón mucho más sencilla y previa. Ésta: que el europeo no ve en la organización comunista un aumento de la felicidad humana.

Y, sin embargo –repito–, me parece sobremanera posible que en los años próximos se entusiasme Europa con el bolchevismo. No por él mismo, sino a pesar de él.

Imagínese que el «plan de cinco años» seguido hercúleamente por el Gobierno soviético lograse sus previsiones y la enorme economía rusa quedase no sólo restaurada, sino exuberante. Cualquiera que sea el contenido del bolchevismo, representa un ensayo gigante de empresa humana. En él los hombres han abrazado resueltamente un destino de reforma y viven tensos bajo la alta disciplina que fe tal les inyecta. Si la materia cósmica, indócil a los entusiasmos del hombre, no hace fracasar gravemente el intento, tan sólo con que le deje vía un poco franca, su espléndido carácter de magnífica empresa irradiará sobre el horizonte continental como una ardiente y nueva constelación. Si Europa, entretanto, persiste en el

---

[1]. Bastaría esto para convencerse de una vez para siempre de que el socialismo de Marx y el bolchevismo son dos fenómenos históricos que apenas si tienen alguna dimensión común.

innoble régimen vegetativo de estos años, flojos los nervios por falta de disciplina, sin proyecto de nueva vida, ¿cómo podría evitar el efecto contaminador de aquella empresa tan prócer? Es no conocer al europeo esperar que pueda oír sin encenderse esa llamada a nuevo *hacer* cuando él no tiene otra bandera de pareja altanería que desplegar enfrente. Con tal de servir a algo que dé un sentido a la vida y huir del propio vacío existencial, no es difícil que el europeo se trague sus objeciones al comunismo, y ya que no por su sustancia, se sienta arrastrado por su gesto moral.

Yo veo en la construcción de Europa, como gran Estado nacional, la única empresa que pudiera contraponerse a la victoria del «plan de cinco años».

Los técnicos de la economía política aseguran que esa victoria tiene muy escasas probabilidades de su parte. Pero fuera demasiado vil que el anticomunismo lo esperase todo de las dificultades materiales encontradas por su adversario. El fracaso de éste equivaldría así a la derrota universal; de todos y de todo, del hombre actual. El comunismo es una «moral» extravagante –algo así como una moral. ¿No parece más decente y fecundo oponer a esa moral eslava una nueva moral de Occidente, la incitación de un nuevo programa de vida?

## XV

## SE DESEMBOCA EN LA VERDADERA CUESTIÓN

Ésta es la cuestión: Europa se ha quedado sin moral. No es que el hombre-masa menosprecie una anticuada en beneficio de otra emergente, sino que el centro de su régimen vital consiste precisamente en la aspiración a vivir sin supeditarse a moral ninguna. No creáis una palabra cuando oigáis a los jóvenes hablar de la «nueva moral». Niego rotundamente que exista hoy en ningún rincón del continente grupo alguno informado por un nuevo *ethos* que tenga visos de una moral. Cuando se habla de la «nueva» no se hace sino cometer una inmoralidad más y buscar el medio más cómodo para meter contrabando.

Por esta razón fuera una ingenuidad echar en cara al hombre de hoy su falta de moral. La imputación le traería sin cuidado o, más bien, le halagaría. El inmoralismo ha llegado a ser de una baratura extrema, y cualquiera alardea de ejercitarlo.

Si dejamos a un lado –como se ha hecho en este ensayo– todos los grupos que significan supervivencias del pasado –los cristianos, los «idealistas», los viejos liberales, etcétera–, no se hallará entre todos los que representan la época actual uno solo cuya actitud ante la vida no se reduzca a creer que tiene todos los derechos y ninguna obligación. Es indiferente que se enmascare de reaccionario o de revolucionario: por activa o por pasiva, al cabo de unas u otras vueltas, su estado de ánimo consistirá, decisivamente, en ignorar toda obligación y sentirse, sin que él mismo sospeche por qué, sujeto de ilimitados derechos.

Cualquiera sustancia que caiga sobre un alma así, dará un mismo resultado y se convertirá en pretexto para no supeditarse a nada concreto. Si se presenta como reaccionario o antiliberal, será para poder afirmar que la salvación de la patria, del Estado, da derecho a allanar todas las otras normas y a machacar al prójimo, sobre todo si el prójimo posee una personalidad valiosa. Pero lo mismo acontece si le da por ser revolucionario: su aparente entusiasmo por el obrero manual, el miserable y la justicia social, le sirve de disfraz para poder desentenderse de toda obligación –como la cortesía, la veracidad y, sobre todo, sobre todo, el respeto o estimación de los individuos superiores. Yo sé de no pocos que han ingresado en uno u otro partido obrerista no más que para conquistar dentro de sí mismos el derecho a despreciar la inteligencia y ahorrarse las zalemas ante ella. En cuanto a las otras dictaduras, bien hemos visto cómo halagan al hombre-masa, pateando cuanto parecía eminencia.

Esta esquividad para toda obligación explica, en parte, el fenómeno, entre ridículo y escandaloso, de que se haya hecho en nuestros días una plataforma de la «juventud» como tal. Quizá no ofrezca nuestro tiempo rasgo más grotesco. Las gentes, cómicamente, se declaran «jóvenes» porque han oído que el joven tiene más derechos que obligaciones, ya que puede demorar el cumplimiento de éstas hasta las calendas griegas de la madurez. Siempre el joven, como tal, se ha considerado eximido de *hacer o haber hecho* ya hazañas. Siempre ha vivido de crédito. Esto se halla en la naturaleza de lo humano. Era como un falso derecho, entre irónico y tierno, que los no jóvenes concedían a los mozos. Pero es estupefaciente que ahora lo tomen éstos como un derecho efectivo, precisamente para atribuirse todos los demás que pertenecen sólo a quien haya hecho ya algo.

Aunque parezca mentira, ha llegado a hacerse de la juventud un *chantage*. En realidad, vivimos un tiempo de *chantage* universal que toma dos formas de mohín complementario: hay el *chantage* de la violencia y el *chantage* del humorismo. Con uno o con otro se aspira siempre a lo mismo: que el inferior, que el hombre vulgar pueda sentirse eximido de toda supeditación.

Por eso, no cabe ennoblecer la crisis presente mostrándola como el conflicto entre dos morales o civilizaciones, la una caduca y la otra en albor. El hombre-masa carece simplemente de moral, que es siempre, por esencia, sentimiento de sumisión a algo, conciencia de servicio y obligación. Pero acaso es un error decir «simplemente». Porque no se trata sólo de que este tipo de criatura se desentienda de la moral. No; no le hagamos tan fácil la faena. De la moral no es posible desentenderse sin más ni más. Lo que con un vocablo falto hasta de gramática se llama *amoralidad*, es una cosa que no existe. Si usted no quiere supeditarse a ninguna norma, tiene usted, *velis nolis*, que supeditarse a la norma de negar toda moral, y esto no es amoral, sino inmoral. Es una moral negativa que conserva de la otra la forma en hueco.

¿Cómo se ha podido creer en la amoralidad de la vida? Sin duda, porque toda la cultura y la civilización moderna llevan a ese convencimiento. Ahora recoge Europa las penosas consecuencias de su conducta espiritual. Se ha embalado sin reservas por la pendiente de una cultura magnífica, pero sin raíces.

En este ensayo se ha querido dibujar un cierto tipo de europeo, analizando sobre todo su comportamiento frente a la civilización misma en que ha nacido. Había de hacerse así porque ese personaje no representa otra civilización que luche con la antigua, sino una mera negación, negación que oculta un efectivo parasitismo. El hombre-masa está aún viviendo precisamente de lo que niega y otros construyeron o acumularon. Por eso no convenía mezclar su psicograma con la gran cuestión: ¿qué insuficiencias radicales padece la cultura europea moderna? Porque es evidente que, en última instancia, de ellas proviene esta forma humana ahora dominante.

Mas esa gran cuestión tiene que permanecer fuera de estas páginas, porque es excesiva. Obligaría a desarrollar con plenitud la doctrina sobre la vida humana que, como un contrapunto, queda entrelazada, insinuada, musitada en ellas. Tal vez pronto pueda ser gritada

# Epílogo para ingleses

# Epílogo para ingleses

Pronto se cumple el año que en un paisaje holandés, a donde el destino me había centrifugado, escribí el *Prólogo para franceses* antepuesto a la primera edición popular de este libro. En aquella fecha comenzaba para Inglaterra una de las etapas más problemáticas de su historia y había muy pocas personas en Europa que confiasen en sus virtudes latentes. Durante los últimos tiempos han fallado tantas cosas que, por inercia mental, se tiende a dudar de todo, hasta de Inglaterra. Se decía que era un pueblo en decadencia, y todos los insolentes –que son la figura ostentada en el primer acto por los que en el último nos aparecen como meros inconscientes– se atrevían a mojarle la oreja. No obstante –y aun arrostrando ciertos riesgos de que no quiero hablar ahora–, yo señalaba con robusta fe la misión europea del pueblo inglés, la que ha tenido durante dos siglos y que en forma superlativa estaba llamado a ejercer hoy. Lo que no imaginaba entonces es que tan rápidamente viniesen los hechos a confirmar mi pronóstico y a incorporar mi esperanza. Mucho menos que se complaciesen con tal precisión en ajustarse al papel determinadísimo que, usando un símil humorístico, atribuía yo a Inglaterra frente al Continente. La maniobra de saneamiento histórico que intenta Inglaterra, por lo pronto, en su interior, es portentosa. En medio de la más atroz tormenta, el navío inglés cambia todas sus velas, vira dos cuadrantes, se ciñe al viento y el guiño de su timón modifica el destino del mundo. Todo ello sin una gesticulación y más allá de todas las frases, incluso de las que acabo de proferir. Es evidente que hay muchas maneras de hacer historia, casi tantas como de deshacerla.

Desde hace centurias acontece periódicamente que los continentales se despiertan una mañana y rascándose la cabeza exclaman: «¡Esta Inglaterra!...» Es una expresión que significa sorpresa, azoramiento y la conciencia de tener delante algo admirable, pero incomprensible. El pueblo inglés es, en efecto, el hecho más extraño que hay en el planeta. No me refiero al inglés individual, sino al cuerpo social, a la colectividad de los ingleses. Lo extraño, lo maravilloso no pertenece, pues, al orden psicológico, sino al orden sociológico. Y como la sociología es una de las disciplinas sobre que las gentes tienen en todas partes menos ideas claras, no sería posible, sin muchas preparaciones, decir por qué es extraña y por qué es maravillosa Inglaterra. Todavía menos intentar la explicación de cómo ha llegado a ser esa extraña cosa que es. Mientras se crea que un pueblo posee un «carácter» previo y que su historia es una emanación de este carácter, no habrá manera ni siquiera de iniciar la conversación. El «carácter nacional», como todo lo humano, no es un don innato, sino una fabricación. El carácter nacional se va haciendo y deshaciendo y rehaciendo en la historia. Pese esta vez a la etimología, la nación no nace, sino que se hace. Es una empresa que sale bien o mal, que se inicia tras un período de ensayos, que se desarrolla, que se corrige, que «pierde el hilo» una o varias veces, y tiene que volver a empezar o al menos reanudar. Lo interesante sería precisar cuáles son los atributos sorprendentes, por lo insólitos, de la vida inglesa en los últimos cien años. Luego vendría el intento de mostrar cómo ha adquirido Inglaterra esas cualidades sociológicas. Insisto en emplear esta palabra, a pesar de lo pedante que es, porque tras ella está lo verdaderamente esencial y fértil. Es preciso extirpar de la historia el psicologismo, que ha sido ya espantado de otros conocimientos. Lo excepcional de Inglaterra no yace en el tipo de individuo humano que ha sabido crear. Es sobremanera discutible que el inglés individual valga más que otras formas de individualidad aparecidas en Oriente y Occidente. Pero aun aquél que estime el modo de ser de los hombres ingleses por encima de todos los demás, reduce el asunto a una cuestión de más o de menos. Yo sostengo, en cambio, que lo excepcional, que la originalidad extrema del pueblo inglés radica en su manera de tomar el lado social o colectivo de la vida humana, en el modo cómo sabe ser una sociedad. En esto sí que se contrapone a todos los demás pueblos y no es cuestión de más o de menos. Tal vez, en el tiempo próximo, se me ofrezca ocasión para hacer ver todo lo que quiero decir con esto.

Respeto tal hacia Inglaterra no nos exime de la irritación ante sus defectos. No hay pueblo que, mirado desde otro, no resulte insoportable. Y por este lado acaso son los ingleses, en grado especial, exasperantes. Y es que las virtudes de un pueblo, como las de un hombre, van montadas y, en cierta manera, consolidadas sobre sus defectos y limitaciones. Cuando llegamos a ese pueblo lo primero que vemos son sus fronteras, que, en lo moral como en lo físico, son sus límites. La nerviosidad de los últimos meses ha hecho que casi todas las naciones hayan vivido encaramadas en sus fronteras; es decir, dando un espectáculo exagerado de sus más congénitos defectos. Si a esto se añade que uno de los principales temas de disputa ha sido España, se comprenderá hasta qué punto he sufrido de cuanto en Inglaterra, en Francia, en Norteamérica representa manquedad, torpeza, vicio y falla. Lo que más me ha sorprendido es la decidida voluntad de no enterarse bien de las cosas que hay en la opinión pública de esos países; y lo que más he echado de menos, con respecto a España, ha sido algún gesto de gracia generosa, que es, a mi juicio, lo más estimable que hay en el mundo. En el anglosajón –no en sus Gobiernos, pero sí en los países– se ha dejado correr la intriga, la frivolidad, la cerrazón de mollera, el prejuicio arcaico y la hipocresía nueva sin ponerles coto. Se han escuchado en serio las mayores estupideces con tal que fuesen indígenas y, en cambio, ha habido la radical decisión de no querer oír ninguna voz española capaz de aclarar las cosas, o de oírla sólo después de deformarla.

Esto me llevó, aun convencido de que forzaba un poco la coyuntura, a aprovechar el primer pretexto para hablar sobre España y –ya que la suspicacia del público inglés no toleraba otra cosa– hablar sin parecer que de ella hablaba, en las páginas tituladas «En cuanto al pacifismo...», agregadas a continuación. Si es benévolo, el lector no olvidará el destinatario. Dirigido a ingleses, representa un esfuerzo de acomodación a sus usos. Se ha renunciado en ellas a toda «brillantez» y van escritas en estilo bastante pickwickiano, compuesto de cautelas y eufemismos.

Téngase presente que Inglaterra no es un pueblo de escritores, sino de comerciantes, de ingenieros y de hombres piadosos. Por eso supo forjarse una lengua y una elocución en que se trata principalmente de no decir lo que se dice, de insinuarlo más bien y como eludirlo. El inglés no ha venido al mundo para *decirse*, sino, al contrario, para silenciarse. Con faces impasibles, puestos detrás de sus pipas, velan los ingleses alerta sobre sus propios secretos para que no se escape ninguno. Esto es una fuerza magnífica, e importa sobremanera a la especie humana que se conserven intactos ese tesoro y esa energía de taciturnidad. Mas al mismo tiempo dificultan enormemente la inteligencia con otros pueblos, sobre todo con los nuestros. El hombre del Sur propende a ser gárrulo. Grecia, que nos educó, nos soltó las lenguas y nos hizo indiscretos *a nativitate.* El aticismo había triunfado sobre el laconismo, y para el ateniense vivir era hablar, decir, desgañitarse dando al viento en formas claras y eufónicas la más arcana intimidad. Por eso divinizaron el decir, el *logos*, al que atribuían mágica potencia, y la retórica acabó siendo para la civilización antigua lo que ha sido la física para nosotros en estos últimos siglos. Bajo esta disciplina, los pueblos románicos han forjado lenguas complicadas, pero deliciosas, de una sonoridad, una plasticidad y un garbo incomparables; lenguas hechas a fuerza de charlas sin fin –en ágora y plazuela, en estrado, taberna y tertulia. De aquí que nos sintamos azorados cuando, acercándonos a estos espléndidos ingleses, les oímos emitir la serie de leves maullidos displicentes en que su idioma consiste.

El tema del ensayo que sigue es la incomprensión mutua en que han caído los pueblos de Occidente –es decir, pueblos que conviven desde su infancia. El hecho es estupefaciente. Porque Europa fue siempre como una casa de vecindad, donde las familias no viven nunca separadas, sino que mezclan a toda hora su doméstica existencia. Estos pueblos que ahora se ignoran tan gravemente han jugado juntos cuando eran niños en los corredores de la gran mansión común. ¿Cómo han podido llegar a malentenderse tan radicalmente? La génesis de tan fea situación es larga y compleja. Para enunciar sólo uno de los mil hilos que en aquel hecho se anudan, adviértase que el uso de convertirse unos pueblos en jueces de los otros, de despreciarse y denostarse *porque* son diferentes, en fin, de permitirse creer las naciones hoy poderosas que el estilo o el «carácter» de un pueblo menor es absurdo *porque es* bélica o económicamente débil, son fenómenos que, si no yerro, jamás se habían producido hasta los últimos cincuenta años. Al enciclopedista francés del siglo XVIII, no obstante su petulancia y su escasa ductilidad intelectual, a pesar de creerse en posesión de la verdad absoluta, no se le ocurría desdeñar a un pueblo «inculto» y depauperado como España. Cuando alguien lo hacía, el escándalo que provocaba era prueba de que el hombre normal de entonces no veía, como un *parvenu*, en las diferencias de poderío diferencia de rango humano. Al contrario: es el siglo de los viajes llenos de curiosidad amable y gozosa por la divergencia del prójimo. Éste fue el sentido del cosmopolitismo que cuaja hacia su último tercio. El cosmopolitismo de Ferguson, Herder, Goethe es lo contrario del actual «internacionalismo». Se nutre, no de la exclusión de las diferencias nacionales, sino, al revés, de entusiasmo hacia ellas. Busca la pluralidad de formas vitales con vistas no a su anulación, sino a su integración. Lema de él fueron estas palabras de Goethe: «Sólo todos los hombres viven lo humano». El romanticismo que le sucedió no es sino su exaltación. El romántico se enamoraba de los otros pueblos precisamente porque eran otros y en el uso más exótico e incomprensible recelaba misterios de gran sabiduría. Y el caso es que –en principio– tenía razón. Es, por ejemplo, indudable que el inglés de hoy, hermetizado por la conciencia de su poder político, no es muy capaz de ver lo que hay de cultura refinada, sutilísima y de alta alcurnia en esa ocupación –que a él le parece la ejemplar desocupación– de «tomar el sol» a que el castizo español suele dedicarse concienzudamente. Él cree, acaso, que lo únicamente civilizado es ponerse unos bombachos y dar golpes a una bolita con una vara, operación que suele dignificarse llamándola «golf».

El asunto es, pues, de enorme arrastre, y las páginas que siguen no hacen sino tomarlo por el lado más urgente. Ese mutuo desconocimiento ha hecho posible que el pueblo inglés, tan parco en errores históricos graves, cometiera el gigantesco de su pacifismo. De todas las causas que han generado los presentes tártagos del mundo, la que, tal vez, puede concretarse más es el desarme de Inglaterra. Su genio político le ha permitido en estos meses corregir con un esfuerzo increíble de *self-control* lo más extremo del mal. Acaso ha contribuido a que adopte esta resolución la conciencia de la responsabilidad contraída.

Sobre todo esto se razona tranquilamente en las páginas inmediatas, sin excesiva presuntuosidad, pero con el entrañable deseo de colaborar en la reconstitución de Europa. Debo advertir al lector que todas las notas han sido agregadas ahora y sus alusiones cronológicas han de ser referidas al mes corriente.

París y abril 1938

# En cuanto al pacifismo...

Desde hace veinte años, Inglaterra –su Gobierno y su opinión pública– se ha embarcado en el pacifismo. Cometemos el error de designar con este único nombre actitudes muy diferentes, tan diferentes que en la práctica resultan con frecuencia antagónicas. Hay, en efecto, muchas formas de pacifismo. Lo único que entre ellas existe de común es una cosa muy vaga: la creencia en que la guerra es un mal y la aspiración a eliminarla como medio de trato entre los hombres. Pero los pacifistas comienzan a discrepar en cuanto dan el paso inmediato y se preguntan hasta qué punto es en absoluto posible la desaparición de las guerras. En fin: la divergencia se hace superlativa cuando se ponen a pensar en los medios que exige una instauración de la paz sobre este pugnacísimo globo terráqueo. Acaso fuera mucho más útil de lo que se sospecha un estudio completo sobre las diversas formas del pacifismo. De él emergería no poca claridad. Pero es evidente que no me corresponde ahora ni aquí hacer ese estudio en el cual quedaría definido con cierta precisión el peculiar pacifismo en que Inglaterra –su Gobierno y su opinión pública– se embarcó hace veinte años.

Mas, por otra parte, la realidad actual nos facilita desgraciadamente el asunto. Es un hecho demasiado notorio que ese pacifismo inglés ha fracasado. Lo cual significa que ese pacifismo fue un error. El fracaso ha sido tan grande, tan rotundo, que alguien tendría derecho a revisar radicalmente la cuestión y a preguntarse si no es un error todo pacifismo. Pero yo prefiero ahora adaptarme cuanto pueda al punto de vista inglés, y voy a suponer que su aspiración a la paz del mundo era una excelente aspiración. Mas ello subraya tanto más cuanto ha habido de error en el resto, a saber, en la apreciación de las posibilidades de paz que el mundo actual ofrecía y en la determinación de la conducta que ha de seguir quien pretenda ser, de verdad, pacifista.

Al decir esto no sugiero nada que pueda llevar al desánimo. Todo lo contrario. ¿Por qué desanimarse? Tal vez las dos únicas cosas a que el hombre no tiene derecho son la petulancia y su opuesto, el desánimo. No hay nunca razón suficiente ni para lo uno ni para lo otro. Baste advertir el extraño misterio de la condición humana consistente en que una situación tan negativa y de derrota como es haber cometido un error, se convierte mágicamente en una nueva victoria para el hombre, sin más que haberlo reconocido. El reconocimiento de un error es por sí mismo una nueva verdad y como una luz que dentro de éste se enciende.

Contra lo que creen los plañideros, todo error es una finca que acrece nuestro haber. En vez de llorar sobre él conviene apresurarse a explotarlo. Para ello es preciso que nos resolvamos a estudiarlo a fondo, a descubrir sin piedad sus raíces y a construir enérgicamente la nueva concepción de las cosas que esto nos proporciona. Yo supongo que los ingleses se disponen ya, serenamente, pero decididamente, a rectificar el enorme error que durante veinte años ha sido su peculiar pacifismo y a sustituirlo por otro pacifismo más perspicaz y más eficiente.

Como casi siempre acontece, el defecto mayor del pacifismo inglés –y en general de los que se presentan como titulares del pacifismo– ha sido subestimar al enemigo. Esta subestima les inspiró un diagnóstico falso. El pacifista ve en la guerra un daño, un crimen o un vicio. Pero olvida que, antes que eso y por encima de eso, la guerra es un enorme esfuerzo que hacen los hombres para resolver ciertos conflictos. La guerra no es un instinto, sino un invento. Los animales la desconocen y es pura institución humana, como la ciencia o la administración. Ella llevó a uno de los mayores descubrimientos, base de toda civilización: al descubrimiento de la disciplina. Todas las demás formas de disciplina proceden de la primigenia, que fue la disciplina militar. El pacifismo está perdido y se convierte en nula beatería si no tiene presente que la guerra es una genial y formidable técnica de vida y para la vida.

Como toda forma histórica, tiene la guerra dos aspectos: el de la hora de su invención y el de la hora de su superación. En la hora de su invención significó un progreso incalculable. Hoy, cuando se aspira a superarla, vemos de ella sólo la sucia espalda, su horror, su tosquedad, su insuficiencia. Del mismo modo, solemos, sin más reflexión, maldecir de la esclavitud, no advirtiendo el maravilloso adelanto que representó cuando fue inventada. Porque antes lo que se hacía era matar a todos los vencidos. Fue un genio bienhechor de la humanidad el primero que ideó, en vez de matar a los prisioneros, conservarles la vida y aprovechar su labor. Augusto Comte, que tenía un gran sentido humano, es decir, histórico, vio ya de este modo la institución de la esclavitud –liberándose de las tonterías que sobre ella dice Rousseau– y a nosotros nos corresponde generalizar su advertencia, aprendiendo a mirar todas las cosas humanas bajo esa doble perspectiva, a saber: el aspecto que tienen al llegar y el aspecto que tienen al irse. Los romanos, muy finamente, encargaron a dos divinidades de consagrar esos dos instantes –Adeona y Abeona, el dios del llegar y el dios del irse.

Por desconocer todo esto, que es elemental, el pacifismo se ha hecho su tarea demasiado fácil. Pensó que para eliminar la guerra bastaba con no hacerla o, a lo sumo, con trabajar en que no se hiciese. Como veía en ella sólo una excrecencia superflua y morbosa aparecida en el trato humano, creyó que bastaba con extirparla y que *no era necesario sustituirla*. Pero el enorme esfuerzo que es la guerra, sólo puede evitarse si se entiende por paz un esfuerzo todavía mayor, un sistema de esfuerzos complicadísimos y que, en parte, requieren la venturosa intervención del genio. Lo otro es un puro error. Lo otro es interpretar la paz como el simple hueco que la guerra dejaría si desapareciese; por tanto, ignorar que si la guerra es una cosa que se hace, también la paz es una cosa que hay que hacer, que hay que fabricar, poniendo a la faena todas las potencias humanas. La paz no «está ahí», sencillamente, presta sin más para que el hombre la goce. La paz no es fruto espontáneo de ningún árbol. Nada importante es regalado al hombre; antes bien, tiene él que hacérselo, que construirlo. Por eso, el título más claro de nuestra especie es ser *homo faber*.

Si se atiende a todo esto, ¿no parecerá sorprendente la creencia en que ha estado Inglaterra de que lo más que podía hacer en pro de la paz era desarmar, un hacer que se asemeja tanto a un puro omitir? Esa creencia resulta incomprensible si no se advierte el error de diagnóstico que le sirve de base, a saber: la idea de que la guerra procede simplemente de las pasiones de los hombres, y que si se reprime el apasionamiento, el belicismo quedará asfixiado. Para ver con claridad la cuestión hagamos lo que hacía Lord Kelvin para resolver sus problemas de física: construyámonos un *modelo* imaginario. Imaginemos, en efecto, que en un cierto momento todos los hombres renunciasen a la guerra, como Inglaterra, por su parte, ha intentado hacer. ¿Se cree que bastaba eso –más aún, que con ello se había dado el más breve paso eficiente en el sentido de la paz? ¡Grande error! La guerra, repitamos, era un medio que habían inventado los hombres para solventar ciertos conflictos. La renuncia a la guerra no suprime estos conflictos. Al contrario, los deja más intactos y menos resueltos que nunca. La ausencia de pasiones, la voluntad pacífica de todos los hombres resultarían completamente ineficaces, porque los conflictos reclamarían solución y, *mientras no se inventase otro medio*, la guerra reaparecería inexorablemente en ese imaginario planeta habitado sólo por pacifistas.

No es, pues, la voluntad de paz lo que importa últimamente en el pacifismo. Es preciso que este vocablo deje de significar una buena intención y represente un sistema de nuevos medios de trato entre los hombres. No se espere en este orden nada fértil mientras el pacifismo, de ser un gratuito y cómodo deseo, no pase a ser un difícil conjunto de nuevas técnicas.

El enorme daño que aquel pacifismo ha traído a la causa de la paz consistió en no dejarnos ver la carencia de las técnicas más elementales, cuyo ejercicio concreto y preciso constituye eso que, con un vago nombre, llamamos paz.

La paz, por ejemplo, es el derecho como forma de trato entre los pueblos. Pues bien: el pacifismo usual daba por supuesto que ese derecho existía, que estaba ahí a disposición de los hombres y que sólo las pasiones de éstos y sus instintos de violencia inducían a ignorarlo. Ahora bien: eso es gravemente opuesto a la verdad.

Para que el derecho o una rama de él exista es preciso: 1.°, que algunos hombres, especialmente inspirados, descubran ciertas ideas o principios de derecho. 2.°, la propaganda y expansión de esas ideas de derecho sobre la colectividad en cuestión (en nuestro caso, por lo menos, la colectividad que forman los pueblos europeos y americanos, incluyendo los dominios ingleses de Oceanía). 3.°, que esa expansión llegue de tal modo a ser predominante, que aquellas ideas de derecho se consoliden en forma de «opinión pública». Entonces, y sólo entonces, podemos hablar, en la plenitud del término, de derecho, es decir, de norma *vigente.* No importa que no haya legislador, no importa que no haya jueces. Si aquellas ideas señorean de verdad las almas, actuarán inevitablemente como instancias para la conducta a las que se puede recurrir. Y ésta es la verdadera sustancia del derecho.

Pues bien: un derecho referente a las materias que originan inevitablemente las guerras no existe. Y no sólo no existe en el sentido de que no haya logrado todavía «vigencia», esto es, que no se haya consolidado como norma firme en la «opinión pública», sino que no existe ni siquiera como idea, como puro teorema incubado en la mente de algún pensador. Y no habiendo nada de esto, no habiendo ni en teoría un derecho de los pueblos, ¿se pretende que desaparezcan las guerras entre ellos? Permítaseme que califique de frívola, de inmoral semejante pretensión. Porque es inmoral pretender que una cosa deseada se realice mágicamente, simplemente porque la deseamos. Sólo es moral el deseo al que acompaña la severa voluntad de aprontar los medios de su ejecución.

No sabemos cuáles son los «derechos subjetivos» de las naciones y no tenemos ni barruntos de cómo sería el «derecho objetivo» que pueda regular sus movimientos. La proliferación de tribunales internacionales, de órganos de arbitraje entre Estados, que los últimos cincuenta años han presenciado, contribuye a ocultarnos la indigencia de verdadero derecho internacional que padecemos. No desestimo, ni mucho menos, la importancia de esas magistraturas. Siempre es importante para el progreso de una función moral que aparezca materializada en un órgano especial, claramente visible. Pero la importancia de esos tribunales internacionales se ha reducido a eso hasta la fecha. El derecho que administran es, en lo esencial, el mismo que ya existía antes de su establecimiento. En efecto;

si se pasa revista a las materias juzgadas por esos tribunales, se advierte que son las mismas resueltas desde antiguo por la diplomacia. No han significado progreso alguno importante en lo que es esencial: en la creación de un derecho para la peculiar realidad que son las naciones.

Ni era lícito esperar mayor fertilidad en este orden, de una etapa que se inició con el Tratado de Versalles y con la institución de la Sociedad de Naciones, para referirnos sólo a los dos más grandes y más recientes cadáveres. Me repugna atraer la atención del lector sobre cosas fallidas, maltrechas o en ruinas. Pero es indispensable para contribuir un poco a despertar el interés hacia nuevas grandes empresas, hacia nuevas tareas constructivas y salutíferas. Es preciso que no vuelva a cometerse un error como fue la creación de la Sociedad de Naciones; se entiende, lo que concretamente fue y significó esta institución en la hora de su nacimiento. No fue un error cualquiera, como los habituales en la difícil faena que es la política. Fue un error que reclama el atributo de profundo. Fue un profundo error *histórico*. El «espíritu» que impulsó hacia aquella creación, el sistema de ideas filosóficas, históricas, sociológicas y jurídicas de que emanaron su proyecto y su figura estaba ya *históricamente* muerto en aquella fecha, pertenecía al pasado, y lejos de anticipar el futuro era ya arcaico. Y no se diga que es cosa fácil proclamar esto ahora. Hubo hombres en Europa que ya entonces denunciaron su inevitable fracaso. Una vez más aconteció lo que es casi normal en la historia, a saber: que fue predicha. Pero una vez más también los políticos no hicieron caso de esos hombres. Eludo precisar a qué gremio pertenecían los profetas. Baste decir que en la fauna humana representan la especie más opuesta al político. Siempre será éste quien deba gobernar, y no el profeta; pero importa mucho a los destinos humanos que el político oiga siempre lo que el profeta grita o insinúa. Todas las grandes épocas de la historia han nacido de la sutil colaboración entre esos dos tipos de hombre. Y tal vez una de las causas profundas del actual desconcierto sea que desde hace dos generaciones los políticos se han declarado independientes y han cancelado esa colaboración. Merced a ello se ha producido el vergonzoso fenómeno de que, a estas alturas de la historia y de la civilización, navegue el mundo más a la deriva que nunca, entregado a una ciega mecánica. Cada vez es menos posible una sana política sin larga anticipación histórica, sin profecía. Acaso las catástrofes presentes abran de nuevo los ojos a los políticos para el hecho evidente de que hay hombres, los cuales, por los temas en que habitualmente se ocupan, o por poseer almas sensibles como finos registradores sísmicos, reciben antes que los demás la visita del porvenir[1].

La Sociedad de Naciones fue un gigantesco aparato jurídico creado para un derecho inexistente. Su vacío de justicia se llenó fraudulentamente con la sempiterna di-

---

1. Cierta dosis de anacronismo es connatural a la política. Es ésta un fenómeno colectivo, y todo lo colectivo o social es arcaico relativamente a la vida personal de las minorías inventoras. En la medida en que las masas se distancian de éstas aumenta el arcaísmo de la sociedad, y de ser una magnitud normal, constitutiva, pasa a ser un carácter patológico. Si se repasa la lista de las personas que intervinieron en la creación de la Sociedad de Naciones, resulta muy difícil encontrar alguna que mereciese entonces, y mucho menos merezca ahora, estimación intelectual. No me refiero, claro está, a los expertos y técnicos, obligados a desenvolver y ejecutar las insensateces de aquellos políticos.

plomacia, que al disfrazarse de derecho contribuyó a la universal desmoralización.

Formúlese el lector cualquiera de los grandes conflictos que hay hoy planteados entre las naciones, y dígase a sí mismo si encuentra en su mente una *posible* norma jurídica que permita, siquiera teóricamente, resolverlo. ¿Cuáles son, por ejemplo, los derechos de un pueblo que ayer tenía veinte millones de hombres y hoy tiene cuarenta u ochenta? ¿Quién tiene derecho al espacio deshabitado del mundo? Estos ejemplos, los más toscos y elementales que pueden aportarse, ponen bien a la vista el carácter ilusorio de todo pacifismo que no empiece por ser una nueva técnica jurídica. Sin duda, el derecho que aquí se postula es una invención muy difícil. Si fuese fácil existiría hace mucho tiempo. Es difícil, exactamente tan difícil como la paz, con la cual coincide. Pero una época que ha asistido al invento de las geometrías no-euclidianas, de una física de cuatro dimensiones y de una mecánica de lo discontinuo, puede, sin espanto, mirar ante sí aquella empresa y resolverse a acometerla. En cierto modo, el problema del nuevo derecho internacional pertenece al mismo estilo que esos recientes progresos doctrinales. También aquí se trataría de liberar una actividad humana –el derecho– de cierta radical limitación que ha padecido siempre. El derecho, en efecto, es estático y no en balde su órgano principal se llama Estado. El hombre no ha logrado todavía elaborar una forma de justicia que no esté circunscrita en la cláusula *rebus sic stantibus*. Pero es el caso que las cosas humanas no son *res stantes*, sino todo lo contrario: cosas históricas, es decir, puro movimiento, mutación perpetua. El derecho tradicional es sólo reglamento para una realidad paralítica. Y como la realidad histórica cambia periódicamente de modo radical, choca, sin remedio, con la estabilidad del derecho, que se convierte en una camisa de fuerza. Mas una camisa de fuerza puesta a un hombre sano tiene la virtud de volverle loco furioso. De aquí –decía yo, recientemente–, ese extraño aspecto patológico que tiene la historia y que la hace aparecer como una lucha sempiterna entre los paralíticos y los epilépticos. Dentro del pueblo se producen las revoluciones, y entre los pueblos estallan las guerras. El bien que pretende ser el derecho se convierte en un mal, como nos enseña ya la Biblia: «¿Por qué habéis tornado el derecho en hiel y el fruto de la justicia en ajenjo?» (Amós, 6, 12).

En el derecho internacional, esta incongruencia entre la estabilidad de la justicia y la movilidad de la realidad, que el pacifista quiere someter a aquélla, llega a su máxima potencia. Considerada en lo que al derecho importa, la historia es, ante todo, el cambio en el reparto del poder sobre la tierra. Y mientras no existan principios de justicia que, siquiera en teoría, regulen satisfactoriamente esos cambios del poderío, todo pacifismo es pena de amor perdida. Porque si la realidad histórica es eso ante todo, parecerá evidente que la *iniuria maxima* sea el *status quo*. No extrañe, pues, el fracaso de la Sociedad de Naciones, gigantesco aparato construido para administrar el *status quo*.

El hombre necesita un derecho dinámico, un derecho plástico y en movimiento, capaz de acompañar a la historia en sus metamorfosis. La demanda no es exorbitante, ni utópica, ni siquiera nueva. Desde hace más de setenta años, el derecho, tanto civil como político, evoluciona en ese sentido. Por ejemplo: casi todas las constituciones contemporáneas procuran ser «abiertas». Aunque el expediente es un poco ingenuo, conviene recordarlo, porque en él se declara la aspiración a un derecho *semoviente*. Pero, a mi juicio, lo más fértil sería analizar a fondo e intentar definir con precisión –es decir, extraer la teoría que en él yace muda– el fenómeno jurídico más avanzado que se ha producido hasta la fecha en el planeta: la *British Commonwealth of Nations*. Se me dirá que esto es imposible porque precisamente ese extraño fenómeno jurídico ha sido forjado mediante estos dos principios; uno, el formulado por Balfour en 1926 con sus famosas palabras: En las cuestiones del Imperio es preciso evitar el *refining, discussing, or defining*. Otro, el principio «del margen y de la elasticidad», enunciado por Sir Austen Chamberlain en su histórico discurso del 12 de septiembre de 1925: «Mírense las relaciones entre las diferentes secciones del Imperio Británico; la unidad del Imperio Británico no está hecha sobre una constitución lógica. No está siquiera basada en una Constitución. Porque queremos conservar a toda costa un margen y una elasticidad».

Sería un error no ver en estas dos fórmulas más que emanaciones del oportunismo político. Lejos de ello, expresan muy adecuadamente la formidable realidad que es la *British Commonwealth of Nations* y la designan precisamente bajo su aspecto jurídico. Lo que no hacen es definirla, porque un político no ha venido al mundo para eso, y si el político es inglés siente que definir algo es casi cometer una traición. Pero es evidente que hay otros hombres cuya misión es hacer lo que al político, y especialmente al inglés, está prohibido: definir las cosas, aunque éstas se presenten con la pretensión de ser esencialmente vagas. En principio, no es más ni menos difícil definir el triángulo que la niebla. Importaría mucho reducir a conceptos claros esa situación efectiva de derecho que consiste en puros «márgenes» y puras «elasticidades». Porque la elasticidad es la condición que permite a un derecho ser plástico y, si se le atribuye un margen, es que se prevé su movimiento. Si en vez de entender esos dos caracteres como meras alusiones y como insuficiencias de un derecho, las tomamos como cualidades positivas, es posible que se abran ante nosotros las más fértiles perspectivas. Probablemente, la constitución del Imperio Británico se parece mucho al «molusco de referencia» de que habló Einstein, una idea que al principio se juzgó ininteligible y que es hoy base de la nueva mecánica.

La capacidad para descubrir la nueva técnica de justicia que aquí se postula está preformada en toda la tradición jurídica de Inglaterra más intensamente que en la de ningún otro país. Y ello no ciertamente por casualidad. La manera inglesa de ver el derecho no es sino un caso particular del estilo general que caracteriza al pensamiento británico, en el cual adquiere su expresión más extrema y depurada lo que acaso es el destino intelectual de Occidente, a saber: interpretar todo lo inerte y material como puro dinamismo, sustituir lo que no parece ser sino «cosa» yacente, quieta y fija por fuerzas, movimientos y funciones. Inglaterra ha sido, en todos los órdenes de la vida, newtoniana. Pero no creo necesario detenerme en este punto. Supongo que cien veces se habrá hecho constar y habrá sido demostrado con suficiente detalle. Permítaseme sólo que, como empedernido lector, manifieste mi *desideratum* de leer un libro cuyo tema sea éste: el newtonismo inglés fuera de la física, por tanto, en todos los demás órdenes de la vida.

Si resumo ahora mi razonamiento, parecerá, creo yo, constituido por una línea sencilla y clara.

Está bien que el hombre pacífico se ocupe directamente en evitar esta o aquella guerra; pero el pacifismo no consiste en eso, sino en construir la otra forma de convivencia humana que es la paz. Esto significa la invención y ejercicio de toda una serie de nuevas técnicas. La primera de ellas es una nueva técnica jurídica que comience por descubrir principios de equidad referentes a los cambios del reparto del poder sobre la tierra.

Pero la idea de un nuevo derecho no es todavía un derecho. No olvidemos que el derecho se compone de muchas más cosas que una idea: por ejemplo, forman parte de él los bíceps de los gendarmes o sus sucedáneos. A la técnica del puro pensamiento jurídico tienen que acompañar muchas otras técnicas aún más complicadas.

Desgraciadamente, el nombre mismo de derecho internacional estorba a una clara visión de lo que sería en su plena realidad un derecho de las naciones. Porque el derecho nos parecería ser un fenómeno que acontece dentro de las sociedades y el llamado «inter-nacional» nos invita, por el contrario, a imaginar un derecho que acontece *entre* ellas; es decir, en un vacío social. En ese vacío social, las naciones se reunirían, y mediante un pacto crearían una sociedad nueva, que sería, por mágica virtud de los vocablos, la *Sociedad de Naciones*. Pero esto tiene todo el aire de un *calembour*[1]. Una sociedad constituida mediante un pacto sólo es sociedad en el sentido que este vocablo tiene para el derecho civil; esto es, una asociación. Mas una asociación no puede existir como realidad jurídica si no surge sobre una área donde previamente tiene vigencia un cierto derecho civil. Otra cosa son puras fantasmagorías. Esa área donde la sociedad pactada surge es otra sociedad preexistente, que no es obra de ningún pacto, sino que es el resultado de una convivencia inveterada. Esta auténtica sociedad, y no asociación, sólo se parece a la otra en el nombre. De aquí el *calembour*.

Sin que yo pretenda resolver ahora con gesto dogmático, de paso y al vuelo, las cuestiones más intrincadas de la filosofía del derecho y de la sociología, me atrevo a insinuar que caminará seguro quien exija, cuando alguien le hable de un hecho jurídico, que le indique la sociedad portadora de ese derecho y previa a él. En el vacío social no hay ni nace derecho. Éste requiere como substrato una unidad de convivencia humana, lo mismo que el uso y la costumbre, de quienes el derecho es el hermano menor, pero más enérgico. Hasta el punto es así, que no existe síntoma más seguro para descubrir la existencia de una auténtica sociedad que la existencia de un hecho jurídico. Enturbia la evidencia de esto la confusión habitual que padecemos al creer que toda auténtica sociedad tiene por fuerza que poseer un Estado auténtico. Pero es bien claro que el aparato estatal no se produce dentro de una socie-

---

1. Los ingleses, con buen acuerdo, han preferido llamarla «liga». Esto evita el equívoco, pero, a la vez, sitúa la agrupación de Estados fuera del derecho, consignándola francamente a la política.

dad, sino en un estadio muy avanzado de su evolución. Tal vez el Estado proporciona al derecho ciertas perfecciones, pero es innecesario enunciar ante lectores ingleses que el derecho existe sin el Estado y su actividad estatutaria.

Cuando hablamos de las Naciones tendemos a representárnoslas como sociedades separadas y cerradas hacia dentro de sí mismas. Pero esto es una abstracción que deja fuera lo más importante de la realidad. Sin duda, la convivencia o trato de los ingleses entre sí es mucho más intensa que, por ejemplo, la convivencia entre los hombres de Inglaterra y los hombres de Alemania o de Francia. Mas es evidente que existe una convivencia general de los europeos entre sí, y, por tanto, que Europa es una sociedad, vieja de muchos siglos y que tiene una historia propia como pueda tenerla cada nación particular. Esta sociedad general europea posee un grado o índice de socialización menos elevado que el que han logrado desde el siglo XVI las sociedades particulares llamadas naciones europeas. Dígase, pues, que Europa es una sociedad más tenue que Inglaterra o que Francia, pero no se desconozca su efectivo carácter de sociedad. La cosa importa superlativamente, porque las únicas posibilidades de paz que existen dependen de que exista o no efectivamente una sociedad europea. Si Europa es sólo una pluralidad de naciones, pueden los pacíficos despedirse radicalmente de sus esperanzas[1]. Entre sociedades independientes no puede existir verdadera paz. Lo que solemos llamar así no es más que un estado de guerra mínima o latente.

---

1. Sobre la unidad y la pluralidad de Europa, contempladas desde otra perspectiva, véase el *Prólogo para franceses* de esta obra.

Como los fenómenos corporales son el idioma y el jeroglífico, merced al cual pensamos las realidades morales, no es para dicho el daño que engendra una errónea imagen visual convertida en hábito de nuestra mente. Por esta razón censuro esa figura de Europa en que ésta aparece constituida por una muchedumbre de esferas –las naciones– que sólo mantienen algunos contactos externos. Esta metáfora de jugador de billar debiera desesperar al buen pacifista, porque, como el billar, no nos promete más eventualidad que el choque. Corrijámosla, pues. En vez de figurarnos las naciones europeas como una serie de sociedades exentas, imaginemos una sociedad única –Europa–, dentro de la cual se han producido grumos o núcleos de condensación más intensa. Esta figura corresponde mucho más aproximadamente que la otra a lo que, en efecto, ha sido la convivencia occidental. No se trata con ello de dibujar un ideal, sino de dar expresión gráfica a lo que realmente fue desde su iniciación, tras la muerte del poderío romano, esa convivencia[1].

La convivencia, sin más, no significa sociedad, vivir en sociedad o formar parte de una sociedad. Convivencia implica sólo relaciones entre individuos. Pero no puede haber convivencia duradera y estable sin que se produzca automáticamente el fenómeno social por excelencia, que son los usos –usos intelectuales u «opinión pública», usos de técnica vital o «costumbres», usos que dirigen la conducta o «moral», usos que la imperan o «derecho».

---

1. La sociedad europea no es, pues, una sociedad cuyos miembros sean las naciones. Como en toda auténtica sociedad, sus miembros son hombres, individuos humanos, a saber, los europeos, que *además* de ser europeos son ingleses, alemanes, españoles.

El carácter general del uso consiste en ser una norma del comportamiento –intelectual, sentimental o físico– que se impone a los individuos, quieran éstos o no. El individuo podrá, a su cuenta y riesgo, resistir al uso; pero precisamente este esfuerzo de resistencia demuestra mejor que nada la realidad coactiva del uso, lo que llamaremos su «vigencia». Pues bien: una sociedad es un conjunto de individuos que mutuamente se saben sometidos a la vigencia de ciertas opiniones y valoraciones. Según esto, no hay sociedad sin la vigencia efectiva de cierta concepción del mundo, la cual actúa como una última instancia a que se puede recurrir en caso de conflicto.

Europa ha sido siempre un ámbito social unitario, sin fronteras absolutas ni discontinuidades, porque nunca ha faltado ese fondo o tesoro de «vigencias colectivas» –convicciones comunes y tabla de valores– dotadas de esa fuerza coactiva tan extraña en que consiste «lo social». No sería nada exagerado decir que la sociedad europea existe antes que las naciones europeas, y que éstas han nacido y se han desarrollado en el regazo maternal de aquélla. Los ingleses pueden ver esto con alguna claridad en el libro de Dawson: *The Making of Europe. Introduction to the history of European Society.*

Sin embargo, el libro de Dawson es insuficiente. Está escrito por una mente alerta y ágil, pero que no se ha liberado por completo del arsenal de conceptos tradicionales en la historiografía, conceptos más o menos melodramáticos y míticos que ocultan, en vez de iluminarlas, las realidades históricas. Pocas cosas contribuirían a apaciguar el horizonte como una historia de la sociedad europea, entendida como acabo de apuntar; una historia realista, sin «idealizaciones». Pero este asunto no ha sido nunca *visto*, porque las formas tradicionales de la óptica histórica tapaban esa realidad unitaria que he llamado, *sensu stricto*, «sociedad europea», y la suplantaban por el plural –las naciones–, como, por ejemplo, aparece en el título de Ranke: *Historia de los pueblos germánicos y románicos*. La verdad es que esos pueblos en plural flotan como ludiones dentro del único espacio social que es Europa: «en él se mueven, viven y son». La historia que yo postulo nos contaría las vicisitudes de ese espacio humano y nos haría ver cómo su índice de socialización ha variado; cómo, en ocasiones, descendió gravemente, haciendo temer la escisión radical de Europa, y, sobre todo, cómo la dosis de paz en cada época ha estado en razón directa de ese índice. Esto último es lo que más nos importa para las congojas actuales.

La realidad histórica o, más vulgarmente dicho, lo que pasa en el mundo humano, no es un montón de hechos sueltos, sino que posee una estricta anatomía y una clara estructura. Es más: acaso es lo único en el Universo que tiene por sí mismo estructura, organización. Todo lo demás –por ejemplo, los fenómenos físicos– carece de ella. Son hechos sueltos a los que el físico tiene que inventar una estructura imaginaria. Pero esa anatomía de la realidad histórica necesita ser estudiada. Los editoriales de los periódicos y los discursos de ministros y demagogos no nos dan noticia de ella. Cuando se la estudia bien, resulta posible diagnosticar con cierta precisión el lugar o estrato del cuerpo histórico donde la enfermedad radica. Había en el mundo una amplísima y potente sociedad –la sociedad europea. A fuer de sociedad, estaba constituida por un orden básico debido a la eficiencia de ciertas instancias últimas –el credo intelectual y moral de Europa. Este orden que, por debajo de todos sus superficiales desórdenes, actuaba en los senos profundos de Occidente, ha irradiado durante generaciones sobre el resto del planeta, y puso en él, mucho o poco, todo el orden de que ese resto era capaz.

Pues bien: nada debiera hoy importar tanto al pacifista como averiguar qué es lo que pasa en esos senos profundos del cuerpo occidental, cuál es su índice actual de socialización, por qué se ha volatilizado el sistema tradicional de «vigencias colectivas», y si, a despecho de las apariencias, conserva alguna de éstas latente vivacidad. Porque el derecho es operación espontánea de la sociedad, pero la sociedad es convivencia bajo instancias. Pudiera acaecer que en la fecha presente faltasen esas instancias en una proporción sin ejemplo a lo largo de toda la historia europea. En este caso la enfermedad sería la más grave que ha sufrido el Occidente desde Diocleciano o los Severos. Esto no quiere decir que sea incurable; quiere decir sólo que fuera preciso llamar a muy buenos médicos y no a cualquier transeúnte. Quiere decir, sobre todo, que no puede esperarse remedio alguno de la Sociedad de Naciones, según lo que fue y sigue siendo, instituto anti-histórico que un maldiciente podría suponer inventado en un club cuyos miembros principales fuesen *mister* Pickwick, *monsieur* Homais y congéneres.

El anterior diagnóstico, aparte de que sea acertado o erróneo, parecerá abstruso. Y lo es, en efecto. Yo lo lamento, pero no está en mi mano evitarlo. También los diagnósticos más rigorosos de la medicina actual son abstrusos. ¿Qué profano, al leer un fino análisis de sangre, ve allí definida una terrible enfermedad? Me he esforzado siempre en combatir el esoterismo, que es por sí uno de los males de nuestro tiempo. Pero no nos hagamos ilusiones. Desde hace un siglo, por causas hondas y, en parte, respetables, las ciencias derivan irresistiblemente en dirección esotérica. Es una de las muchas cosas cuya grave importancia no han sabido ver los políticos, hombres aquejados del vicio opuesto, que es un excesivo exoterismo. Por el momento, no hay sino aceptar la situación y reconocer que el conocimiento se ha distanciado radicalmente de las conversaciones de *beer table*.

Europa está hoy *desocializada* o, lo que es igual, faltan principios de convivencia que sean vigentes y a que quepa recurrir. Una parte de Europa se esfuerza en hacer triunfar unos principios que considera «nuevos»; la otra se esfuerza en defender los tradicionales. Ahora bien, ésta es la mejor prueba de que ni unos ni otros son vigentes y han perdido o no han logrado la virtud de instancias. Cuando una opinión o norma ha llegado a ser de verdad «vigencia colectiva», no recibe su vigor del esfuerzo que en imponerla o sostenerla emplean grupos determinados dentro de la sociedad. Al contrario: todo grupo determinado busca su máxima fortaleza reclamándose de esas vigencias. En el momento en que es preciso luchar en pro de un principio, quiere decirse que éste no es aún o ha dejado de ser vigente. Viceversa, cuando es con plenitud vigente, lo único que hay que hacer es usar de él, referirse a él, ampararse en él, como se hace con la ley de gravedad. Las vigencias operan su mágico influjo sin polémica ni agitación, quietas y yacentes en el fondo de las almas, a veces sin que éstas se den cuenta de que están dominadas por ellas y a veces creyendo inclusive que combaten en contra de ellas. El fenómeno es sorprendente, pero es incuestionable y constituye el hecho fundamental de la sociedad. Las vigencias son el auténtico poder social, anónimo, impersonal, independiente de todo grupo o individuo determinado.

Mas, inversamente, cuando una idea ha perdido ese carácter de instancia colectiva, produce una impresión entre cómica y azorante ver que alguien considera suficiente aludir a ella para sentirse justificado o fortalecido. Ahora bien, esto acontece todavía hoy, con excesiva frecuencia en Inglaterra y Norteamérica[1]. Al advertirlo, nos quedamos perplejos. Esa conducta, ¿significa un error o una ficción deliberada? ¿Es inocencia o es táctica? No sabemos a qué atenernos, porque en el hombre anglosajón la función de expresarse, de «decir», acaso represente un papel distinto que en los demás pueblos europeos. Pero, sea uno u otro el sentido de ese comportamiento, temo que sea funesto para el pacifismo. Es más, habría que ver si no ha sido uno de los factores que han contribuido al desprestigio de las vigencias europeas el peculiar uso que de ellas ha solido hacer Inglaterra. La cuestión deberá algún día ser estudiada a fondo, pero no ahora ni por mí[2].

---

1. Por ejemplo: las apelaciones a un supuesto «mundo civilizado» o a una «conciencia moral del mundo», que tan frecuentemente hacen su cómica aparición en las cartas al director de *The Times*.
2. Desde hace ciento cincuenta años, Inglaterra fertiliza su política internacional movilizando siempre que le conviene –y sólo cuando le conviene– el principio melodramático de *women and children*, «mujeres y niños»: he ahí un ejemplo.

Ello es que el pacifista necesita hacerse cargo de que se encuentra en un mundo donde falta o está muy debilitado el requisito principal para la organización de la paz. En el trato de unos pueblos con otros no cabe recurrir a instancias superiores, porque no las hay. La atmósfera de sociabilidad en que flotaban y que, interpuesta como un éter benéfico entre ellos, les permitía comunicar suavemente, se ha aniquilado. Quedan, pues, separados y frente a frente. Mientras, hace treinta años, las fronteras eran para el viajero poco más que coluros imaginarios, todos hemos visto cómo se iban rápidamente endureciendo, convirtiéndose en materia córnea, que anulaba la porosidad de las naciones y las hacía herméticas. La pura verdad es que, desde hace años, Europa se halla en estado de guerra, en un estado de guerra sustancialmente más radical que en todo su pasado. Y el origen que he atribuido a esta situación me parece confirmado por el hecho de que no solamente existe una guerra virtual entre los pueblos, sino que dentro de cada uno hay, declarada o preparándose, una grave discordia. Es frívolo interpretar los regímenes autoritarios del día como engendrados por el capricho o la intriga. Bien claro está que son manifestaciones ineludibles del estado de guerra civil en que casi todos los países se hallan hoy. Ahora se ve cómo la cohesión interna de cada nación se nutría en buena parte de las vigencias colectivas europeas.

Esta debilitación subitánea de la comunidad entre los pueblos de Occidente equivale a un enorme distanciamiento moral. El trato entre ellos es dificilísimo. Los principios comunes constituían una especie de lenguaje que les permitía entenderse. No era, pues, tan necesario que cada pueblo conociese bien y *singulatim* a cada uno de los demás. Mas con esto rizamos el rizo de nuestras consideraciones iniciales.

Porque ese distanciamiento moral se complica peligrosamente con otro fenómeno opuesto, que es el que ha inspirado de modo concreto todo este artículo. Me refiero a un gigantesco hecho, cuyos caracteres conviene precisar un poco.

Desde hace casi un siglo se habla de que los nuevos medios de comunicación –desplazamiento de personas, transferencia de productos y transmisión de noticias– han aproximado los pueblos y unificado la vida en el planeta. Mas, como suele acaecer, todo este decir era una exageración. Casi siempre las cosas humanas comienzan por ser leyendas y sólo más tarde se convierten en realidades. En este caso, bien claro vemos hoy que se trataba sólo de una entusiasta anticipación. Algunos de los medios que habían de hacer efectiva esa aproximación, existían ya en principio –vapores, ferrocarriles, telégrafo, teléfono. Pero ni se había aún perfeccionado su invención ni se habían puesto ampliamente en servicio, ni siquiera se habían inventado los más decisivos, como son el motor de explosión y la radiocomunicación. El siglo XIX, emocionado ante las primeras grandes conquistas de la técnica científica, se apresuró a emitir torrentes de retórica sobre los «adelantos», el «progreso material», etcétera. De suerte tal que, hacia su fin, las almas comenzaron a fatigarse de esos lugares comunes, a pesar de que los creían verídicos, esto es, aunque habían llegado a persuadirse de que el siglo XIX había, en efecto, realizado ya lo que aquella fraseología proclamaba. Esto ha ocasionado un curioso error de óptica histórica, que impide la comprensión de muchos conflictos actuales. Convencido el hombre medio de que la centuria anterior era la que había dado cima a los grandes adelantos, no se dio cuenta de que la época sin par de los inventos técnicos y de su realización ha sido estos últimos cuarenta años. El número e importancia de los descubrimientos, y el ritmo de su efectivo empleo en esa brevísima etapa, supera con mucho a todo el pretérito humano tomado en conjunto. Es decir, que la efectiva transformación técnica del mundo es un hecho recentísimo y que ese cambio está produciendo ahora –ahora y no desde hace un siglo– sus consecuencias radicales[1]. Y esto en todos los órdenes. No pocos de los profundos desajustes en la economía actual vienen del cambio súbito que han causado en la producción estos inventos, cambio al cual no ha tenido tiempo de adaptarse el organismo económico. Que una sola fábrica sea capaz de producir todas las bombillas eléctricas o todos los zapatos que necesita medio continente, es un hecho demasiado afortunado para no ser, por lo pronto, monstruoso. Esto mismo ha acontecido con las comunicaciones. De pronto y de verdad, en estos últimos años recibe cada pueblo, a la hora y al minuto, tal cantidad de noticias y tan recientes sobre lo que pasa en los otros, que ha provocado en él la ilusión de que, en efecto, está *en* los otros pueblos o en su absoluta inmediatez. Dicho en otra

---

1. Quedan fuera de la consideración los que podemos llamar «inventos elementales» –el hacha, el fuego, la rueda, el canasto, la vasija, etcétera. Precisamente por ser el supuesto de todos los demás y haber sido logrados en períodos milenarios, resulta muy difícil su comparación con la masa de los inventos derivados o históricos.

forma: para los efectos de la vida pública universal, el tamaño del mundo súbitamente se ha contraído, se ha reducido. Los pueblos se han encontrado de improviso *dinámicamente* más próximos. Y esto acontece precisamente a la hora en que los pueblos europeos se han distanciado más moralmente.

¿No advierte el lector, desde luego, lo peligroso de semejante coyuntura? Sabido es que el ser humano no puede, sin más ni más, aproximarse a otro ser humano. Como venimos de una de las épocas históricas en que la aproximación era *aparentemente* más fácil, tendemos a olvidar que siempre fueron menester grandes precauciones para acercarse a esa fiera con veleidades de arcángel que suele ser el hombre. Por eso corre a lo largo de toda la historia la evolución de la técnica de la aproximación, cuya parte más notoria y visible es el saludo. Tal vez, con ciertas reservas, pudiera decirse que las formas del saludo son función de la densidad de población; por tanto, de la distancia normal a que están unos hombres de otros. En el Sáhara cada tuareg posee un radio de soledad que alcanza bastantes millas. El saludo del tuareg comienza a cien yardas y dura tres cuartos de hora. En la China y el Japón, pueblos pululantes, donde los hombres viven, por decirlo así, unos encima de otros, nariz contra nariz, en compacto hormiguero, el saludo y el trato se han complicado en la más sutil y compleja técnica de cortesía; tan refinada, que al extremo-oriental le produce el europeo la impresión de un ser grosero e insolente, con quien, en rigor, sólo el combate es posible. En esa proximidad superlativa todo es hiriente y peligroso: hasta los pronombres personales se convierten en impertinencias.

Por eso el japonés ha llegado a excluirlos de su idioma, y en vez de «tú» dirá algo así como «la maravilla presente», y en lugar de «yo» hará una zalema y dirá: «la miseria que hay aquí».

Si un simple cambio de la distancia entre dos hombres comporta parejos riesgos, imagínense los peligros que engendra la súbita aproximación entre los pueblos sobrevenida en los últimos quince o veinte años. Yo creo que no se ha reparado debidamente en este nuevo factor y que urge prestarle atención.

Se ha hablado mucho estos meses de la intervención o no intervención de unos Estados en la vida de otros países. Pero no se ha hablado, al menos con suficiente énfasis, de la intervención que hoy ejerce de hecho la opinión de unas naciones en la vida de otras, a veces muy remotas. Y ésta es hoy, a mi juicio, mucho más grave que aquélla. Porque el Estado es, al fin y al cabo, un órgano relativamente «racionalizado» dentro de cada sociedad. Sus actuaciones son deliberadas y dosificadas por la voluntad de individuos determinados –los hombres políticos–, a quienes no puede faltar un mínimum de reflexión y sentido de la responsabilidad. Pero la opinión de todo un pueblo o de grandes grupos sociales es un poder elemental, irreflexivo e irresponsable, que además ofrece, indefenso, su inercia al influjo de todas las intrigas. No obstante, la opinión pública *sensu stricto* de un país, cuando opina sobre la vida de su propio país tiene siempre «razón», en el sentido de que nunca es incongruente con las realidades que enjuicia. La causa de ello es obvia. Las realidades que enjuicia son lo que efectivamente ha pasado el mismo sujeto que las enjuicia. El pueblo inglés, al opinar sobre las grandes cuestiones que afectan a su nación, opina sobre hechos que le han acontecido a él, que ha experimentado en su propia carne y en su propia alma, que ha vivido y, en suma, son él mismo. ¿Cómo va, en lo esencial, a equivocarse? La interpretación doctrinal de esos hechos podrá dar ocasión a las mayores divergencias teóricas, y éstas suscitar opiniones partidistas sostenidas por grupos particulares; mas, por debajo de esas discrepancias «teóricas», los hechos insofisticables, gozados o sufridos por la nación, precipitan en ésta una «verdad» vital, que es la realidad histórica misma y tiene un valor y una fuerza superiores a todas las doctrinas. Esta «razón» o «verdad» vivientes, que, como atributo, tenemos que reconocer a toda auténtica «opinión pública», consiste, como se ve, en su congruencia. Dicho con otras palabras obtenemos esta proposición: es máximamente improbable que en asuntos graves de su país la «opinión pública» carezca de la información mínima necesaria para que su juicio no corresponda orgánicamente a la realidad juzgada. Padecerá errores secundarios y de detalle pero, tomada con actitud macroscópica, no es verosímil que sea una reacción *incongruente* con la realidad, inorgánica respecto a ella y, por consiguiente, tóxica.

Estrictamente lo contrario acontece cuando se trata de la opinión de un país sobre lo que pasa en otro. Es máximamente probable que esa opinión resulte en alto grado incongruente. El pueblo A piensa y opina, desde el fondo de sus propias experiencias vitales, que son distintas de las del pueblo B. ¿Puede llevar esto a otra cosa que al juego de los despropósitos? He aquí, pues, la primera causa de una inevitable incongruencia, que sólo podría contrarrestarse merced a una cosa muy difícil, a saber: una información *suficiente*. Como aquí falta la «verdad» de lo vivido, habría que sustituirla con una verdad de conocimiento.

Hace un siglo no importaba que el pueblo de los Estados Unidos se permitiese tener una opinión sobre lo que pasaba en Grecia, y que esa opinión estuviese mal informada. Mientras el Gobierno americano no actuase, esa opinión era inoperante sobre los destinos de Grecia. El mundo era entonces «mayor», menos compacto y elástico. La distancia dinámica entre pueblo y pueblo era tan grande que, al atravesarla, la opinión incongruente perdía su toxicidad[1]. Pero, en estos últimos años, los pueblos han entrado en una extrema proximidad dinámica, y la opinión, por ejemplo, de grandes grupos sociales norteamericanos está interviniendo de hecho –directamente como tal opinión, y *no* su Gobierno– en la guerra civil española. Lo propio digo de la opinión inglesa.

Nada más lejos de mi pretensión que todo intento de podar el albedrío a ingleses y americanos, discutiendo su «derecho» a opinar lo que gusten sobre cuanto les plazca. No es cuestión de «derecho» o de la despreciable fraseología que suele ampararse en ese título; es una cuestión, simplemente, de buen sentido. Sostengo que la ingerencia de la opinión pública de unos países en la vida de los otros es hoy un factor impertinente, venenoso y generador de pasiones bélicas, porque esa opinión no está aún regida por una técnica adecuada al cambio de distancia entre los pueblos. Tendrá el inglés o el americano todo el

---

1. Añádase que en estas opiniones jugaban siempre gran papel las *vigencias* comunes a todo Occidente.

derecho que quiera a opinar sobre lo que ha pasado y debe pasar en España, pero ese derecho es una *iniuria* si no acepta una obligación correspondiente: la de estar bien informado sobre la realidad de la guerra civil española, cuyo primero y más sustancial capítulo es su origen, las causas que la han producido.

Pero aquí es donde los medios actuales de comunicación producen sus efectos; por lo pronto, dañinos. Porque la cantidad de noticias que constantemente recibe un pueblo sobre lo que pasa en otro es enorme. ¿Cómo va a ser fácil persuadir al hombre inglés de que no está informado sobre el fenómeno histórico que es la guerra civil española u otra emergencia análoga? Sabe que los periódicos ingleses gastan sumas fortísimas en sostener corresponsales dentro de todos los países. Sabe que, aunque entre esos corresponsales no pocos ejercen su oficio de manera apasionada y partidista, hay muchos otros cuya imparcialidad es incuestionable y cuya pulcritud en transmitir datos exactos no es fácil de superar. Todo esto es verdad, y, porque lo es, resulta muy peligroso[1]. Pues es el caso que si el hombre inglés rememora con rápida ojeada estos últimos

---

1. En este mes de abril, el corresponsal de *The Times* en Barcelona envía a su periódico una información donde procura los datos más minuciosos y las cifras más pulcras para describir la situación. Pero todo el razonamiento del artículo, que moviliza y da un sentido a esos datos minuciosos y a esas pulcras cifras, parte de suponer, como de cosa sabida y que lo explica todo, haber sido nuestros antepasados los moros. Basta esto para demostrar que ese corresponsal, cualquiera que sea su laboriosidad y su imparcialidad, es por completo incapaz de informar sobre la realidad de la vida española. Es evidente que una nueva técnica de mutuo conocimiento entre los pueblos reclama una reforma profunda de la fauna periodística.

tres o cuatro años, encontrará que han acontecido en el mundo cosas de grave importancia para Inglaterra, *y que le han sorprendido*. Como en la historia nada de algún relieve se produce súbitamente, no sería excesiva suspicacia en el hombre inglés admitir la hipótesis de que está mucho menos informado de lo que suele creer, o que esa información tan copiosa se compone de datos externos, sin fina perspectiva, entre los cuales se escapa lo más auténticamente real de la realidad. El ejemplo más claro de esto, por sus formidables dimensiones, es el hecho gigante que sirvió a este artículo de punto de partida: el fracaso del pacifismo inglés, de veinte años de política internacional inglesa. Dicho fracaso declara estruendosamente que el pueblo inglés –a pesar de sus innumerables corresponsales– sabía poco de lo que *realmente* estaba aconteciendo en los demás pueblos.

Representémonos esquemáticamente, a fin de entenderla bien, la complicación del proceso que tiene lugar. Las noticias que el pueblo A recibe del pueblo B suscitan en él un estado de opinión –sea de amplios grupos o de todo el país. Pero como esas noticias le llegan hoy con superlativa rapidez, abundancia y frecuencia, esa opinión no se mantiene en un plano más o menos «contemplativo», como hace un siglo, sino que, irremediablemente, se carga de intenciones activas y toma desde luego un carácter de intervención. Siempre hay, además, intrigantes que, por motivos particulares, se ocupan deliberadamente en hostigarla. Viceversa, el pueblo B recibe también con abundancia, rapidez y frecuencia noticias de esa opinión lejana, de su nervosidad, de sus movimientos, y tiene la impresión de que el extraño, con intolerable impertinencia, ha invadido su país, que está allí, cuasi-presente, actuando. Pero esta reacción de enojo se multiplica hasta la exasperación porque el pueblo B advierte, al mismo tiempo, la incongruencia entre la opinión de A y lo que en B, efectivamente, ha pasado. Ya es irritante que el prójimo pretenda intervenir en nuestra vida, pero si además revela ignorar por completo nuestra vida, su audacia provoca en nosotros frenesí.

Mientras en Madrid los comunistas y sus afines obligaban, bajo las más graves amenazas, a escritores y profesores a firmar manifiestos, a hablar por radio, etcétera, cómodamente sentados en sus despachos o en sus clubs, exentos de toda presión, algunos de los principales escritores ingleses firmaban otro manifiesto donde se garantizaba que esos comunistas y sus afines eran los defensores de la libertad. Evitemos los aspavientos y las frases, pero déjeseme invitar al lector inglés a que imagine cuál pudo ser mi primer movimiento ante hecho semejante, que oscila entre lo grotesco y lo trágico. Porque no es fácil encontrarse con mayor incongruencia. Por fortuna, he cuidado durante toda mi vida de montar en mi aparato psicofísico un sistema muy fuerte de inhibiciones y frenos –acaso la civilización no es otra cosa que ese montaje– y, además, como Dante decía

*che saetta prevista vien più lenta,*

no contribuyó a debilitarme la sorpresa. Desde hace muchos años me ocupo en hacer notar la frivolidad y la irresponsabilidad frecuentes en el intelectual europeo, que he denunciado como un factor de primera magnitud entre las causas del presente desorden. Pero esta moderación que por azar puedo ostentar no es «natural». Lo natural sería que yo estuviese ahora en guerra apasionada contra esos escritores ingleses. Por eso es un ejemplo concreto del mecanismo belicoso que ha creado el mutuo desconocimiento entre los pueblos.

Hace unos días, Alberto Einstein se ha creído con «derecho» a opinar sobre la guerra civil española y tomar posición ante ella. Ahora bien, Alberto Einstein usufructúa una ignorancia radical sobre lo que ha pasado en España ahora, hace siglos y siempre. El espíritu que le lleva a esta insolente intervención es el mismo que desde hace mucho tiempo viene causando el desprestigio universal del hombre intelectual, el cual, a su vez, hace que hoy vaya el mundo a la deriva, falto de *pouvoir spirituel*.

Nótese que hablo de la guerra civil española como un ejemplo entre muchos, el ejemplo que más exactamente me consta, y me reduzco a procurar que el lector inglés admita por un momento la posibilidad de que no está bien informado, a despecho de sus copiosas «informaciones». Tal vez esto le mueva a corregir su insuficiente conocimiento de las demás naciones, supuesto el más decisivo para que en el mundo vuelva a reinar un orden.

Pero he aquí otro ejemplo más general. Hace poco, el Congreso del Partido Laborista rechazó, por 2.100.000 votos contra 300.000, la unión con los comunistas, es decir, la formación en Inglaterra de un «Frente Popular». Pero ese mismo partido y la masa de opinión que pastorea se ocupan en favorecer y fomentar, del modo más concreto y eficaz, el «Frente Popular» que se ha formado en otros países. Dejo intacta la cuestión de si un

«Frente Popular» es una cosa benéfica o catastrófica, y me reduzco a confrontar dos comportamientos de un mismo grupo de opinión, y a subrayar su nociva incongruencia. La diferencia numérica en la votación es de aquellas diferencias cuantitativas que, según Hegel, se convierten automáticamente en diferencias cualitativas. Esas cifras muestran que, para el bloque del Partido Laborista, la unión con el comunismo, el «Frente Popular», no es una cuestión de más o de menos, sino que lo considerarían como un morbo terrible para la nación inglesa. Pero es el caso que, al mismo tiempo, ese mismo grupo de opinión se ocupa en cultivar ese mismo microbio en otros países, y esto es una intervención, más aún, podría decirse que es una intervención guerrera, puesto que tiene no pocos caracteres de la guerra química. Mientras se produzcan fenómenos como éste, todas las esperanzas de que la paz reine en el mundo son, repito, penas de amor perdidas. Porque esa incongruente conducta, esa duplicidad de la opinión laborista sólo irritación puede inspirar fuera de Inglaterra.

Y me parecería vano objetar que esas intervenciones irritan a una parte del pueblo intervenido, pero complacen a la otra. Ésta es una observación demasiado obvia para que sea verídica. La parte del país favorecida momentáneamente por la opinión extranjera procurará, claro está, beneficiarse de esa intervención. Otra cosa fuera pura tontería. Mas por debajo de esa aparente y transitoria gratitud corre el proceso real de lo vivido por el país entero. La nación acaba por estabilizarse en «su verdad», en lo que efectivamente ha pasado, y ambos partidos hostiles coinciden en ella, declárenlo o no. De aquí que acaben por unirse *contra* la incongruencia de la opinión extranjera. Ésta sólo puede esperar agradecimiento perdurable en la medida en que, por *azar*, acierte o sea menos incongruente con esa viviente «verdad». Toda realidad desconocida prepara su venganza. No otro es el origen de las catástrofes en la historia humana. Por eso será funesto todo intento de desconocer que un pueblo es, como una persona, aunque de otro modo y por otras razones, una intimidad –por tanto, un sistema de secretos que no puede ser descubierto, sin más, desde fuera. No piense el lector en nada vago ni en nada místico. Tome cualquiera función colectiva, por ejemplo, la lengua. Bien notorio es que resulta prácticamente imposible conocer *íntimamente* un idioma extranjero por mucho que se le estudie. ¿Y no será una insensatez creer cosa fácil el conocimiento de la realidad política de un país extraño?

Sostengo, pues, que la nueva estructura del mundo convierte los movimientos de la opinión de un país sobre lo que pasa en otro –movimientos que antes eran casi innocuos– en auténticas incursiones. Esto bastaría a explicar por qué, cuando las naciones europeas parecían más próximas a una superior unificación, han comenzado repentinamente a cerrarse hacia dentro de sí mismas, a hermetizar sus existencias, las unas frente a las otras, y a convertirse las fronteras en escafandras aisladoras.

Yo creo que hay aquí un nuevo problema de primer orden para la disciplina internacional, que corre paralelo al del derecho, tocado más arriba. Como antes postulábamos una nueva técnica jurídica, aquí reclamamos una nueva técnica de trato entre los pueblos. En Inglaterra ha aprendido el individuo a guardar ciertas cautelas cuando se permite opinar sobre otro individuo. Hay la ley del libelo y hay la formidable dictadura de las «buenas maneras». No hay razón para que no sufra análoga regulación la opinión de un pueblo sobre otro.

Claro que esto supone estar de acuerdo sobre un principio básico. Sobre éste: que los pueblos, que las naciones existen. Ahora bien: el viejo y barato «internacionalismo», que ha engendrado las presentes angustias, pensaba, en el fondo, lo contrario. Ninguna de sus doctrinas y actuaciones es comprensible si no se descubre en su raíz el desconocimiento de lo que es una nación y de que eso que son las naciones constituye una formidable realidad situada en el mundo y con que hay que contar. Era un curioso internacionalismo aquél que en sus cuentas olvidaba siempre el detalle de que hay naciones[1].

Tal vez el lector reclame ahora una doctrina positiva. No tengo inconveniente en declarar cuál es la mía, aun exponiéndome a todos los riesgos de una enunciación esquemática.

En el libro *The Revolt of the Masses*[2], que ha sido bastante leído en lengua inglesa, propugno y anuncio el advenimiento de una forma más avanzada de convivencia europea, un paso adelante en la organización jurídica y

---

1. Los peligros mayores, que como nubes negras se amontonan todavía en el horizonte, no provienen directamente del cuadrante político, sino del económico. ¿Hasta qué punto es inevitable una pavorosa catástrofe económica en todo el mundo? Los economistas debían darnos ocasión para que cobrásemos confianza en su diagnóstico. Pero no muestran ningún apresuramiento.
2. Traducción inglesa del presente libro. George Allen & Unwin. Londres.

política de su unidad. Esta idea europea es de signo inverso a aquel abstruso internacionalismo. Europa no es, no será, la inter-nación, porque eso significa, en claras nociones de historia, un hueco, un vacío y nada. Europa será la ultra-nación. La misma inspiración que formó las naciones de Occidente sigue actuando en el subsuelo con la lenta y silente proliferación de los corales. El descarrío metódico que representa el internacionalismo impidió ver que sólo al través de una etapa de nacionalismos exacerbados se puede llegar a la unidad concreta y llena de Europa. Una nueva forma de vida no logra instalarse en el planeta hasta que la anterior y tradicional no se ha ensayado en su modo extremo. Las naciones europeas llegan ahora a sus propios topes, y el topetazo será la nueva integración de Europa. Porque de eso se trata. No de laminar las naciones, sino de integrarlas, dejando al Occidente todo su rico relieve. En esta fecha, como acabo de insinuar, la sociedad europea parece volatilizada. Pero fuera un error creer que esto significa su desaparición o definitiva dispersión. El estado actual de anarquía y superlativa disociación en la sociedad europea es una prueba más de la realidad que ésta posee. Porque si eso acontece en Europa es porque sufre una crisis de su fe común, de la fe europea, de las *vigencias* en que su socialización consiste. La enfermedad por que atraviesa es, pues, común. No se trata de que Europa esté enferma, pero que gocen de plena salud estas o las otras naciones, y que, por tanto, sea probable la desaparición de Europa y su sustitución por otra forma de realidad histórica –por ejemplo: las naciones sueltas o una Europa oriental disociada hasta la raíz de una Europa occidental. Nada de esto se ofrece en el horizonte, sino que, como es común y europea la enfermedad, lo será también el restablecimiento. Por lo pronto, vendrá una *articulación de Europa* en dos formas distintas de vida pública: la forma de un nuevo liberalismo y la forma que, con un nombre impropio, se suele llamar «totalitaria». Los pueblos menores adoptarán figuras de transición e intermediarias. Esto salvará a Europa. Una vez más resultará patente que toda forma de vida ha menester de su antagonista. El «totalitarismo» salvará al «liberalismo», destiñendo sobre él, depurándolo, y gracias a ello veremos pronto a un nuevo liberalismo templar los regímenes autoritarios. Este equilibrio puramente mecánico y provisional permitirá una nueva etapa de mínimo reposo, imprescindible para que vuelva a brotar, en el fondo del bosque que tienen las almas, el hontanar de una nueva fe. Ésta es el auténtico poder de creación histórica, pero no mana en medio de la alteración, sino en el recato del ensimismamiento.

París y diciembre 1937

*[Addenda]*

# En cuanto al pacifismo...
# [Sobre la «eternal Spain»]

El «Literary Supplement» de *The Times*, publicado en 27 de noviembre último, dedica su gran artículo inicial a analizar varios libros que reúne bajo el título general: *Eternal Spain*. Entre ellos se encuentra uno mío. Es un honor que sabré agradecer. No es necesario decir que el crítico de *The Times*, anónimo como las fuerzas de la naturaleza, practica en este caso con plenitud las virtudes tradicionales que todo el mundo reconoce y estima en aquella publicación. Su examen de los libros es serio y correcto.

Al repartir los acentos de la atención sobre las páginas de las obras analizadas, el escritor de *The Times* usa, como es natural, del margen de libertad que el oficio de crítico reclama. El autor, que en este caso soy yo, repartiría, sin duda, esos acentos en forma bastante distinta y no destacaría ciertas frases, como ha hecho el crítico, aislándolas del contexto. Pero esto no es una objeción plenamente válida frente a este artículo. Significaría, a lo sumo, lo que es de sobra sabido: que el libro del autor es una cosa y el artículo del crítico, otra. Si coincidiesen totalmente, una de las dos sería superflua.

Tampoco cabe formular la menor queja por ciertas consecuencias inquietantes que estos grandes artículos iniciales del *Literary Supplement* suelen inevitablemente ocasionar. Con frecuencia aparecen en ellos juntos varios libros que tratan de asuntos parecidos. Es esto una gran ventaja para el lector, que se encuentra así cómodamente pertrechado con la bibliografía reciente sobre un tema. Pero la consecuencia inquietante a que me refiero va aneja, sin remedio, a esa ventaja. Y es que el crítico queda obligado a disparar sobre toda una bandada de libros, y el artículo que escribe representa en el armamento de la crítica algo así como la ametralladora o el fusil de repetición. El resultado –repito, inevitable y no imputable al articulista– es que se encuentra éste forzado a sacar una media proporcional entre las obras estudiadas o bien a reducirlas a un denominador común. Con lo cual cada libro pierde inexorablemente su individualidad y se contamina con los otros, que el azar editorial ha puesto junto a sus flancos. En ocasiones como la presente, esta contaminación puede ser grave y desorientadora.

Mas con todo esto se advierte que yo no tengo reproche alguno que hacer al crítico de *The Times.* Hasta el punto es así, que en su artículo no se ha deslizado más que un error propiamente tal. Este error es muy importante; pero, como se verá, no es responsable de él el crítico, sino la forma en que mi texto le ha sido presentado. Cuanto sigue, pues, no ha de entenderse como queja, ni como rectificación, sino más bien como un pequeño ensayo de colaboración.

[*Addenda*]

El tema sobre que versa esta colaboración no es, sin embargo, pequeño. Yo me atrevería a calificarlo de enorme, de gigantesco, y puede pensarse que es importantísimo precisamente para Inglaterra. Porque voy a hablar un poco sobre la «eternal Spain»; pero, en rigor, el caso concreto de mi país sirve de ejemplo singular para una cuestión mucho más amplia, a saber: el estado de conocimiento mutuo entre los pueblos actuales. Sobrados síntomas inspiran la sospecha de que el conocimiento o desconocimiento que unas naciones tienen de las otras ha llegado a ser un factor de primer orden en la política del planeta.

Vale la pena de dedicar algunas consideraciones a este asunto. Puede ingresarse en él por los lugares más diversos. Yo escojo uno al través del cual se llega más pronto al centro de la cuestión.

Pero urge ante todo corregir el supradicho error, cometido involuntariamente por el escritor de *The Times*. Es este error un buen ejemplo de cómo un detalle, por decirlo así, tipográfico, puede tergiversar toda una concepción. En efecto: *The Times* dice: «El señor Ortega resume la historia de España de manera pesimista, como desintegración y decadencia desde 1580 hasta el día presente». Pero en otro ensayo se pregunta razonablemente «si decadencia es el vocablo adecuado para designar un proceso tan largo». Según esto, yo habría escrito un ensayo *para* decir que la historia de España decae desde 1580, y luego otro en que más o menos vagamente expreso la sospecha de que ese largo proceso no puede con adecuación interpretarse como una decadencia.

El error está sencillamente en que no se trata de dos ensayos, sino de uno solo, es decir, de dos capítulos de un libro, de un libro escrito en 1920 con el título *España invertebrada.* Pero el libro que con el mismo título se ha publicado en Inglaterra no es aquél. Es la reproducción –con algunas variaciones– de un libro aparecido en New York, en cuya confección no ha intervenido el autor. El libro americano ha sido compuesto por el traductor, tomando, aparte otros estudios, trozos del libro español originario, dejando otros fuera e inclusive formando párrafos nuevos con frases de mi texto distantes entre sí; es decir, suprimiendo las intermediarias. Pero ha hecho más el traductor: se ha permitido, con evidente audacia, poner algunas notas por su cuenta y bajo su firma al pie de ciertas páginas, donde intenta derivar de lo escrito por mí hace diecisiete años opiniones muy taxativas sobre lo que ahora pasa en España, opiniones que son las políticas del traductor, pero no las mías, ni políticas ni teóricas. Para que todas las cosas queden en su punto, es obligado decir que el editor americano no tiene responsabilidad alguna en el asunto, y que la edición inglesa suprime algunas de esas notas. En ellas se dice, por ejemplo, que *foreign aid come to the support of the «pronouncing» generals and turned this relatively harmless exercise into deadly civil war.* El desconocimiento, voluntario o involuntario, de los hechos más elementales e incuestionables, que esas palabras revelan, es ridículo, y puede servir como ejemplo de la manera frívola en que la opinión pública de países distantes pretende influir en otros lugares del planeta cuya trayectoria, angustias y esperanzas ignora profundamente. El traductor no posee la más vaga noción de lo que viene aconteciendo en España desde hace muchos años. No obstante, se cree con perfecto derecho a opinar sobre las más graves cuestiones de mi país en forma perentoria y contundente. Mientras esto acontezca, todo hablar de pacifismo es pena de amor perdida. Presentar lo acaecido en España en julio de 1936 como un «pronunciamiento» es inadmisible aun como simple designación de hechos. Esté seguro el lector que no voy a caer en la inocencia de exponerle mi opinión positiva sobre la guerra civil española, sino que me limito estrictamente a rechazar la que se ha querido exprimir de un texto mío escrito hace diecisiete años. Acaso no es superfluo hacerlo, porque servirá al honesto inglés de ejemplo concreto que le ponga en cautela respecto a su insuficiente información. Desde hace tres años pasan *súbitamente* algunas cosas en el mundo que pueden hacer sospechar al ciudadano inglés que no está bien informado. Y esto es de una gravedad superlativa para Inglaterra y para el mundo. El simple hecho, aun injustificado, de que los demás pueblos *comiencen a creer* que los ingleses no están bien informados, basta para producir desazón en este nervioso planeta.

Pero una vez enunciada la circunstancia, en cierto modo, material que ha producido el error del anónimo de The Times, veamos en qué consiste éste. Lejos de haber escrito yo un ensayo para decir que España está en decadencia desde 1580, y otro para decir que acaso no lo ha estado, mi auténtico libro *España invertebrada no se propone otra cosa* que corregir la perspectiva inveterada según la cual la historia de España en los últimos tres siglos aparece como una decadencia.

Imagínese el lector inglés, con un esfuerzo generoso, la situación vital de un español joven en la primera década de este siglo, cuando España acababa de perder, en la guerra con los Estados Unidos (1898), sus últimas colonias.

«El individuo va sumido en su pueblo como la gota en la nube viajera»[1]. En cada uno de sus movimientos tiene que contar, si no quiere vivir de pura incongruencia, con la trayectoria que lleva la mole inmensa de la nación a que pertenece. En 1820, el explorador ártico Parry avanzó todo un día en dirección al Polo, haciendo galopar valientemente los perros de su trineo. Pero a la noche pudo comprobar que se hallaba mucho más al Sur que de mañana. Durante todo el día había corrido hacia el Norte sobre un inmenso témpano, al que una corriente oceánica arrastraba hacia el Sur. Todo hombre, al proyectar sus propios actos, dirige antes una mirada a su país, a la colectividad en que va inscrito. Esa mirada podrá ser más o menos consciente y clara, pero no falta nunca, sea el hombre un labriego o sea un intelectual.

Cuando, hacia 1910, un joven inglés contemplaba su pueblo, veía a éste avanzar en un *crescendo* ininterrumpido de poderío, desde sus orígenes hasta aquella fecha. La única pérdida de la gran integración que es Inglaterra fue la secesión de algunas colonias norteamericanas, pérdida fecunda, porque ella enseñó a los ingleses el modo de no volver a perder nada. Pero un joven español que en la misma fecha mirase el pretérito de España, se encontraba con un espectáculo estrictamente contrario a ése. Veía que su pueblo formó repentinamente un gran imperio en el siglo XVI, y que, desde entonces hasta la fecha, España no había hecho sino perder tierras, poderío

---

1. *Meditaciones del Quijote*, 1914.

[*Addenda*]

y fe en sí misma. Preguntaba en torno, y libros y hombres le decían sólo una palabra: «¡Decadencia! ¡Decadencia!» ¿Qué hará entonces el joven español? Si es tímido, sentirá ganas de morirse. Si tiene serenidad, se dirá: ¡Vayamos con calma! ¿Es tan cierto, como oigo decir, que la historia de España sea la de una decadencia? ¿No se tratará de una ilusión óptica? ¿No permiten –y si lo permiten–, no imponen los hechos de nuestro pasado otra interpretación? Atengámonos a los datos más importantes y elementales, a los menos eruditos y que menos pueden variar por una ulterior investigación. ¿No gritan éstos una verdad opuesta a la opinión establecida, a la *doxa* vulgar? ¿No nos sugieren que lo anómalo de nuestra historia fue precisamente la hora de su culminación y aparente triunfo? La preponderancia española fue prematura. Nuestro pueblo se vio, por causas secundarias, invitado por el destino a cumplir una gigantesca tarea que *Europa necesitaba* –la de crear el primer Estado en el sentido moderno de la palabra. Ningún pueblo europeo estaba entonces pertrechado para ello. España, tampoco. No obstante, acepta sin pestañear el sublime deber que le es propuesto. Y crea el Estado moderno, con todo lo que esto significa: el primer ejército permanente, la primera burocracia de tipo nacional, la primera *Weltpolitik*, la primera economía de Estado y, junto con los portugueses, la primera empresa colonial de gran radio. ¿Qué otro pueblo hubiera podido *entonces* hacer esto, quiero decir intentarlo e iniciarlo? Entonces –hacia 1500– ninguno. Un siglo más tarde, tal vez, Francia. Dos centurias después, Inglaterra. Recuérdese bien el desorden interno de todas las demás naciones en el siglo XVI y la primera mitad del XVII. Si España no hubiera puesto orden entonces, la historia de Europa estaría hoy probablemente retrasada en más de cien años. Esta empresa, desastrosa para ella misma, fecundísima para la comunidad europea, quebrantó el ritmo de la historia de España.

Se preguntará por qué esa misión cayó sobre España, si estaba tan inmatura como los demás pueblos. La respuesta a esta pregunta es mi ensayo *España invertebrada*. Frente a la *doxa* de la decadencia mi respuesta es una *paradoxa*. Lo que dio a España un avance sobre las demás naciones fue un defecto y no una virtud. Un defecto no del carácter, como, con error, interpreta mi pensamiento el articulista de *The Times*, sino de la constitución misma del más remoto pasado español. Por no hacer usos nuevos es posible que alguna vez emplee el término «carácter español», pero si se atiende a lo que digo, se verá que tras ese vocablo entiendo no una disposición ingénita –cosa mágica en que no creo–, sino *lo que ha acontecido en el pasado*. Lo que dió a España una fuerza prematura fue su prematura unidad nacional, la cual se produjo por la debilidad de sus grupos interiores. Ésta es la *paradoxa*. La norma es que un pueblo llegue al predominio cuando sus potencias interiores han alcanzado el máximum en cantidad y calidad. La decadencia que suele seguir indica que aquel pueblo ha gastado ya sus energías y, aunque no es imposible, es improbable su restablecimiento. Yo he tratado de mostrar que en mi país no han pasado las cosas así. El predominio español fue, en cierto modo, aparente y no respondía a una efectiva culminación de las potencias españolas. Mas la consecuencia de esto sería que también su decadencia es sólo aparente. Repito que esto se antojará paradoxal; pero el lector queda entonces comprometido a explicarse de otra manera, la *anomalía básica* del caso español, a saber: que es el *único* país de Europa el cual, habiendo sido un día dueño del mundo, ha quedado reducido al mínimum imaginable. Quien no encuentre extraño este hecho tan grande y tan simple no tiene derecho a opinar sobre España. Mi interpretación deprime el pretérito de España para dejar franco el futuro. Vistas las cosas así, los jóvenes españoles pudieron aprender en mi libro algo nuevo y alentador: que la «España mejor» no está, acaso, en el pasado, sino en el porvenir. Mi pequeño libro no era sino un impetuoso intento para abrir una brecha en el horizonte cerrado que la historia presentaba a mi país.

A esto llama el anónimo de The Times pesimismo. «Señor Ortega, *who* is *nothing if not pessimist...*» Yo tiemblo un poco cuando oigo a un inglés pronunciar esta palabra. Sospecho que con ella quiere decir muchas más cosas de las que en el continente significa, y es tal vez uno de los innumerables eufemismos que el britano emplea para hacernos sospechar que somos personas incorrectas y mal educadas. En la duda, pues, yo propondría al crítico de *The Times* un acomodo: que él renuncie a calificarme de pesimista y, con mucho gusto, yo aceptaré ser *nothing*.

La necesidad de comentar mi libro en compañía de otros, que son aproximadamente inversos del mío, ha inducido al discreto crítico a imputarme ciertas comunidades de opinión con ellos que en realidad no existen. Así, acontece que yo no creo en la xenofobia del español ni, hablando con rigor, en su crueldad, aunque al lector inglés le parezca extraño que alguien se atreva a decir hoy, precisamente hoy, que el español no es cruel. Y, sin embargo, es así. En mi ensayo de colaboración encontrará el lector las razones, bastante precisas, en que me fundo para exonerar a los españoles de la específica crueldad que se les atribuye. Allí verá también por qué me causa espanto la facilidad con que las atrocidades cometidas últimamente en España, y que como hechos son innegables, se cargan, sin más, al «carácter español». Cuando oigo esto pienso que el que lo dice no tiene la más remota sospecha de lo que desde hace veinte años está pasando, no en España, sino en el mundo. En fin: hay mucho que hablar si queremos seria y lealmente entendernos. Por razones que luego veremos, la convivencia entre los pueblos se ha hecho, quieran ellos o no, más estrecha. Si no se inventan nuevas técnicas de trato, que por su rigor y precisión estén a la altura de ese grado de convivencia, de material proximidad, los años venideros serán de terribles e inacabables guerras. Una de esas técnicas consiste en un conocimiento mutuo más perfecto, menos legendario, tópico y pueril. ¿Se quiere un ejemplo que no se refiera a nada político y que, por tanto, apasione menos? El anónimo de *The Times*, en este artículo sobre la «eternal Spain», no se ha resuelto a dejar sin mención el eterno *malentendu* entre ingleses y españoles: las corridas de toros. Lo hace de paso y yo creo entrever que con alguna vacilación. ¿Por qué hablar una vez más, convencionalmente, de un asunto tan difícil? La dramática amistad del español con el toro bravo dura desde hace tres mil años. Sería una ocasión excelente para acogerse al principio que, según Burke, justifica mejor que ningún otro toda norma: la prescripción. Pero la señora inglesa que

[*Addenda*]

asiste una vez a una corrida de toros cree que le basta con esto para entender y juzgar el secreto de esa relación tres veces milenaria entre el hombre hispánico y la magnífica bestia[1]. Téngase en cuenta que un pueblo consiste ante todo en un repertorio de secretos que reclaman algún esfuerzo para ser adivinados y comprendidos. No es completamente cierto que el mundo se componga sólo de manteca y cañones. Hay una tercera cosa: el conocimiento, que alguna vez da buenos resultados.

---

1. La verdad es que las corridas de toros constituyen un tema histórico de primer orden sobre el cual está todo por decir. Tan pronto como las cosas se serenen en España –esto es, muy pronto–, daré a la estampa mi libro *Paquiro o de las corridas de toros*, y entonces espero que resalten evidentes algunas de las muchas cosas que hay dentro de este *menuet*.

# Otros ensayos

# Dinámica del tiempo[1]

## MASAS

Pocas veces se habrá caído tanto en el *post hoc ergo propter hoc* como después de la guerra. Todos los hechos de postguerra se explican por la guerra, con lo cual se aplasta su sentido, se borra lo peculiar de su perfil y se desaprovechan como probables síntomas del futuro. Así, uno de los fenómenos de postguerra que más saltan a la vista: el «lleno». Las ciudades están llenas de gente. Las casas, llenas de inquilinos. Los hoteles, llenos de huéspedes. Los trenes, llenos de viajeros. Los cafés, llenos de consumidores. Los paseos, llenos de transeúntes. Los espectáculos, como no sean muy extemporáneos, llenos de espectadores. Las playas, llenas de bañistas. Lo que antes no solía ser problema, empieza a serlo ahora casi continuamente: encontrar sitio.

---

1. El primer ensayo de esta serie titulado *Masas* fue incluido por el autor posteriormente en su obra *La rebelión de las masas*.

Para quien crea, como yo creo, que todo fenómeno, además de tener una causa, tiene un estilo –es decir, que es un gesto y una forma en que se expresa un modo general de vida–, no es posible presenciar esa torrencial confluencia de seres humanos sin sobrecogerse un poco. Según la interpretación fisiognómica del Universo, todo lo que acontece es simbólico. El símbolo entrega su secreto enorme cuando lo tomamos al pie de la letra y sin alterarlo lo transportamos al resto de la realidad. Apliquemos el sencillo método al caso presente.

¿Qué es lo que vemos y al verlo nos sorprende tanto? Vemos la muchedumbre, como tal, posesionada de los locales y utensilios creados por la civilización. Apenas reflexionamos un poco, nos sorprendemos de nuestra sorpresa. Pues qué, ¿no es el ideal? El teatro tiene sus localidades para que se ocupen; por tanto, para que la sala esté llena. Y lo mismo sus asientos el ferrocarril y sus cuartos el hotel. Sí; no tiene duda. Pero el hecho es que antes ninguno de esos establecimientos y vehículos solía estar lleno y ahora rebosan, queda fuera gente afanosa de usufructuarlos. Sea o no el hecho debido, lógico, natural, no puede desconocerse que antes no acontecía y ahora sí; por tanto, que ha habido un cambio, una innovación, la cual justifica, por lo menos en el primer momento nuestra sorpresa.

Por otra parte, los componentes de esta muchedumbre no han surgido de la nada. Aproximadamente, el mismo número de personas existía hace quince años. Aquí topamos, sin embargo, con la primera nota importante. Los individuos que integran estas muchedumbres preexistían, pero no como muchedumbres. Repartidos por el mundo en pequeños grupos, o solitarios, llevaban una vida, por lo visto, divergente, disociada, distante. Cada cual –individuo o pequeño grupo– ocupaba un sitio, tal vez el suyo, en el campo, en la aldea, en la villa, en el barrio de la gran ciudad. Ahora, de pronto, aparecen bajo la especie de aglomeración, y nuestros ojos ven dondequiera muchedumbres. ¿Dondequiera? No, no; precisamente en los lugares mejores, creación relativamente refinada de la cultura urbana, reservados antes a grupos menores, en definitiva, a minorías.

La muchedumbre se ha hecho visible, se ha instalado en los lugares preferentes de la sociedad. Antes, si existía, pasaba inadvertida, ocupaba el fondo del escenario social; ahora se ha adelantado a las candilejas, es ella el personaje principal. Ya no hay protagonistas: sólo hay coro.

El concepto de muchedumbre es cuantitativo y visual. Traduzcámoslo, sin alterarlo, a la terminología sociológica. Entonces hallamos la idea de masa social. La sociedad es siempre una unidad dinámica de dos factores: minorías y masas. Las minorías son individuos o grupos de individuos especialmente cualificados. La masa es el conjunto de personas no especialmente cualificadas. De este modo se convierte lo que era meramente cantidad –la muchedumbre– en una determinación cualitativa: es la cualidad común, es lo mostrenco social, es el hombre en cuanto no se diferencia de otros hombres, sino que repite en sí un tipo genérico. ¿Qué hemos ganado con esta conversión de la cantidad a la cualidad? Muy sencillo: por medio de ésta comprendemos la génesis de aquélla. Es evidente, hasta perogrullesco, que la formación normal de una muchedumbre implica la coincidencia de deseos, de ideas, de modo de ser en los individuos que la integran. Se dirá que es lo que acontece con todo grupo social, por selecto que pretenda ser. En efecto; pero hay una esencial diferencia. En los grupos que se caracterizan por no ser muchedumbre y masa, la coincidencia efectiva de sus miembros consiste en algún deseo, idea o ideal que por sí solo excluye el gran número. Para formar una minoría, sea la que sea, es preciso que antes cada cual se separe de la muchedumbre por razones especiales, relativamente individuales. Su coincidencia es, pues, secundaria, posterior a una singularización, y es en buena parte una coincidencia en no coincidir. Hay casos en que este carácter singularizador del grupo aparece a la intemperie: los grupos de no-conformistas, es decir, la agrupación de los que concuerdan sólo en su disconformidad respecto a la muchedumbre ilimitada. Este ingrediente de juntarse los menos *para* separarse de los más va siempre involucrado en la formación de toda minoría. Como dice una vez graciosamente Mallarmé, subrayan con la presencia de su escasez la ausencia multitudinaria[1].

En rigor, la masa puede definirse, como hecho psicológico, sin necesidad de esperar a que aparezcan los individuos en aglomeración. Delante de una sola persona podemos saber si es masa o no. Masa es todo aquel que no se valora a sí mismo –en bien o en mal– por razones espe-

---

1. Los problemas de reforma pública que tan urgentemente acosan a todos los pueblos europeos no podrán ser resueltos con la perfección que los tiempos requieren si no se afinan un poco las nociones sociológicas existentes en el ciudadano medianamente culto. Como una pequeña pero intensa contribución a este refinamiento de ideas sociales, he hecho traducir el exquisito libro de Jorge Simmel *Sociología*, una maravilla de sutileza, además de ser una lectura muy entretenida.

ciales, sino que se siente «como todo el mundo» y, sin embargo, no se angustia. No es masa, en cambio, el hombre humilde que se siente mediocre y vulgar porque al intentar valorarse por razones especiales –talento para esto o lo otro, excelencia en uno u otro orden– advierte que no posee ninguna cualidad egregia. Es preciso hacer constar, frente a habituales bellaquerías, que el hombre selecto no es el petulante que se cree superior a los demás, sino el que se exige más que los demás, aunque no logre cumplir en su persona esas exigencias superiores. Esto me recuerda que el budismo ortodoxo se compone de dos religiones distintas: una, más rigorosa y difícil; otra, más laxa y trivial: el Mahayana –«gran vehículo» o «gran carril»– y el Hinayana –«pequeño vehículo», «camino menor». Lo decisivo es si ponemos nuestra vida a uno u otro vehículo, a un máximum de exigencias o a un mínimum.

Ahora bien: existen en sociedad operaciones, actividades, funciones del más diverso orden, que son, por su misma naturaleza, especiales, y, consecuentemente, no pueden ser bien ejecutadas sin dotes también especiales. Por ejemplo: ciertos placeres de carácter artístico y lujoso, o bien las funciones de gobierno y de juicio político sobre los asuntos públicos. Antes eran ejercidas estas actividades especiales por minorías calificadas –calificadas, por lo menos, en pretensión. La masa no pretendía intervenir en ellas: se daba cuenta de que, si quería intervenir, tendría, congruentemente, que adquirir esas dotes especiales y dejar de ser masa. Conocía su papel en una saludable dinámica social.

Si ahora retrocedemos a los hechos enunciados al principio, nos aparecerán inequívocamente como nuncios de un cambio de actitud en la masa. Todos ellos indican que ésta ha resuelto adelantarse al primer plano social y ocupar los locales y usar los utensilios y gozar de los placeres antes adscritos a los pocos. Es evidente que, por ejemplo, los locales no estaban premeditados para las muchedumbres, puesto que su dimensión es muy reducida y el gentío rebosa constantemente de ellos, demostrando a los ojos y con lenguaje visible el hecho nuevo: la masa que, sin dejar de serlo, suplanta a las minorías.

Nadie, creo yo, deplorará que las gentes gocen hoy en mayor número que antes, ya que tienen para ello el apetito y los medios[1]. Lo malo es que esta decisión tomada por las masas de asumir las actividades propias de las minorías no se manifiesta, ni puede manifestarse, sólo en el orden de los placeres, sino que es una manera general del tiempo. Así, yo creo que las innovaciones políticas de los más recientes años no significan otra cosa que el imperio político de las masas. La vieja democracia vivía templada por una abundante dosis de liberalismo y de entusiasmo por la ley. Al amparo del principio liberal y de la norma jurídica podían actuar y vivir las minorías. Hoy asistimos al triunfo de una hiperdemocracia en que la masa actúa directamente, por medio de materiales presiones, imponiendo sus aspiraciones y sus gustos. Es falso interpretar las situaciones nuevas como si la masa se hubiese cansado de la política y encargase a personas especiales su ejercicio. Todo lo contrario. Eso era lo que

---

1. Si en lugar de interpretar el hecho por su estilo buscásemos sus causas, claro es que al punto hallaríamos una bien clara: un desplazamiento de la riqueza proporciona hoy cierto bienestar económico a clases sociales muy numerosas que antes no lo gozaban.

antes acontecía. La masa presumía que, al fin y al cabo, con todos sus defectos y lacras, las minorías de políticos entendían un poco más de los problemas públicos que ella. Ahora, en cambio, cree la masa que tiene derecho a imponer y dar vigor de ley a sus tópicos de café. Yo dudo que haya habido otras épocas de la historia en que la muchedumbre llegase a gobernar tan directamente como en nuestro tiempo. Por eso hablo de hiperdemocracia.

Lo propio acaece en los demás órdenes, muy especialmente en el intelectual. Tal vez padezco un error; pero al tomar la pluma para escribir sobre un tema que he estudiado largamente, pienso que el lector medio, que no ha pensado jamás en ese tema, si me lee, no es con el fin de aprender algo de mí, sino, al revés, para sentenciar sobre mí cuando no coincido con las vulgaridades que él tiene en su cabeza[1]. Si los individuos que integran la masa se creyesen especialmente dotados, tendríamos no más que un caso de error personal, pero no una subversión sociológica. Lo característico del momento es que el alma vulgar, sabiéndose vulgar, tiene el denuedo de afirmar el derecho de la vulgaridad y lo impone dondequiera. Como se dice ahora en Norteamérica: ser diferente es indecente. La masa arrolla todo lo diferente, egregio, individual,

---

1. Cabe al leer adoptar una de estas tres actitudes:

Primera. La del que no ha pensado sobre el asunto y lee para aprender del autor, reconociendo de antemano su superioridad.

Segunda. La del que, sin presunción, sabe que ha trabajado más sobre el asunto que el autor, y le interesa ver si éste coincide, si evita los escollos del problema, si ve la cuestión bajo otro haz.

Tercera. La del que, sin haberse fatigado un minuto en pensar sobre el asunto, lee para indignarse de que el autor no piensa como él. Éste es el modo de leer más frecuente en España hacia 1927.

calificado y selecto. Si usted no es como todo el mundo, si no piensa como todo el mundo, corre usted el riesgo de ser eliminado. Y claro está que «todo el mundo» no es «todo el mundo». «Todo el mundo» era normalmente la unidad compleja de masa y minorías discrepantes, especiales. Ahora todo el mundo es sólo la masa.

*El Sol*, 7 de mayo de 1927

## LOS ESCAPARATES MANDAN

Se dice que el dinero es el único poder que actúa sobre la vida social. Si miramos la realidad con una óptica de retícula fina, la proposición es más bien falsa que verídica. Pero tiene también sus derechos la visión de retícula gruesa, y entonces no hay inconveniente en aceptar esa terrible sentencia.

Sin embargo, habría que quitarle y que ponerle algunos ingredientes para que la idea fuese luminosa. Pues acaece que en muchas épocas históricas se ha dicho lo mismo que ahora, y esto invita a sospechar o que no ha sido verdad nunca o que lo ha sido en sentidos muy diversos. Porque es raro que tiempos sobremanera distintos coincidan en punto tan principal. En general, no hay que hacer mucho caso de lo que las épocas pasadas han dicho de sí mismas, porque –es forzoso declararlo– eran muy poco inteligentes respecto de sí. Esta perspicacia sobre el propio modo de ser, esta clarividencia para el propio destino, es cosa relativamente nueva en la historia.

En el siglo VII antes de Cristo corría ya por todo el Oriente del Mediterráneo el apotegma famoso: «*chrémata, chrémata aner*». «¡Su dinero, su dinero es el hombre!» En tiempo de César se decía lo mismo, en el siglo XIV lo pone en cuaderna vía nuestro turbulento tonsurado de Hita y en el XVII Góngora hace de ello letrillas. ¿Qué consecuencia sacamos de esta monótona insistencia? ¿Que el dinero, desde que se inventó, es una gran fuerza social? Esto no era menester subrayarlo: sería una perogrullada. En todas esas lamentaciones se insinúa algo más. El que las usa expresa con ellas, cuando menos, su sorpresa de que el dinero tenga más fuerza de la que debía tener. ¿Y de dónde nos viene esta convicción, según la cual el dinero debía tener menos influencia de la que efectivamente posee? ¿Cómo no nos hemos habituado al hecho constante después de tantos, tantos siglos y siempre nos coge de nuevas?

Es, tal vez, el único poder social que al ser reconocido nos asquea. La misma fuerza bruta que suele indignarnos halla en nosotros un eco último de simpatía y estimación. Nos incita a repelerla creando una fuerza pareja, pero no nos da asco. Diríase que nos sublevan estos o los otros efectos de la violencia, pero ella misma nos parece un síntoma de salud, un magnífico atributo del ser viviente, y comprendemos que el griego la divinizase en Hércules.

Yo creo que esta sorpresa, siempre renovada, ante el poder del dinero encierra una porción de problemas curiosos, aún no aclarados. Las épocas en que más auténticamente y con más dolientes gritos se ha lamentado ese poderío son, entre sí, muy distintas. Sin embargo, puede descubrirse en ellas una nota común: son siempre épocas de crisis moral, tiempos muy transitorios entre dos etapas. Los principios sociales que rigieron una edad han perdido su vigor y aún no han madurado los que van a imperar la siguiente. ¿Cómo? ¿Será que el dinero no posee, en rigor, el poder que, deplorándolo, se le atribuye y que su influjo sólo es decisivo cuando los demás poderes organizadores de la sociedad se han retirado? Si así fuese entenderíamos un poco mejor esa extraña mezcla de sumisión y de asco que ante él siente la humanidad, esa sorpresa y esa insinuación perenne de que el poder ejercido no le corresponde. Por lo visto no lo debe tener, porque no es suyo, sino usurpado a las otras fuerzas ausentes.

La cuestión es sobremanera complicada y no es cosa de resolverla con cuatro palabras. Sólo como una posibilidad de interpretación va todo esto que digo. Lo importante es evitar la concepción económica de la historia, que allana toda la gracia del problema, haciendo de la historia entera una monótona consecuencia del dinero. Porque es demasiado evidente que en muchas épocas humanas el poder social de éste fue muy reducido y otras energías ajenas a lo económico informaron la convivencia humana. Si hoy poseen el dinero los judíos y son los amos del mundo, también lo poseían en la Edad Media y eran la hez de Europa. No se diga que el dinero no era la forma principal de la riqueza, de la realidad económica en los tiempos feudales. Porque aun siendo esto verdad y calibrando en la debida cifra el peso puramente económico del dinero en la dinámica de la economía medieval, no hay correspondencia entre la riqueza de aquellos judíos y su posición social. Los marxistas, para adobar las cosas según la pauta de su tesis, han menospreciado excesivamente la importancia de la moneda en la etapa precapitalista de la evolución económica, y ha sido forzoso luego rehacer la historia económica de aquella edad para mostrar la importancia efectiva que en los Estados medievales tenía el dinero hebreo.

Nadie, ni el más idealista, puede dudar de la importancia que el dinero tiene en la historia, pero tal vez pueda dudarse de que sea un poder primario y substantivo. Tal vez el poder social no depende normalmente del dinero, sino, viceversa, se reparte según se halle repartido el poder social y va al guerrero en la sociedad belicosa, pero va al sacerdote en la teocrática. El síntoma de un poder social auténtico es que cree jerarquías, que sea él quien destaca al individuo en el cuerpo público. Pues bien: en el siglo XVI, por mucho dinero que tuviese un judío, seguía siendo un infra-hombre, y en tiempo de César los «caballeros», que eran los más ricos como clase, no ascendían a la cima de la sociedad.

Parece lo más verosímil que sea el dinero un factor social secundario, incapaz por sí mismo de inspirar la gran arquitectura de la sociedad. Es una de las fuerzas principales que actúan en el equilibrio de todo edificio colectivo, pero no es la musa de su estilo tectónico. En cambio, si ceden los verdaderos y normales poderes históricos –raza, religión, política, ideas–, toda la energía social vacante es absorbida por él. Diríamos, pues, que cuando se volatilizan los demás prestigios queda siempre el dinero, que, a fuer de elemento material, no puede volatilizarse. O de otro modo: el dinero no manda más que cuando no hay otro principio que mande.

Así se explica esa nota común a todas las épocas sometidas al imperio crematístico que consiste en ser tiempos de transición. Muerta una constitución política y moral, se queda la sociedad sin motivo que jerarquice a los hombres. Ahora bien: esto es imposible. Contra la ingenuidad igualitaria es preciso hacer notar que la jerarquización es el impulso esencial de la socialización. Donde hay cinco hombres en estado normal se produce automáticamente una estructura jerarquizada. Cuál sea el principio de ésta es otra cuestión. Pero alguno tendrá que existir siempre. Si los normales faltan, un pseudoprincipio se encarga de modelar la jerarquía y definir las clases. Durante un momento –el siglo XVII– en Holanda, el hombre más envidiado era el que poseía cierto raro tulipán. La fantasía humana, hostigada por ese instinto irreprimible de jerarquía, inventa siempre algún nuevo tema de desigualdad.

Mas aun limitando de tal suerte la frase inicial que da ocasión a esta nota, yo me pregunto si hay alguna razón para afirmar que en nuestro tiempo goza el dinero de un poder social mayor que en sazón ninguna del pasado. También esta curiosidad es expuesta y difícil de satisfacer. Si nos dejamos ir, todo lo que pasa en nuestra hora nos parecerá único y excepcional en la serie de los tiempos. Hay, sin embargo, a mi juicio, una razón que da probabilidad clara a la sospecha de ser nuestro tiempo el más crematístico de cuantos fueron. Es también edad de crisis: los prestigios hace años aún vigentes han perdido su eficiencia. Ni la religión ni la moral dominan la vida social ni el corazón de la muchedumbre. La cultura intelectual y artística es valorada en menos que hace veinte años. Queda sólo el dinero. Pero, como he indicado, esto ha acaecido varias veces en la historia. Lo nuevo, lo exclusivo del presente es esta otra coyuntura. El dinero ha tenido, para su poder, un límite automático en su propia esencia. El dinero no es más que un medio para comprar cosas. Si hay pocas cosas que comprar, por mucho dinero que haya y muy libre que se encuentre su acción de conflictos con otras potencias, su influjo será escaso. Esto nos permite formar una escala con las épocas de crematismo y decir: el poder social del dinero –*ceteris paribus*– será tanto mayor cuantas más cosas haya que comprar, no cuanto mayor sea la cantidad del dinero mismo. Ahora bien: no hay duda que el industrialismo moderno, en su combinación con los fabulosos progresos de la técnica, ha producido en estos años un cúmulo tal de objetos mercables, de tantas clases y calidades, que puede el dinero desarrollar fantásticamente su esencia: el comprar.

En el siglo XVIII existían también grandes fortunas, pero había poco que comprar. El rico, si quería algo más que el breve repertorio de mercancías existente, tenía que inventar un apetito y el objeto que lo satisfaría, tenía que buscar el artífice que lo realizase y dejar tiempo para su fabricación. En todo este intrincamiento intercalado entre el dinero y el objeto se complicaba aquél con otras fuerzas espirituales –fantasía creadora de deseos en el rico, selección del artífice, labor técnica de éste, etcétera– de que se hacía, sin quererlo, dependiente.

Ahora un hombre llega a una ciudad y a los cuatro días puede ser el más famoso y envidiado habitante de ella sin más que pasearse por delante de los escaparates, escoger los objetos mejores –el mejor automóvil, el mejor sombrero, el mejor encendedor, etcétera– y comprarlos. Cabría imaginar un autómata provisto de un bolsillo en que metiese mecánicamente la mano y que llegara a ser el personaje más ilustre de la urbe.

*El Sol*, 15 de mayo de 1927

## JUVENTUD

### I

Las variaciones históricas no proceden nunca de causas externas al organismo humano, al menos dentro de un mismo período zoológico. Si ha habido catástrofes telúricas –diluvios, sumersión de continentes, cambios súbitos y extremos de clima–, como en los mitos más arcaicos parece recordarse confusamente, el efecto por ellas producido trascendió los límites de lo histórico y trastornó la especie como tal. Lo más probable es que el hombre no ha asistido nunca a semejantes catástrofes. La existencia ha sido, por lo visto, siempre muy cotidiana. Los cambios más violentos que nuestra especie ha conocido, los períodos glaciales, no tuvieron carácter de gran espectáculo. Basta que durante algún tiempo la temperatura media del año descienda cinco o seis grados para que la glaciación se produzca. En definitiva, que los veranos sean un poco más frescos. La lentitud y suavidad de este proceso da tiempo a que el organismo reaccione, y esta reacción desde dentro del organismo al cambio físico del contorno es la verdadera variación histórica. Conviene abandonar la idea de que el medio mecánicamente modela la vida, por tanto, de que la vida sea un proceso de fuera adentro. Las modificaciones externas actúan sólo como excitantes de modificaciones intraorgánicas; son, más bien, preguntas a que el ser vivo responde con un amplio margen de originalidad imprevisible. Cada especie y aun cada variedad y aun cada individuo aprontará una respuesta más o menos diferente, nunca idéntica. Vivir, en suma, es una operación que se hace de dentro afuera, y por eso las causas o principios de sus variaciones hay que buscarlas en el interior del organismo.

Pensando así, había de parecerme sobremanera verosímil que en los más profundos y amplios fenómenos históricos aparezca más o menos claro el decisivo influjo de las diferencias biológicas más elementales. La vida es masculina o femenina, es joven o es vieja. ¿Cómo se puede pensar que estos módulos elementalísimos y divergentes de la vitalidad no sean gigantescos poderes plásticos de la historia? Fue, a mi juicio, uno de los descubrimientos sociológicos más importantes el que se hizo, va para treinta años, cuando se advirtió que la organización social más primitiva no es sino la impronta en la masa colectiva de esas grandes categorías vitales: sexos y edades. La estructura más primitiva de la sociedad se reduce a dividir los individuos que la integran en hombres y mujeres y cada una de estas clases sexuales[1] en niños, jóvenes y viejos, en clases de edad. Las formas biológicas mismas fueron, por decirlo así, las primeras instituciones.

Masculinidad y feminidad, juventud y senectud son dos parejas de potencias antagónicas. Cada una de esas poten-

---

1. Hasta el punto de existir en ciertos pueblos primitivos dos idiomas, uno que hablan sólo los hombres y otro sólo para las mujeres.

cias significa la movilización de la vida toda en un sentido divergente del que lleva su contraria. Vienen a ser como estilos diversos del vivir. Y como todos coexisten en cualquier instante de la historia, se produce entre ellos una colisión, un forcejeo en que intenta cada cual arrastrar en su sentido, íntegra, la existencia humana. Para comprender bien una época es preciso determinar la ecuación dinámica que en ella dan esas cuatro potencias y preguntar: ¿Quién puede más? ¿Los jóvenes o los viejos, es decir, los hombres maduros? ¿Lo varonil o lo femenino? Es sobremanera interesante perseguir en los siglos los desplazamientos del poder hacia una u otra de esas potencias. Entonces se advierte lo que de antemano debía presumirse: que, siendo rítmica toda vida, lo es también la histórica, y que los ritmos fundamentales son precisamente los biológicos, es decir, que hay épocas en que predomina lo masculino y otras señoreadas por los instintos de la feminidad, que hay tiempos de jóvenes y tiempos de viejos.

En el ser humano la vida se duplica, porque al intervenir la conciencia la vida primaria se refleja en ella: es interpretada por ella en forma de idea, imagen, sentimiento. Y como la historia es, ante todo, historia de la mente, del alma, lo interesante será describir la proyección en la conciencia de esos predominios rítmicos. La lucha misteriosa que mantienen en las secretas oficinas del organismo la juventud y la senectud, la masculinidad y la feminidad, se refleja en la conciencia bajo la especie de preferencias y desdenes. Llega una época que prefiere, que estima más las calidades de la vida joven y pospone, desestima las de la vida madura o bien halla la gracia máxima en los modos femeninos frente a los masculinos.

¿Por qué acontecen estas variaciones de la preferencia, a veces súbitas? He aquí una cuestión sobre la cual no podemos aún decir una sola palabra clara[1].

Lo que sí me parece evidente es que nuestro tiempo se caracteriza por el extremo predominio de los jóvenes. Es sorprendente que en pueblos tan viejos como los nuestros y después de una guerra más triste que heroica, tome la vida de pronto un cariz de triunfante juventud. En realidad, como tantas otras cosas, este imperio de los jóvenes venía preparándose desde 1890, desde el *fin de siècle*. Hoy de un sitio, mañana de otro, fueron desalojados la madurez y la ancianidad: en su puesto se instalaba el hombre joven con sus peculiares atributos.

Yo no sé si este triunfo de la juventud será un fenómeno pasajero o una actitud profunda que la vida humana ha tomado y que llegará a calificar toda una época. Es preciso que pase algún tiempo para poder aventurar este pronóstico. El fenómeno es demasiado reciente y aún no se ha podido ver si esta nueva vida *in modo juventutis* será capaz de lo que luego diré, sin lo cual no es posible la perduración de su triunfo. Pero si fuésemos a atender sólo el aspecto del momento actual, nos veremos forzados a decir: ha habido en la historia otras épocas en que han predomi-

---

1. Hay, sin duda, un factor que colabora en estos cambios como en todos los del organismo vivo, pero me resisto a considerarlo decisivo. Es el contraste. La vida tiene la condición inexorable de cansarse, de embotarse para un estímulo y, al propio tiempo, rehabilitarse para el estímulo opuesto. Si en un estilo pictórico las figuras aparecen en posición vertical, es sumamente probable que poco tiempo después surgirá otro estilo con las figuras en posición diagonal (cambio de la pintura italiana de 1500 a 1600).

nado los jóvenes, pero nunca entre las bien conocidas[1] el predominio ha sido tan extremado y exclusivo. En los siglos clásicos de Grecia la vida toda se organiza en torno al efebo, pero junto a él, y como potencia compensatoria, está el hombre maduro que le educa y dirige. La pareja Sócrates-Alcibíades simboliza muy bien la ecuación dinámica de juventud y madurez desde el siglo V al tiempo de Alejandro. El joven Alcibíades triunfa sobre la sociedad, pero es a condición de servir al espíritu que Sócrates representa. De este modo la gracia y el vigor juveniles son puestos al servicio de algo más allá de ellos que les sirve de norma, de incitación y de freno. Roma, en cambio, prefiere el viejo al joven y se somete a la figura del senador, del padre de familia. El «hijo», sin embargo, el joven actúa siempre frente al senador en forma de oposición. Los dos nombres que enuncian los partidos de la lucha multisecular aluden a esta dualidad de potencias: patricios y proletarios. Ambos significan «hijos», pero los unos son hijos de padre ciudadano, casado según ley de Estado y por ello herederos de bienes, al paso que el proletario es hijo en el sentido de la carne, no es hijo de «alguien» reconocido, es mero descendiente y no heredero, prole. (Como se ve, la traducción exacta de patricio sería hidalgo).

Para hallar otra época de juventud como la nuestra, fuera preciso descender hasta el Renacimiento. Repase el lector raudamente la serie de sazones europeas. El ro-

---

[1] No se explica, a mi juicio, el origen de ciertas cosas humanas, entre ellas el Estado, si no se supone en épocas muy primitivas una etapa de enorme predominio de los jóvenes que ha dejado, en efecto, muchos vestigios positivos en pueblos salvajes del presente. (Véase «El origen deportivo del Estado»).

manticismo que, con una u otra intensidad, impregna todo el siglo XIX, puede parecer en su iniciación un tiempo de jóvenes. Hay en él, efectivamente, una subversión contra el pasado y es un ensayo de afirmarse a sí misma la juventud. La Revolución había hecho tabla rasa de la generación precedente y permitió durante quince años que ocupasen todas las eminencias sociales hombres muy mozos. El jacobino y el general de Bonaparte son muchachos. Sin embargo, ofrece este tiempo el ejemplo de un falso triunfo juvenil y el romanticismo pondrá de manifiesto su carencia de autenticidad. El joven revolucionario es sólo el ejecutor de las viejas ideas confeccionadas en los dos siglos anteriores. Lo que el joven afirma entonces no es su juventud, sino principios recibidos: nada tan representativo como el Robespierre, el viejo de nacimiento. Cuando en el romanticismo se reacciona contra el siglo XVIII es para volver a un pasado más antiguo, y los jóvenes al mirar dentro de sí sólo hallan desgana vital. Es la época de los *blasés*, de los suicidios, del aire prematuramente caduco en el andar y en el sentir. El joven imita en sí al viejo, prefiere sus actitudes fatigadas y se apresura a abandonar su mocedad. Todas las generaciones del siglo XIX han aspirado a ser maduras lo antes posible y sentían una extraña vergüenza de su propia juventud. Compárese con los jóvenes actuales –varones y hembras– que tienden a prolongar ilimitadamente su muchachez y se instalan en ella como definitivamente.

Si damos un paso atrás caemos en el siglo *vieillot* por excelencia, el XVIII, que abomina de toda calidad juvenil, detesta el sentimiento y la pasión, el cuerpo elástico y nudo. Es el siglo de entusiasmo por los decrépitos, que se estremece al paso de Voltaire, cadáver viviente que pasa sonriendo a sí mismo en la sonrisa innumerable de sus arrugas. Para extremar tal estilo de vida se finge en la cabeza la nieve de la edad y la peluca empolvada cubre toda frente primaveral –hombre o mujer– con una suposición de sesenta años.

Al llegar al siglo XVII en este virtual retroceso, tenemos que preguntarnos, ingenuamente sorprendidos: ¿Dónde se han marchado los jóvenes? Cuanto vale en esta edad parece tener cuarenta años: el traje, el uso, los modales son sólo adecuados a gentes de esta edad. De Ninón se estima la madurez, no la confusa juventud. Domina la centuria Descartes, vestido a la española, de negro. Se busca doquiera la *raison* e interesa más que nada la teología: jesuitas contra Jansenio. Pascal, el niño genial, es genial porque anticipa la ancianidad de los geómetras.

*El Sol*, 9 de junio de 1927

II

Todo gesto vital, o es un gesto de dominio o un gesto de servidumbre. *Tertium non datur.* El gesto de combate que parece interpolarse entre ambos pertenece, en rigor, a uno u otro estilo. La guerra ofensiva va inspirada por la seguridad en la victoria y anticipa el dominio. La guerra defensiva suele emplear tácticas viles, porque en el fondo de su alma el atacado estima más que a sí mismo al ofensor. Ésta es la causa que decide uno u otro estilo de actitud.

El gesto servil lo es porque el ser no gravita sobre sí mismo, no está seguro de su propio valer y en todo instante vive comparándose con otros. Necesita de ellos en una u otra forma; necesita de su aprobación para tranquilizarse, cuando no de su benevolencia y su perdón. Por eso el gesto lleva siempre una referencia al prójimo. Servir es llenar nuestra vida de actos que tienen valor sólo porque otro ser los aprueba o aprovecha. Tienen sentido mirados desde la vida de este otro ser, no desde la vida nuestra. Y ésta es, en principio, la servidumbre: vivir desde otro, no desde sí mismo.

El estilo de dominio, en cambio, no implica la victoria. Por eso aparece con más pureza que nunca en ciertos casos de guerra defensiva que concluyeron con la completa derrota del defensor. El caso de Numancia es ejemplar. Los numantinos poseen una fe inquebrantable en sí mismos. Su larga campaña frente a Roma comenzó por ser de ofensiva. Despreciaban al enemigo y, en efecto, lo derrotaban una vez y otra[1]. Cuando más tarde, recogiendo y organizando mejor sus fuerzas superiores, Roma aprieta a Numancia, ésta, se dirá, toma la defensiva, pero, propiamente, no se defiende, sino que más bien se aniquila, se suprime. El hecho material de la superioridad de fuerzas en el enemigo invita al pueblo de alma dominante a preferir su propia anulación. Porque sólo sabe vivir desde sí mismo, y la nueva forma de existencia que el destino le propone –servidumbre– le es inconcebible, le sabe a negación del vivir mismo; por tanto, es la muerte.

---

1. El que quisiera contarnos con algún detalle la guerra de Numancia, las consecuencias que trajo para la vida romana, cambios políticos, reforma de las instituciones, etcétera, haría una buena obra. Porque el paralelismo con el momento presente de España es sorprendente y luminoso.

En las generaciones anteriores la juventud vivía preocupada de la madurez. Admiraba a los mayores, recibía de ellos las normas –en arte, ciencia, política, usos y régimen de vida–, esperaba su aprobación y temía su enojo. Sólo se entregaba a sí misma, a lo que es peculiar de tal edad, subrepticiamente y como al margen. Los jóvenes sentían su propia juventud como una transgresión de lo que es debido. Objetivamente se manifestaba esto en el hecho de que la vida social no estaba organizada en vista de ellos. Las costumbres, los placeres públicos habían sido ajustados al tipo de vida propio para las personas maduras, y ellos tenían que contentarse con las zurrapas que éstas les dejaban o lanzarse a la calaverada. Hasta en el vestir se veían forzados a imitar a los viejos: las modas estaban inspiradas en la conveniencia de la gente mayor. Las muchachas soñaban con el momento en que se pondrían «de largo», es decir, en que adoptarían el traje de sus madres. En suma, la juventud vivía en servidumbre de la madurez.

El cambio acaecido en este punto es fantástico. Hoy la juventud parece dueña indiscutible de la situación, y todos sus movimientos van saturados de dominio. En su gesto trasparece bien claramente que no se preocupa lo más mínimo de la otra edad. El joven actual habita hoy su juventud con tal resolución y denuedo, con tal abandono y seguridad, que parece existir sólo en ella. Le trae perfectamente sin cuidado lo que piense de ella la madurez; es más: ésta tiene a sus ojos un valor próximo a lo cómico.

Se han mudado las tornas. Hoy el hombre y la mujer maduros viven casi azorados, con la vaga impresión de que casi no tienen derecho a existir. Advierten la invasión del mundo por la mocedad como tal y comienzan a hacer gestos serviles. Por lo pronto, la imitan en el vestir. (Muchas veces he sostenido que las modas no eran un hecho frívolo, sino un fenómeno de gran trascendencia histórica, obediente a causas profundas. El ejemplo presente aclara con sobrada evidencia esa afirmación).

Las modas actuales están pensadas para cuerpos juveniles, y es tragicómica la situación de padres y madres que se ven obligados a imitar a sus hijos e hijas en lo indumentario. Los que ya estamos muy en la cima de la vida nos encontramos con la inaudita necesidad de tener que desandar un poco del camino de la vida, como si lo hubiésemos errado, y hacernos –de grado o no– más jóvenes de lo que somos. No se trata de fingir una mocedad que se ausenta de nuestra persona, sino que el módulo adoptado por la vida objetiva es el juvenil y nos fuerza a su adopción. Como con el vestir acontece con todo lo demás. Los usos, placeres, costumbres, modales, están cortados a la medida de los efebos.

Es curioso, formidable, el fenómeno e invita a esa humildad y devoción ante el poder, a la vez creador e irracional, de la vida que yo fervorosamente he recomendado durante toda la mía. Nótese que en toda Europa la existencia social está hoy organizada para que puedan vivir a gusto sólo los jóvenes de las clases medias. Los mayores y las aristocracias se han quedado fuera de la circulación vital, síntoma en que se anudan dos factores distintos –juventud y masa– dominantes en la dinámica de este tiempo. El régimen de vida media se ha perfeccionado –por ejemplo, los placeres–, y, en cambio, las aristocracias no han sabido crearse nuevos refinamientos que las distancien de la masa. Sólo queda para ellas la compra de objetos más caros, pero del mismo tipo general que los usados por el hombre medio. Las aristocracias, desde 1800 en lo político y desde 1900 en lo social, han sido arrolladas, y es ley de la historia que las aristocracias no pueden ser arrolladas sino cuando previamente han caído en irremediable degeneración.

Pero hay un hecho que subraya más que otro alguno este triunfo de la juventud y revela hasta qué punto es profundo el trastorno de valores en Europa. Me refiero al entusiasmo por el cuerpo. Cuando se piensa en la juventud, se piensa ante todo en el cuerpo. Por varias razones; en primer lugar, el alma tiene un frescor más prolongado, que a veces llega a ornar la vejez de la persona; en segundo lugar, el alma es más perfecta en cierto momento de la madurez que en la juventud. Sobre todo, el espíritu –inteligencia y voluntad– es, sin duda, más vigoroso en la plena cima de la vida que en su etapa ascensional. En cambio, el cuerpo tiene su flor –su *akmé*, decían los griegos– en la estricta juventud, y, viceversa, decae infaliblemente cuando ésta se traspone. Por eso, desde un punto de vista superior a las oscilaciones históricas, por decirlo así, *sub specie aeternitatis*, es indiscutible que la juventud rinde la mayor delicia al ser mirada, y la madurez, al ser escuchada. Lo admirable del mozo es su exterior; lo admirable del hombre hecho es su intimidad.

Pues bien: hoy se prefiere el cuerpo al espíritu. No creo que haya síntoma más importante en la existencia europea actual. Tal vez las generaciones anteriores han rendido demasiado culto al espíritu y –salvo Inglaterra– han desdeñado excesivamente a la carne. Era conveniente que el ser humano fuese amonestado y se le recordase que no es sólo alma, sino unión mágica de espíritu y cuerpo.

El cuerpo es por sí puerilidad. El entusiasmo que hoy despierta ha inundado de infantilismo la vida continental, ha aflojado la tensión de intelecto y voluntad en que se retorció el siglo XIX, arco demasiado tirante hacia metas demasiado problemáticas. Vamos a descansar un rato en el cuerpo. Europa –cuando tiene ante sí los problemas más pavorosos– se entrega a unas vacaciones. Brinca elástico el músculo del cuerpo desnudo detrás de un balón que declara francamente su desdén a toda trascendencia volando por el aire con aire en su interior.

Las Asociaciones de estudiantes alemanes han solicitado enérgicamente que se reduzca el plan de estudios universitarios. La razón que daban no era hipócrita: urgía disminuir las horas de estudio porque ellos necesitaban el tiempo para sus juegos y diversiones, para «vivir la vida».

Este gesto dominante que hoy hace la juventud me parece magnífico. Sólo me ocurre una reserva mental. Entrega tan completa a su propio momento es justa en cuanto afirma el derecho de la mocedad como tal, frente a su antigua servidumbre. Pero ¿no es exorbitante? La juventud, estadio de la vida, tiene derecho a sí misma; pero a fuer de estadio va afectada inexorablemente de un carácter transitorio. Encerrándose en sí misma, cortando los puentes y quemando las naves que conducen a los estadios subsecuentes, parece declararse en rebeldía y separatismo del resto de la vida. Si es falso que el joven no debe hacer otra cosa que prepararse a ser viejo, tampoco es parvo error eludir por completo esta cautela.

Pues es el caso que la vida, objetivamente, necesita de la madurez; por tanto, que la juventud también la necesita. Es preciso organizar la existencia: ciencia, técnica, riqueza, saber vital, creaciones de todo orden, son requeridas para que la juventud pueda alojarse y divertirse. La juventud de ahora, tan gloriosa, corre el riesgo de arribar a una madurez inepta. Hoy goza el ocio floreciente que le han creado generaciones sin juventud[1].

Mi entusiasmo por el cariz juvenil que la vida ha adoptado no se detiene más que ante este temor. ¿Qué van a hacer a los cuarenta años los europeos futbolistas? Porque el mundo es ciertamente un balón, pero con algo más que aire dentro.

*El Sol*, 18 de junio de 1927

## ¿MASCULINO O FEMENINO?

### I

No hay duda que nuestro tiempo es tiempo de jóvenes. El péndulo de la historia, siempre inquieto, asciende ahora por el cuadrante «mocedad». El nuevo estilo de vida ha comenzado no hace mucho, y ocurre que la generación próxima ya a los cuarenta años ha sido una de las más

---

1. Desde un punto de vista más general, que, por lo tanto, no contradice lo dicho ahora, tiene sentido decir que la vida no es sino juventud, o que en la juventud culmina la vida, o que vivir es ser joven, y lo demás es desvivir. Pero esto vale para un concepto más minucioso de juventud que el usado habitualmente y a que este ensayo se acoge.

infortunadas que han existido. Porque cuando era joven reinaban todavía en Europa los viejos, y ahora que ha entrado en la madurez encuentra que se ha transferido el imperio a la mocedad. Le ha faltado, pues, la hora de triunfo y dominio, la sazón de grata coincidencia con el orden reinante en la vida. En suma: que ha vivido siempre al revés que el mundo y, como el esturión, ha tenido que nadar sin descanso contra la corriente del tiempo. Los más viejos y los más jóvenes desconocen este duro destino de no haber flotado nunca; quiero decir de no haberse sentido nunca la persona como llevada por un elemento favorable, sino que un día tras otro y lustro tras lustro tuvo que vivir en vilo, sosteniéndose a pulso sobre el nivel de la existencia. Pero tal vez esta misma imposibilidad de abandonarse un solo instante la ha disciplinado y purificado sobremanera. Es la generación que ha combatido más, que ha ganado en rigor más batallas y ha gozado menos triunfos[1].

Mas dejemos por ahora intacto el tema de esa generación intermediaria y retengamos la atención sobre el momento actual. No basta decir que vivimos en tiempo de juventud. Con ello no hemos hecho más que definirlo dentro del ritmo de las edades. Pero a la vera de éste actúa sobre la substancia histórica el ritmo de los sexos. ¡Tiempo de juventud! Perfectamente. Pero ¿masculino

---

[1]. Un ejemplo de esos combates en que la victoria efectiva no ha dado, sin embargo, el triunfo al combatiente, puede verse en el orden público. Los que han combatido y en realidad vencido a la vieja política pseudoparlamentaria han sido los «intelectuales» de esa generación. Y, sin embargo, por razones de curioso espejismo histórico, el triunfo lo han gozado quienes no combatieron nunca ese régimen mientras fue poderoso.

o femenino? El problema es más sutil, más delicado –casi indiscreto. Se trata de filiar el sexo de una época.

Para acertar en ésta, como en todas las empresas de la psicología histórica, es preciso tomar un punto de vista elevado, libertarse de ideas angostas sobre lo que es masculino y lo que es femenino. Ante todo, es urgente desasirse del trivial error que entiende la masculinidad principalmente en su relación con la mujer. Para quien piense así, es muy masculino el caballero bravucón que se ocupa ante todo en cortejar a las damas y hablar de las buenas hembras. Éste era el tipo de varón dominante hacia 1890: traje barroco, grandes levitas cuyas haldas capeaban al viento, plastrón, barba de mosquetero, cabello en volutas, un duelo al mes. (El buen fisonomista de las modas descubre pronto la idea que inspiraba a ésta: la ocultación del cuerpo viril bajo una profusa vegetación de tela y pelambre. Quedaban sólo a la vista, manos, nariz y ojos. El resto era falsificación, literatura textil, peluquería. Es una época de profunda insinceridad: discursos parlamentarios y prosa de «artículo de fondo»[1]).

El hecho de que al pensar en el hombre se destaque primeramente su afán hacia la mujer revela, sin más, que en esa época predominaban los valores de feminidad. Sólo cuando la mujer es lo que más se estima y encanta tiene sentido apreciar al varón por el servicio y culto que a ésta rinda. No hay síntoma más evidente de que lo masculino, como tal, es preterido y desestimado. Porque así

---

1. El día que se haga en serio la historia del último siglo se verá que esa generación es la efectivamente culpable del desarreglo actual de Europa.

como la mujer no puede en ningún caso ser definida sin referirla al varón, tiene éste el privilegio de que la mayor y mejor porción de sí mismo es independiente por completo de que la mujer exista o no. Ciencia, técnica, guerra, política, deporte, etcétera, son cosas en que el hombre se ocupa con el centro vital de su persona, sin que la mujer tenga intervención sustantiva. Este privilegio de lo masculino, que le permite en amplia medida bastarse a sí mismo, acaso parezca irritante. Es posible que lo sea. Yo no lo aplaudo ni lo vitupero, pero tampoco lo invento. Es una realidad de primera magnitud con que la Naturaleza, inexorable en sus voluntades, nos obliga a contar.

La veracidad, pues, me fuerza a decir que todas las épocas masculinas de la historia se caracterizan por la falta de interés hacia la mujer. Ésta queda relegada al fondo de la vida, hasta el punto de que el historiador, forzado a una óptica de lejanía, apenas si la ve. En el haz histórico aparecen sólo hombres, y, en efecto, los hombres viven a la sazón sólo con hombres. Su trato normal con la mujer queda excluido de la zona diurna y luminosa en que acontece lo más valioso de la vida, y se recoge en la tiniebla, en el subterráneo de las horas inferiores, entregadas a los puros instintos –sensualidad, paternidad, familiaridad. Egregia ocasión de masculinidad fue el siglo de Pericles, siglo sólo para hombres. Se vive en público: ágora, gimnasio, campamento, trirreme. El hombre maduro asiste a los juegos de los efebos desnudos y se habitúa a discernir las más finas calidades de la belleza varonil, que el escultor va a comentar en el mármol. Por su parte, el adolescente bebe en el aire ático la afluencia de palabras agudas que brota de los viejos dialécticos, sentados en los pórticos con la cayada en la axila. ¿La mujer?... Sí; a última hora, en el banquete varonil, hace su entrada bajo la especie de flautistas y danzarinas que ejecutan sus humildes destrezas, al fondo, muy al fondo de la escena, como sostén y pausa a la conversación que languidece. Alguna vez, la mujer se adelanta un poco: Aspasia. ¿Por qué? Porque ha aprendido el saber de los hombres, porque se ha masculinizado.

Aunque el griego ha sabido esculpir famosos cuerpos de mujer, su interpretación de la belleza femenina no logró desprenderse de la preferencia que sentía por la belleza del varón. La Venus de Milo es una figura másculo-feminea, una especie de atleta con senos. Y es un ejemplo de cómica insinceridad que haya sido propuesta imagen tal al entusiasmo de los europeos durante el siglo XIX, cuando más ebrios vivían de romanticismo y de fervor hacia la pura, extremada feminidad. El canon del arte griego quedó inscrito en las formas del muchacho deportista y cuando esto no le bastó prefirió soñar con el hermafrodita. (Es curioso advertir que la sensualidad primeriza del niño le hace normalmente soñar con el hermafrodita; cuando más tarde separa la forma masculina de la femenina sufre –por un instante– amarga desilusión. La forma femenina le parece como una mutilación de la masculina; por tanto, como algo incompleto y vulnerable[1]).

Sería un error atribuir este masculinismo, que culmina en el siglo de Pericles, a una nativa ceguera del hombre griego para los valores de feminidad, y oponerle el pre-

---

1. Tengo idea de que Freud se ocupa minuciosamente de este hecho. Como hace dieciséis años que leí a este autor, no recuerdo bien en qué obra trata del asunto; pero con alguna probabilidad dirijo al lector hacia la que entonces se titulaba *Tres ensayos sobre teoría sexual*.

sunto rendimiento del germano ante la mujer. La verdad es que en otras épocas de Grecia anteriores a la clásica triunfó lo femenino, como en ciertas etapas del germanismo domina lo varonil. Precisamente aclara mejor que otro ejemplo la diferencia entre épocas de uno y otro sexo lo acontecido en la Edad Media, que por sí misma se divide en dos porciones: la primera, masculina; la segunda, desde el siglo XII, femenina.

En la primera Edad Media la vida tiene más rudo cariz. Es preciso guerrear cotidianamente, y a la noche, compensar el esfuerzo con el abandono y el frenesí de la orgía. El hombre vive casi siempre en campamentos, sólo con otros hombres, en perpetua emulación con ellos sobre temas viriles: esgrima, caballería, caza, bebida. El hombre, como dice un texto de la época, no «debe separarse hasta la muerte de la crin de su caballo y pasará su vida a la sombra de la lanza». Todavía en tiempo de Dante algunos nobles, los Lamberti, los Soldanieri, conservaban, en efecto, el privilegio de ser enterrados a caballo[1].

En tal paisaje moral, la mujer carece de papel y no interviene en lo que podemos llamar vida de primera clase. Entendámonos: en todas las épocas se ha deseado a la mujer, pero no en todas se la ha estimado. Así en esta bronca edad. La mujer es botín de guerra. Cuando el germano de estos siglos se ocupa en idealizar la mujer, imagina la walkiria, la hembra beligerante, virago musculosa que posee actitudes y destrezas de varón.

Esta existencia de áspero régimen crea las bases primeras, el subsuelo del porvenir europeo. Merced a ella se ha

---

1. Véase la *Cronaca*, de Fra Salimbene. (Parma, 1857, págs. 94-102).

conseguido ya en el siglo XII acumular alguna riqueza, contar con un poco de orden, de paz, de bienestar. Y he aquí que rápidamente, como en ciertas jornadas de primavera, cambia la faz de la historia. Los hombres empiezan a pulirse en la palabra y en el modal. Ya no se aprecia el ademán bronco, sino el gesto mesurado, grácil. A la continua pendencia sustituye el *solatz e deport* –que quiere decir conversación y juego. La mutación se debe al ingreso de la mujer en el escenario de la vida pública. La Corte de los Carolingios era exclusivamente masculina. Pero en el siglo XII las altas damas de Provenza y Borgoña tienen la audacia sorprendente de afirmar, frente al Estado de los guerreros y frente a la Iglesia de los clérigos, el valor específico de la pura feminidad. Esta nueva forma de vida pública, donde la mujer es el centro, contiene el germen de lo que, frente a Estado e Iglesia, se va a llamar siglos más tarde «sociedad». Entonces se llamó «corte»; pero no como la antigua corte de guerra y de justicia, sino «corte de amor». Se trata, nada menos, de todo un nuevo estilo de cultura y de vida...

*El Sol*, 26 de junio de 1927

II

Se trata, nada menos, de todo un nuevo estilo de cultura y de vida. Porque hasta el siglo XII no se había encontrado la manera de afirmar la delicia de la existencia, de lo mundanal frente al enérgico «tabú» que sobre todo lo terreno había hecho caer la Iglesia. Ahora aparece la *cortezia* triunfando de la *clerezia*. Y la *cortezia* es ante todo el régimen de vida que va inspirado por el entusiasmo hacia la mujer. Se ve en ella la norma y el centro de la creación. Sin la violencia del combate o del anatema, suavísimamente, la feminidad se eleva a máximo poder histórico. ¿Cómo aceptan este yugo el guerrero y el sacerdote, en cuyas manos se hallaban todos los medios de la lucha? No cabe más claro ejemplo de la fuerza indomable que el «sentir del tiempo» posee. En rigor, es tan poderoso que no necesita combatir. Cuando llega, montado sobre los nervios de una nueva generación, sencillamente se instala en el mundo como en una propiedad indiscutida.

La vida del varón pierde el módulo de la etapa masculina y se conforma al nuevo estilo. Sus armas prefieren al combate la justa y el torneo, que están ordenados para ser vistos por las damas. Los trajes de los hombres comienzan a imitar las líneas del traje femenino, se ajustan a la cintura y se descotan bajo el cuello. El poeta deja un poco la gesta en que se canta al héroe varonil y tornea la trova que ha sido inventada

*sol per domnas lauzar*[1].

El caballero desvía sus ideas feudales hacia la mujer y decide servir a una dama, cuya cifra pone en el escudo. De esta época proviene el culto a la Virgen María, que proyecta en las regiones trascendentes la entronización de lo femenino, acontecida en el orden sublunar. La mujer

1. *Sólo para alabar a las damas*, dice el trovador Giraud de Bornelh.

se hace ideal del hombre, y llega a ser la forma de todo ideal. Por eso en tiempo de Dante la figura femenina absorbe el oficio alegórico de todo lo sublime, de todo lo aspirado. Al fin y al cabo, consta por el Génesis que la mujer no está hecha de barro, como el varón, sino que está hecha de sueño de varón.

Ejercitada la pupila en estos esquemas de pretérito, que fácilmente podríamos multiplicar, se vuelve al panorama actual y reconoce al punto que nuestro tiempo no es sólo tiempo de juventud, sino de juventud masculina. El amo del mundo es hoy el muchacho. Y lo es, no porque lo haya conquistado, sino a fuerza de desdén. La mocedad masculina se afirma a sí misma, se entrega a sus gustos y apetitos, a sus ejercicios y preferencias, sin preocuparse del resto, sin acatar o rendir culto a nada que no sea su propia juventud. Es sorprendente la resolución y la unanimidad con que los jóvenes han decidido no «servir» a nada ni a nadie, salvo a la idea misma de la mocedad. Nada parecería hoy más obsoleto que el gesto rendido y curvo con que el caballero bravucón de 1890 se acercaba a la mujer para decirle una frase galante, retorcida como una viruta. Las muchachas han perdido el hábito de ser galanteadas, y ese gesto en que hace treinta años rezumaban todas las resinas de la virilidad, les olería hoy a afeminamiento.

Porque la palabra afeminado tiene dos sentidos muy diversos. Por uno de ellos significa el hombre anormal que fisiológicamente es un poco mujer. Estos individuos monstruosos existen en todos los tiempos, como desviación fisiológica de la especie, y su carácter patológico les impide representar la normalidad de ninguna época. Pero en su otro sentido, «afeminado» significa sencillamente *homme à femmes*, el hombre muy preocupado de la mujer, que gira en torno de ella y dispone sus actitudes y persona en vista de un público femenino. En tiempos de este sexo, esos hombres parecen muy hombres; pero cuando sobrevienen etapas de masculinismo se descubre lo que en ellos hay de efectivo afeminamiento, pese a su aspecto de matamoros.

Hoy, como siempre que los valores masculinos han predominado, el hombre estima su figura más que la del sexo contrario, y consecuentemente, cuida su cuerpo y tiende a ostentarlo. El viejo «afeminado» llama a este nuevo entusiasmo de los jóvenes por el cuerpo viril y a ese esmero con que lo tratan afeminamiento, cuando es todo lo contrario. Los muchachos conviven juntos en los estadios y áreas de deporte. No les interesa más que su juego y la mayor o menor perfección en las posturas o en la destreza. Conviven, pues, en perfecto concurso y emulación, que versan sobre calidades viriles. A fuerza de contemplarse en los ejercicios donde el cuerpo aparece exento de falsificaciones textiles, adquieren una fina percepción de la belleza física varonil, que cobra a sus ojos un valor enorme. Nótese que sólo se estima la excelencia en las cosas de que se entiende. Sólo estas excelencias, claramente percibidas, arrastran el ánimo y lo sobrecogen[1].

De aquí que las modas masculinas hayan tendido estos años a subrayar la arquitectura muscular del hombre joven, simplificando un tipo de traje tan poco propicio para ello como el heredado del siglo XIX. Era menester

---

1. Por esto la estimación del escritor en España es siempre falsa y más bien obra de la buena voluntad que de sincero entusiasmo. En cambio, en Francia tiene el escritor un formidable poder social. Simplemente, porque los franceses entienden de literatura.

que bajo los tubos o cilindros de tela en que este horrible traje consiste, se afirmase el cuerpo del futbolista.

Tal vez desde los tiempos griegos no se ha estimado tanto la belleza masculina como ahora. Y el buen observador nota que nunca las mujeres han hablado tanto y con tal descaro como ahora de los hombres guapos. Antes, sabían callar su entusiasmo por la belleza de un varón, si es que la sentían. Pero, además, conviene apuntar que la sentían mucho menos que en la actualidad. Un viejo psicólogo habituado a meditar sobre estos asuntos, sabe que el entusiasmo de la mujer por la belleza corporal del hombre, sobre todo por la belleza fundada en la corrección atlética, no es casi nunca espontáneo. Al oír hoy con tanta frecuencia el cínico elogio del hombre guapo brotando de labios femeninos, en vez de colegir ingenuamente y sin más: «A la mujer de 1927 le gustan superlativamente los hombres guapos», hace un descubrimiento más hondo: la mujer de 1927 ha dejado de acuñar los valores por sí misma y acepta un punto de vista de los hombres que en esta fecha sienten, en efecto, entusiasmo por la espléndida figura del atleta. Ve, pues, en ello un síntoma de primera categoría, que revela el predominio del punto de vista varonil.

No sería objeción contra éste que alguna lectora, perescrutando sinceramente en su interior, reconociese que no se daba cuenta de ser influida en su estima de la belleza masculina por el aprecio que de ella hacen los jóvenes. De todo aquello que es un impulso colectivo y empuja la vida histórica entera en una u otra dirección no nos damos cuenta nunca, como no nos damos cuenta del movimiento estelar que lleva nuestro planeta, ni de la faena química en que se ocupan nuestras células. Cada cual cree vivir por su cuenta, en virtud de razones que supone personalísimas. Pero el hecho es que bajo esa superficie de nuestra conciencia actúan las grandes fuerzas anónimas, los poderosos alisios de la historia, soplos gigantes que nos movilizan a su capricho.

Tampoco sabe bien la mujer de hoy por qué fuma, por qué se viste como se viste, por qué se afana en deportes físicos. Cada una podrá dar su razón diferente, que tendrá alguna verdad, pero no la bastante. Es mucha casualidad que al presente el régimen de la existencia femenina en los órdenes más diversos coincida siempre en esto: la asimilación al hombre. Si en el siglo XII el varón se vestía como la mujer y hacía bajo su inspiración versitos dulcifluos, hoy la mujer imita al hombre en el vestir y adopta sus ásperos juegos. La mujer procura hallar en su corporeidad las líneas del otro sexo. Por eso lo más característico de las modas actuales no es la exigüidad del encubrimiento, sino todo lo contrario. Basta comparar el traje de hoy con el usado en la época de otro Directorio mayor –1800– para descubrir la esencia variante, tanto más expresiva cuanto mayor es la semejanza. El traje Directorio era también una simple túnica, bastante corta, casi como la de ahora. Sin embargo, aquel desnudo era un perverso desnudo de mujer. Ahora, la mujer va desnuda como un muchacho. La dama Directorio acentuaba, ceñía y ostentaba el atributo femenino por excelencia: aquella túnica era el más sobrio tallo para sostener la flor del seno. El traje actual, aparentemente tan generoso en la nudificación, oculta, en cambio, anula, escamotea, el seno femenino.

Es una equivocación psicológica explicar las modas vigentes por un supuesto afán de excitar los sentidos del varón, que se han vuelto un poco indolentes. Esta indolencia es un hecho, y yo no niego que en el detalle de la indumentaria y de las actitudes influya ese propósito incitativo; pero las líneas generales de la actual figura femenina están inspiradas por una intención opuesta: la de parecerse un poco al hombre joven. El descaro e impudor de la mujer contemporánea son, más que femeninos, el descaro y el impudor de un muchacho que da a la intemperie su carne elástica. Todo lo contrario, pues, de una exhibición lúbrica y viciosa. Probablemente, las relaciones entre los sexos no han sido nunca más sanas, paradisíacas y moderadas que ahora. El peligro está más bien en la dirección inversa. Porque ha acontecido siempre que las épocas masculinas de la historia, desinteresadas de la mujer, han rendido extraño culto al amor dórico. Así en tiempo de Pericles, en tiempo de César, en el Renacimiento.

Es, pues, una bobada perseguir en nombre de la moral la brevedad de las faldas al uso. Hay en los sacerdotes una manía milenaria contra los modistos. A principios del siglo XIII nota Luchaire, «los sermonarios no cesan de fulminar contra la longitud exagerada de las faldas, que son, dicen, una invención diabólica»[1]. ¿En qué quedamos? ¿Cuál es la falda diabólica? ¿La corta o la larga?

A quien ha pasado su juventud en una época femenina le apena ver la humildad con que hoy la mujer, destrona-

---

1. Achille Luchaire: *La société française au temps de Philippe-Auguste*, pág. 376.

da, procura insinuarse y ser tolerada en la sociedad de los hombres. A este fin acepta en la conversación los temas que prefieren los muchachos, y habla de deportes y de automóviles, y cuando pasa la ronda de *cock-tails*, bebe como un barbián. Esta mengua del poder femenino sobre la sociedad es causa de que la convivencia sea en nuestros días tan áspera. Inventora la mujer de la *cortezia*, su retirada del primer plano social ha traído el imperio de la descortesía. Hoy no se comprendería un hecho como el acaecido en el siglo XVII con motivo de la beatificación de varios santos españoles –entre ellos, San Ignacio, San Francisco Javier y Santa Teresa de Jesús. El hecho fue que la beatificación sufrió una larga demora por la disputa surgida entre los cardenales sobre quién habría de entrar primero en la oficial beatitud: la dama Cepeda o los varones jesuitas.

*El Sol*, 3 de julio de 1927

# La rebelión de las masas

## VI

### [BORRADOR]

¿Qué método hay para comprender bien una época presente o pasada? Todos los que usted quiera con tal de que, a la postre, sepa usted distanciarse de ella lo suficiente para no ver la nariz de Cleopatra. Por no saber mirar el gran hecho actual desde oportuna lejanía las gentes mejores de nuestro tiempo no se han dado cuenta de lo que está pasando en Europa. Los árboles no les dejan ver el bosque. Esta ceguera les proporciona, es cierto, relativa tranquilidad. Si de pronto viesen lo que de verdad está pasando, lo que fermenta en el estrato subterráneo donde la historia se fabrica, se aterrorizarían. No es nada improbable que sea yo el equivocado. Pero aún en este caso debo comunicar mi visión. *Tutta la tua visión fa manifesta* – recomendaba [Dante]. Máxime si la diferencia entre esa visión y la que encuentro en la mayor parte de mis contemporáneos no consiste sólo en discrepar sobre lo que pasa sino sobre la gravedad de lo que pasa.

Esta gravedad no ha de entenderse por fuerza como alusiva a una enfermedad: puede significar simplemente la gravedad de un problema. Todo tiempo trae el suyo. En lo que yo discrepo más de las apreciaciones usuales es en el aforo del que trae el nuestro.

Mi tesis, en forma esquemática, suena así: la situación presente de Europa es la más grave de toda su historia porque el hombre actual es, para todos los efectos de vida pública, radicalmente distinto de cuantos han actuado en el pretérito. Ya sé que el hombre del siglo XIX era distinto del que gobernó el siglo XVIII y éste del dominante en el siglo XVII. Pero mi sospecha consiste precisamente en que todos esos hombres tan distintos resultan parientes, asimilables, casi idénticos entre sí, cuando se los compara con nuestro hombre nuevo. Ya sé que esto no parece verosímil. Por eso escribo este ensayo. No se debía escribir más que para demostrar lo inverosímil. Lo otro no ha menester de esfuerzo mental. Bien está que Perogrullo colabore pero conviene evitar que firme la conclusión.

Por ser tan radicalmente distinto –insisto en que refiero sólo a la porción de su índole que produce efectos de vida pública– es radicalmente problemático. La historia de Europa hasta aquí se había apoyado en cierto modo de ser que, al través de cambios pequeños y grandes, había conservado una última estructura idéntica. Pues bien, yo recelo que esa última estructura es la que ahora ha cambiado. Por consiguiente, se hace completamente problema el porvenir de Europa.

La razón por la cual se suele atribuir menor calibre al cambio de nuestro tiempo es que no se evalúa debidamente la innovación aportada por el siglo XIX. En cuanto se rectifica este error de apreciación el problematismo del presente aparece claro y se llega a él por un razonamiento *a priori*. La comprensión histórica no se logra mirando sólo narices de Cleopatras sino añadiendo algún que otro razonamiento *a priori*. Este razonar es la óptica de largas distancias a que invito. De tal modo no depende sólo de apéndices nasales, de detalles azarosos, la realidad sustantiva histórica que un hombre del siglo XIX, suficientemente perspicaz, pudo y debió prever el problema que ahora tenemos delante. Este hombre, en efecto, pudo reflexionar así:

«La atmósfera del siglo XIX que nosotros gobernamos emana de la Revolución. No de *una* revolución, sino de *la* Revolución. Desde un principio tiene este siglo la conciencia clara de que va a vivir por completo de principios nuevos, radicalmente distintos de los que en todo el pasado, con una u otra variación, fueron vigentes. Por eso, se considera, diríamos, fuera de concurso frente a los demás tiempos. No se trata de evolución sino formalmente de revolución. No va a modificar el pasado corrigiendo lo que conviniese corregir y conservando lo que conviniese conservar sino que va a ensayar radicalmente un sistema de normas vitales que eran la perfecta inversión de la vida tradicional. Su intención general era volver del revés la historia. Claro que a nuestro juicio la historia había deseado siempre, en dolorido secreto, que la volvieran del revés. La vida tradicional ha sido permanentemente vida violentada. Por lo tanto, puede justamente el siglo XIX prejuzgarse como cumplidor de la aspiración sustantiva latente en todo el pasado.

»Nadie podrá con fundamento desconocer que hasta ahora nuestra centuria marcha prodigiosamente, que es el siglo mejor de todos los siglos. Los nuevos principios han comprobado su portentosa eficiencia. Estos principios pueden resumirse simbólicamente en tres: la democracia liberal, la ciencia experimental, el industrialismo, o sea, capitalismo más técnica. Pero ¿cabe, aún en el reducido término de las previsiones humanas, asegurarse la continuidad de estos magníficos resultados? Todo depende de una cosa: de que el hombre del siglo XX sea *en lo esencial* parecido a nosotros. Ahora bien, ese hombre del siglo XX es el que nosotros estamos preparando. Aquí, aquí está la cuestión. Porque nosotros los que dirigimos este siglo XIX que implanta plenamente la democracia liberal, la experimentación y el industrialismo, *no hemos sido hechos en la atmósfera del siglo XIX*, no hemos nacido en democracia ni en pleno desarrollo de la ciencia experimental ni bajo el triunfo del industrialismo. Nuestra alma ha sido preparada en el siglo XVIII. Esta tan obvia advertencia es más grave de lo que parece. Democracia liberal, ciencias físicas e industrialización fueron principios inventados por nuestros padres y abuelos –no por el siglo XIX– y nosotros los recibimos según surgieron en la mente del siglo XVIII, es decir, unidos a muchas otras cosas que daban a aquellos principios firme y completo sentido. Pero he aquí que nosotros no hemos inventado nada, nos hemos limitado a implantar esos tres modos de vida. En vez de inventar vamos olvidando muchas cosas del siglo XVIII que son esenciales. Nuestra generación de 1850 a 1880 es más democrática, más experimentadora y más industrial que ninguna anterior pero empieza ya a no ser casi más que eso, a perder la atmósfera del siglo XVIII que daba sentido a eso, sentido y mesura. Por ejemplo: el demócrata de 1840 no era un hombre que hostigase a las muchedumbres despertando sin limitación sus apetitos. Las incitaba a conquistar sus derechos pero se revolvía contra ellas cuando confundían "tener derechos" con "no tener obligaciones". El político liberal de 1840 no era un adulador de las multitudes sino que su idea política comenzaba por imponerle toda una rigorosa moral –la moral humanista del siglo XVIII. Otro ejemplo: la ciencia experimental se constituye en pleno Enciclopedismo, es decir, en el seno de una ejemplar unificación del conocimiento. Hasta 1820 nuestros sabios practican en alguna medida ese imperativo de que el sabio tiene que poseer una concepción unitaria y completa del mundo. Pero la ciencia experimental por su inexorable destino conduce a un progresivo especialismo y comienza a producirse un tipo de "sabio" que conserva todo el empaque de tal pero que en rigor sabe mucho de una pequeñísima porción del mundo ignorando de raíz todo lo demás.

»Todo esto hace pensar que el hombre del siglo XX educado por nosotros en democracia liberal sin los complementos de la ética del XVIII corre el riesgo de ser no un demócrata liberal como nosotros sino un frenético. Parejamente, el hombre de ciencia futuro está en peligro de ignorar las raíces mismas del saber y convertirse allá en la celdilla de su laboratorio archi-especializado en un pachón de asador que mueve el aparato sin sospecha de su latente mecanismo.

»De donde se deduce que el siglo XIX al implantar los nuevos principios va dejando que se pierda la atmósfera que los animó y lo justifica y en cambio no inventa\*

---

\* [Aquí se interrumpe el manuscrito].

# La rebelión de las masas

## VIII

[BORRADOR]

La gloria del siglo XIX ha sido la implantación de ciertos principios que creaban una vida pública radicalmente nueva y en lo esencial contrapuesta a la de todos los tiempos. El hombre que gobierna esa centuria no tuvo que inventar esos principios ni siquiera las formas primeras, embrionarias de su aplicación. Educado en el siglo XVIII recibe de él todo ese tesoro y además el impulso ideal que mueve internamente su ánimo. No tiene, pues, gran mérito que se lanzase enérgicamente a la ejecución de tan magnífico programa vital. Sólo en una cosa podía ese hombre del XIX haber mostrado su genialidad, su altitud de alma: en el cuidado que hubiera puesto al realizar la empresa, en la vigilancia y sentido de responsabilidad que presidiese a su marcha. Tres siglos –en rigor, toda la historia europea– se habían extenuado para deshilar ese maravilloso proyecto que es puesto en su mano. Nada más fácil que embalarse en él. Apenas iniciada su implantación comienza a producir efectos fabulosos. Ni una sola grave dificultad plantea. Es un siglo sin catástrofes. Todo va viento en popa.

Pero si usted no inventa un proyecto y la suerte lo pone en su mano con vía franca para ejecutarlo lo menos que puedo exigir de usted es que se moleste en pensar los complementos y correctivos que la práctica demuestre necesarios. ¿O se quería que también hubiese inventado éstos el siglo XVIII?

El hombre del siglo XVIII no ha visto funcionar en plena vigencia ni la democracia, ni la experimentación ni el industrialismo que había inventado. Ignoraba, pues, las repercusiones de su funcionamiento sobre la naturaleza humana. Quedaba para el siglo XIX el compromiso de completar aquel sistema de principios con un sistema de correcciones y complementos inspirados en la práctica. Pues bien, es curioso notar la constancia con que la pasada centuria falta a ese compromiso. No comprende que al educar a los hombres en nuevo régimen de democracia hay que enseñarles algo más que democracia, es decir, algo más que sus derechos, a saber, sus obligaciones. No comprende que al tomar la ciencia el camino experimental tendía inexorablemente a disociarse en un mecánico especialismo, que era forzoso compensar de alguna manera para mantener la sustancia misma de esa ciencia que es su unidad. No comprende que el industrialismo abandonado a su propia índole hace a la humanidad esclava de la producción dando con ello a lo económico un predominio en la vida pública y en la privada que significa una deformación monstruosa del organismo humano. O mejor dicho: comprende todo esto, como no podía menos pero no cumple los deberes que esa comprensión automáticamente le define.

Cuanto más se analiza la pasada centuria más claro aparece que casi todo lo bueno de ella no es suyo sino del siglo anterior y que lo propiamente suyo fue una tenaz prevaricación histórica[1]. Como decimos en España con uno de tantos giros que revelan nuestra condición labriega, «que a gusto en su machito». Faltó, concienzudamente a cuanto en su misión histórica implicaba deber de inventar. No añadió nada esencial a lo recibido sino que se dejó ir por la pendiente que los principios heredados indicaban. Nunca se mantuvo al usarlos, como todo hombre responsable debe, encima de ellos, conservando el dominio sobre su funcionamiento, dueño así de su propio destino y, por lo tanto, del porvenir histórico. Ni cabe la excusa de que no pudiera verse desde dentro de ese siglo lo que le faltaba porque las individualidades verdaderamente superiores de aquella edad –unos cuantos hombres de rincón, meditabundos– lo previeron con toda claridad y lo declararon con todo rigor.

Un razonamiento simplicísimo –al que aludía en el artículo anterior– llevaba a esa anticipación. El implantador de la democracia no había sido educado en democracia sino en el «antiguo régimen» o en el residuo aún persistente de su atmósfera ética. El iniciador del especialismo no era por su parte especialista sino que aún poseía la enciclopedia de su ciencia. La industria triunfante no se nutría de un aire público creado por ella sino que [se] beneficiaba de cuanto en la sociedad pervivía aún del ambiente preindustrial. El siglo XIX, pues, reunía las

---

1. Tal vez las dos únicas cosas *originales* del siglo XIX que merecen admiración son su amor y su literatura.

ventajas de sus nuevos principios a las favorables supervivencias del anterior. Él no era hijo de sí mismo. Lo que de radical innovación había en su obra –la nueva organización de la vida– no reobraba aún sobre su vida. Pero era evidente que generación tras generación se iban evaporando los restos del siglo XVIII e iban quedando en seco, aislados, los nuevos principios. El hombre nacido so la vigencia plena de éstos y sólo de éstos era el hijo de la Revolución, el novísimo Adán. ¿Cómo no preguntarse automáticamente si ese nuevo tipo de hombre tenía condiciones para continuar el plan histórico que el siglo XIX inicia? ¿Cómo no preguntarse si el educado en pura democracia será capaz de ser demócrata careciendo de una ética complementaria? ¿Si el especialista nato podría ser de verdad «hombre de ciencia» o más bien perdería todo contacto con las raíces mismas del saber, convirtiéndose allá en la celdilla de su laboratorio archiespecializado en un pachón de asador que empuja el aparato sin sospecha de su latente mecanismo? En fin ¿si el industrialismo abandonado a su propia gravitación no se anularía –por múltiples causas– a sí mismo?

El siglo XIX no quiso contestarse a estas preguntas y por eso las respuestas andan ahora por la calle sobre sus dos pies. Son el problema gigantesco, sin par en la historia, que aquella centuria tan gloriosa nos ha legado. El hijo de la democracia liberal es de intención anti-liberal y, en rigor, antidemócrata (siendo a la vez, lo uno y lo otro). El hijo del especialismo científico no siente entusiasmo por la ciencia. El industrialismo filial de aquel triunfante empieza a perder su propia cabeza. Y todo esto, lo es el hombre nuevo galanamente, cínicamente, inanemente.

Porque no muestra ni siquiera la pretensión de haber superado todas esas cosas en un nuevo sistema de normas vitales más agudas y exactas. Parece dispuesto a vivir en seco, sin normas ni proyectos de ninguna clase.

## [ADDENDA]

Es preciso subrayar este carácter paradójico, trastornador que inspira al último siglo si se quiere ver con toda claridad hasta qué punto es el problema planteado hoy ante nosotros de un calibre mayor y de una calidad más grave que todos los sobrevenidos en el pasado de Europa. Si esa centuria se resolvió a ensayar un tipo de vida radicalmente nuevo quiere decirse que en su atmósfera se fue produciendo un tipo de hombre también radicalmente nuevo. Cuáles sean las dotes de este hombre para seguir haciendo historia grande es cosa que el siglo XIX no podía experimentar. Transcurren sus cien años en la faena de modelar la nueva vitola de personaje humano. Sólo ahora, en nuestros días, llega éste a la superficie de la historia para dirigirla. Y ahora, precisamente ahora es cuando podían comenzar a percibirse los lados defectuosos, o, por lo menos, problemáticos de la nueva especie.

Conste, pues, esta advertencia perogrullesca: el hombre representativo y director del siglo XIX no es el producido y preparado en ese siglo, sino que viene hecho del siglo anterior. Precisemos: el buen liberal demócrata que lucha en las barricadas entre 1800 y 1850 y luego, triunfante, instaura las constituciones democrático-liberales entre 1850 y 1880 y, más tarde, hace funcionar hasta 1900 en pleno poderío esas máquinas jurídicas, ese hombre, digo, fue engendrado, educado, inspirado en una época –el siglo XVIII– que ella no era liberal ni democrática. No se olvide que los europeos educados entre 1870 y 1900 son la primera generación nacida en plena y estabilizada democracia. Por consiguiente antes de esta última fecha sólo podía notarse la primera serie de consecuencias, a saber: qué pasaba con la humanidad europea cuando se sometía a la atmósfera y a la dirección de hombres, preparados en el siglo XVIII. Las primeras consecuencias fueron excelentes. Ya hicimos constar el súbito crecimiento de la planta humana que se produjo. Pero en 1900 se va acercando a dirigir la historia y a constituir la atmósfera el hombre preparado en el siglo XIX. En estos años llega al mero y mixto imperio. La segunda serie de consecuencias comienza ahora. Y el nombre resumido de ellas es, indiscutiblemente, la crisis gravísima de Europa. En cuanto ese hombre ha empezado a mandar todo se ha vuelto problemático y se hace verosímil, hasta probable, lo peor: el retroceso a la barbarie.

Esto es, taxativamente denominado, el nuevo problema y es cosa patente que ese problema inminencia de un retroceso a la barbarie no ha existido en Europa desde que inicia su historia hasta 1900. Es, pues, un problema radicalmente nuevo como lo es el hombre que lo provoca.

No se ha hecho nada, pues, con adherir a la verdad de que la vida del siglo XIX ha sido la mejor que hasta ahora ha gozado Europa. Porque no puede deducirse de ello el sencillo propósito: «sigamos viviendo como en él se vivía». El hombre nacido de él nos lo impide de hecho. El hijo del liberalismo es antiliberal. El hijo de la ley democrática es ilegitimista. Su padre era entusiasta de la ciencia y del arte: él desprecia ambas y se apresta a ignorarlas de raíz. Y todo esto lo es el hombre nuevo galanamente, cínicamente, estúpidamente. No tiene ni siquiera la pretensión de haber superado todas esas cosas en un nuevo sistema de normas vitales más agudas y exactas. El hombre nuevo se dispone a vivir en seco, sin normas de ninguna clase. Esta pura negatividad es característica de la masa cuando, sin dejar de serlo, se decide a regir su propia vida y ella revela, a la par, que la masa por su esencia propia es incapaz de conducirse a sí misma. Dirección implica un sistema de puntos cardinales, de metas, de previsiones y de disciplinas. Con uno u otro contenido nunca había faltado ese sistema en Europa y nunca la masa había dejado de sentir su presión.

Tal resultado pone de manifiesto los vicios del siglo XIX. Cuanto más se analiza esa centuria más claro aparece que casi todo lo bueno de ella no es suyo sino del siglo anterior y que lo suyo fue radical prevaricación[1]. Los tres grandes principios que la hicieron tan fecunda y gloriosa son éstos: su derecho político, su ciencia experimental y su industrialismo (capitalismo y técnica). Pues bien, los tres son creación de los dos siglos anteriores, especialmente del XVIII. El siglo XIX no fue en ninguno de estos órdenes una época creadora: su obra fue implantar y dar vigencia plena a aquellos principios. Esto lo hizo magníficamente. Pero faltó a una par-*

---

1. Tal vez las dos únicas cosas *originales* del siglo XIX que merecen admiración son su amor y su literatura.
\* [Aquí se interrumpe el manuscrito].

# ¿Quién manda en el mundo?

## IV

El horizonte visible no nos presenta nadie capaz de sustituir a Europa en el mando del mundo. Hay, pues, que decidirse por una de estas dos cosas: o porque nadie mande o porque vuelva a mandar con plenitud Europa. Es posible que muchos, alegremente, se resolviesen por lo primero; en realidad, la vida de estos años en el planeta está templada –más bien destemplada– por esa resolución. Son unos años de frivolidad general, lo mismo para las naciones que para la existencia individual. Hay frivolidad dondequiera que alguien –individuo o pueblo– no viva encajado en su propio e intransferible destino, es decir, en su quehacer. Todos –unos más, otros menos– nos damos cuenta de que estamos fuera de nuestro quicio. Siempre que nuestra vida se sale de su hueco cardinal, siempre que extravaga, envía automáticamente un aviso a nuestra conciencia. Intentamos en vano acallar esa amonestación que nuestra intimidad nos hace cuando defraudamos a nuestra sinceridad. Porque la sinceridad primaria no es una virtud del hablar y del decir, sino de algo previo a la expresión y aun al pensamiento –la sinceridad de ser lo que verdaderamente se es. Hoy pueblos enteros viven en extremada insinceridad. Por ejemplo, Italia. En el fondo de su conciencia colectiva saben que la actitud histórica adoptada por ellos no es posible ni necesaria o impuesta inequívocamente por las circunstancias. Al contrario, tienen la impresión de que se han lanzado a una postura caprichosa que diverge del perfil auténtico marcado por su destino. Por lo mismo necesitan compensar con puras exageraciones de gesto la falta de fe radical en su propia conducta. Se drogan con extremismos de ademán; mantienen una superficial autosugestión, sosteniendo un tono de frenesí con vago terror de caer en temple sereno y no poder defenderse entonces de la acusación íntima que ascendería inexorable de su conciencia.

Estos mismos caracteres se encuentran, fuera de la vida pública, en casi todos los órdenes de la existencia actual, revelando con su ubicuidad que se trata de una gravísima anomalía padecida por el hombre contemporáneo. Con rasgos idénticos o análogos podríamos filiar la conducta al uso en dimensiones remotísimas de la política, como son el arte, el pensamiento y aun otras más íntimas.

Para hacerse bien cargo de esto es imprescindible mirar frente a frente el hecho más fundamental que existe en el Universo, el cual no es otro que nuestra vida –nuestra vida en el sentido biográfico y no biológico de la palabra. De puro estar dentro de él, de puro ser nosotros ese hecho mismo, no reparamos en él, como no solemos ver el aire en que estamos sumergidos. Es nuestra vida el hecho fundamental por la sencilla razón de que todos los demás hechos lo son de ella, se dan en nuestra vida y consisten en algo que vitalmente nos pasa. La ciencia misma y cuanto ella observe, investigue y descubra son cosas que acontecen en nuestra vida y la suponen. De esta suerte, por muy radical que sea una afirmación científica, tendrá siempre una realidad secundaria en comparación con la realidad primaria de nuestro vivir, dentro del cual «hacemos» ciencia, entre innumerables otros quehaceres. Nuestra vida, en efecto, consiste en lo que hacemos, desde aguantar un dolor con paciencia o sin ella, hasta hacer una revolución, hacer una teoría o simplemente hacer tiempo. La vida es siempre operante, siempre esfuerzo, siempre faena. Ahora bien: lo que hacemos no nos es impuesto, como a la bala su trayectoria. La extraña realidad que es nuestra vida consiste, de un lado, en tener por fuerza que hacer algo, y de otro, en tener que decidir eso que tenemos que hacer. Por tanto, una mezcla dramática de fatalidad y de libertad. Vivir es encontrarse en un ámbito de posibilidades más o menos amplio; es poder ser esto, esto y esto. Todavía si esas posibilidades fuesen indiferentes, la vida sería cosa fácil. Pero lejos de eso, acaece que en todo instante el repertorio de posibilidades de ser que se abre ante nosotros tiene una jerarquía. Entre esas posibilidades hay una que es la más nuestra, la que cada cual tendría que ser para ser verdadera y auténticamente el que es. Dicho en otra forma: cada vida tiene un destino intransferible, pero es libre para aceptarlo o no. Si no lo acepta sigue siendo vida; pero esa vida consistirá en la constante negación de sí misma. Y así acontece con gran frecuencia: cada hombre se dedica a no ser quien es, se esfuerza en ser otro; por ejemplo, en ser como los demás: como este grupo, como el otro grupo de los demás.

Esta capacidad que la vida tiene de enajenarse, de falsificarse, a sí misma, podrá parecer extrañísima; pero es evidente y no hay otro remedio que reconocerla. Sólo por ella goza la vida el privilegio de tener destino, predestinación. Destino no es, sin más ni más, necesidad ineluctable. La piedra carece de destino, aunque todo lo que le pasa le pasa irrevocablemente. Lo esencial del destino es que siendo inexorable exige y permite que lo aceptemos o no. Yo no seré quien propia e intrasferiblemente soy si no hago tales o cuales cosas. Pero puedo perfectamente no hacerlas, y en su lugar hacer otras. Entonces defraudo a mi verdadero ser, lo suplanto por otro que no tiene autenticidad de destino, que no tiene última realidad. Cuando hago esto, mi vida se ocupa en desvivirse a sí misma. Porque la libertad que actúa en toda vida es sólo negativa, me permite no aceptar mi destino; pero no permite fabricarme otro destino y hacer que, en verdad vital, sea yo otro del que soy.

Así venimos a aclararnos la idea de sinceridad. Es vitalmente sincero el que vive su personal destino. ¿En qué se reconoce esto? En que al hacer algo –pensar, sentir, comportarse– tenga la evidencia de que eso que hace es necesario y no un quehacer canjeable indiferentemente por otro.

Una nación, una época, valen en la proporción con que se den en ella hombres cuyo hacer brota de su interna fatalidad. Son en cambio frívolas cuando predomina un tipo de hombre que no siente como necesario, irremisible, lo que hace.

Esto acontece, por ejemplo, con el artista nuevo. Parte muy justamente de un asco hacia lo que en el arte tradicional hay de fraseología insincera; pero entonces se encuentra sin un imperativo artístico claro. Y en vez de no hacer nada, de aceptar el duro destino del arte actual, que es su crisis radical, decide hacer cualquier cosa, instalarse en una arbitrariedad. Es penoso decirlo, pero me parece innegable que los jóvenes artistas de nuestro tiempo viven su oficio con conciencia turbia y que esto los desmoraliza como hombres.

En mucho menor grado ha reinado una situación parecida en la ideología de los últimos veinte años. El más alto representante de ella en el mundo, Max Scheler, puede servir de ejemplo. Tratándose de puro pensamiento no cabía la pura arbitrariedad y, en efecto, Scheler no es nunca en tal sentido arbitrario. Pero sus ideas eran meras posibilidades de actitud ante los problemas; no fueron casi nunca forzosidades. Nos decía cosas sumamente agudas que se «podían pensar» sobre un asunto, pero no las que necesariamente había que pensar. Por eso vivió en teorías revocables, y sus cambios doctrinales no tuvieron el carácter de una evolución profundamente motivada, sino el de dispersión caprichosa que se cansa de una postura e intenta otra.

Lo propio se observa en las ideas políticas de nuestro tiempo. Ciertas objeciones sustantivas e irrefutables contra la democracia hacen que muchos hombres excelentes no la acepten como un destino e hinquen en ella su vida pública; mas como por otra parte hay dimensiones de la doctrina democrática que son de una evidencia incontrastable, no logran trasladar la raíz de sí mismos a otros idearios políticos notoriamente imposibles. Se quedan, pues, en una actitud de juego; juegan a ser y a no ser demócratas, se fingen fascistas o comunistas. Fascismo y comunismo son, al menos para el europeo, dos de esas posibilidades sin autenticidad que hoy encuentra el hombre ante sí y en que puede instalarse como en una fábula convenida, a sabiendas de que defrauda su riguroso destino vital.

De esta frivolidad ambiente cabría aún otro ejemplo más íntimo si no fuese demasiado difícil de demostrar. Vaya, pues, sólo como vaga sospecha. La indecisión del presente europeo, la vida insincera y que adopta actitudes revocables, exentas de inexorabilidad, se manifiesta, a mi juicio, en la defectuosa sinceridad con que hoy la mujer elige un tipo de hombre para enamorarse. Motivos arbitrarios destacan como por juego ciertas especies de virilidad que en su secreto fondo no interesan a la mujer normal. No obstante, falta de seguridad en su destino sentimental, la mujer finge entusiasmo por el *gigolo* y llega a embotarse para la percepción de otras calidades masculinas. Pero éste es un tema delicado que requeriría minuciosos análisis del amor contemporáneo. Yo sólo quería hoy presentar el paisaje de frivolidad que ha suscitado el mero anuncio de que nadie manda en el mundo. La mayor parte de los seres humanos necesita de una presión externa que los encaje bien en su destino. Esta presión es el imperio histórico de alguien que representa un sistema de normas vitales.

*El Sol*, 30 de marzo de 1930

# César, los conservadores y el futuro

I

En el ensayo «¿Quién manda en el mundo?» he llegado a este punto: si Europa no logra superar su idea de Estado nacional, por otra más amplia, Europa corre grave riesgo de sucumbir. Ahora bien: no es fácil que una casta de hombres modifique su idea nativa de Estado. Ejemplo, Roma, que se anuló por no saber sustituir su Estado-ciudad. Hay un instante dramático en que alguien intentó salvar al hombre grecorromano de este prejuicio. ¿Por qué no insistir sobre aquel caso, tan parecido al actual?

\* \* \*

Cabezas claras, lo que se llama cabezas claras, no hubo probablemente en todo el mundo antiguo más que dos: Temístocles y César; dos políticos. Hubo, sin duda, otros hombres que pensaron ideas claras sobre muchas cosas –filósofos, matemáticos, naturalistas. Pero su claridad fue de orden científico, es decir, una claridad sobre cosas abstractas. Todas las cosas de que habla la ciencia, sea ella la que quiera, son abstractas, y las cosas abstractas son siempre claras. De suerte que la claridad de la ciencia no está tanto en la cabeza de los que la hacen como en las cosas de que hablan. Lo esencialmente confuso, intrincado, es la realidad vital concreta, que es siempre única. El que sea capaz de orientarse con precisión en ella; el que vislumbre bajo el caos que presenta toda situación vital la anatomía secreta del instante; en suma, el que no se pierda en la vida, ése es de verdad una cabeza clara. Observad a los que os rodean y veréis cómo avanzan perdidos por su vida; van como sonámbulos, dentro de su buena o mala suerte, sin tener la más ligera sospecha de lo que les pasa. Los oiréis hablar en fórmulas taxativas sobre sí mismos y sobre su contorno, lo cual indicaría que poseen ideas sobre todo ello. Pero si analizáis someramente esas ideas, notaréis que no reflejan mucho ni poco la realidad a que parecen referirse, y si ahondáis más en el análisis hallaréis que ni siquiera pretenden ajustarse a tal realidad. Todo lo contrario: el individuo trata con ellas de interceptar su propia visión de lo real, de su vida misma. Porque la vida es por lo pronto un caos donde uno está perdido. El hombre lo sospecha; pero le aterra encontrarse cara a cara con esa terrible realidad, y procura ocultarla con un telón fantasmagórico donde todo está muy claro. Le trae sin cuidado que sus «ideas» no sean verdaderas; las emplea como trincheras para defenderse de su vida, como aspavientos para ahuyentar la realidad.

El hombre de cabeza clara es el que se liberta de esas «ideas» fantasmagóricas y mira de frente a la vida, y se hace cargo de que todo en ella es problemático, y se siente perdido. Como esto es la pura verdad –a saber, que vivir es sentirse perdido–, el que lo acepta ya ha empezado a encontrarse, ya ha comenzado a descubrir su auténtica realidad, ya está en lo firme. Instintivamente, lo mismo que el náufrago, buscará algo a que agarrarse, y esa mirada trágica, perentoria, absolutamente veraz porque se trata de salvarse, le hará ordenar el caos de su vida. Éstas son las únicas ideas verdaderas: las ideas de los náufragos. Lo demás es retórica, postura, íntima farsa. El que no se siente de verdad perdido se pierde inexorablemente; es decir, no se encuentra jamás, no topa nunca con la propia realidad.

Esto es cierto en todos los órdenes, aun en la ciencia, no obstante ser la ciencia de suyo una huida de la vida (la mayor parte de los hombres de ciencia se ha dedicado a ella por terror a enfrentarse con su vida. No son cabezas claras; de aquí su notoria torpeza ante cualquier situación concreta). Nuestras ideas científicas valen en la medida en que nos hayamos sentido perdidos ante una cuestión, en que hayamos visto bien su carácter problemático y comprendamos que no podemos apoyarnos en ideas recibidas, en recetas, en lemas ni vocablos. El que descubre una nueva verdad científica tuvo antes que triturar casi todo lo que había aprendido, y llega a esa nueva verdad con las manos sangrientas por haber yugulado innumerables lugares comunes.

La política es mucho más real que la ciencia, porque se compone de situaciones únicas en que el hombre se encuentra de pronto sumergido, quiera o no. Por eso es el tema que nos permite distinguir mejor quiénes son cabezas claras y quiénes son cabezas rutinarias.

César es el ejemplo máximo que conocemos de don para encontrar el perfil de la realidad sustantiva en un momento de confusión pavorosa, en una hora de las más caóticas que ha vivido la humanidad. Y como si el destino se hubiese complicado en subrayar la ejemplaridad, puso a su vera una magnífica cabeza de intelectual, la de Cicerón, dedicada durante toda su existencia a confundir las cosas.

El exceso de buena fortuna había dislocado el cuerpo político romano. La ciudad tiberina, dueña de Italia, de España, del África Menor, del Oriente clásico y helenístico, estaba a punto de reventar. Sus instituciones públicas tenían una enjundia municipal y eran inseparables de la urbe, como las amadriadas están, so pena de consunción, adscritas al árbol que tutelan.

La salud de las democracias, cualesquiera que sean su tipo y su grado, depende de un mísero detalle técnico: el procedimiento electoral. Todo lo demás es secundario. Si el régimen de comicios es acertado, si se ajusta a la realidad, todo va bien; si no, aunque el resto marche óptimamente, todo va mal. Roma, al comenzar el siglo I antes de Cristo, es omnipotente, rica, no tiene enemigos delante. Sin embargo, está a punto de fenecer porque se obstina en conservar un régimen electoral estúpido. Un régimen electoral es estúpido cuando es falso. Había que votar en la ciudad. Ya los ciudadanos del campo no podían asistir a los comicios. Pero mucho menos los que vivían repartidos por todo el mundo romano. Como las elecciones eran imposibles, hubo que falsificarlas, y los candidatos organizaban partidas de la porra –con veteranos del ejército, con atletas del circo– que se encargaban de romper las urnas.

Sin el apoyo de auténtico sufragio las instituciones democráticas están en el aire. En el aire están las palabras. «La República no era más que una palabra». La expresión es de César. Ninguna magistratura gozaba de autoridad. Los generales de la izquierda y de la derecha –Marios y Silas– se insolentaban en vacuas dictaduras que no llevaban a nada.

César no ha explicado nunca su política, sino que se entretuvo en hacerla. Daba la casualidad de que era precisamente César y no el manual de cesarismo que suele venir luego. No tenemos más remedio, si queremos entender aquella política, que tomar sus actos y darles su nombre. El secreto está en su hazaña capital: la conquista de las Galias. Para emprenderla tuvo que declararse rebelde frente al Poder constituido. ¿Por qué?

Constituían el Poder los republicanos, es decir, los conservadores, los fieles al Estado-ciudad. Su política puede resumirse en dos cláusulas: primera, los trastornos de la vida pública romana provienen de su excesiva expansión. La ciudad no puede gobernar tantas naciones. Toda nueva conquista es un delito de lesa república. Segunda, para evitar la disolución de las instituciones es preciso un *príncipe.*

Para nosotros tiene la palabra «príncipe» un sentido casi opuesto al que tenía para un romano. Éste entendía por tal precisamente un ciudadano como los demás, pero que era investido de poderes superiores a fin de regular el funcionamiento de las instituciones republicanas. Cicerón, en sus libros *Sobre la República*, y Salustio, en sus memoriales a César, resumen el pensamiento de todos los publicistas pidiendo un *princeps civitatis*, un *rector rerum publicarum*, un *moderator*.

Es esta política un buen ejemplo del confusionismo y frivolidad en que no siempre, pero casi siempre, caen las clases conservadoras de un país cuando llega la hora inevitable de las grandes innovaciones. No estaba en la mano de Roma dejar de hacer nuevas conquistas. Roma, como todo ser humano –individuo o colectividad–, se encontraba dentro de un destino inexorable. Vivir es eso: encontrarse sumergido en un destino determinado e intrasferible. Cabe no cumplir ese destino; pero no cabe elegir otro. O vive usted el suyo o desvive usted su vida, es decir, la convierte usted en una activa destrucción de sí misma. Roma tenía que organizar el mundo: tenía un destino de mando sobre la ecumene. Y si se negaba a conquistar todo pueblo que oprimiese sus fronteras, faltaba a su misión y se anulaba. Al triunfar, después de César, esta política conservadora y no resolverse a hacer la gran conquista más allá del Danubio quedó estrangulada su historia. El Imperio, a la defensiva, que inicia Augusto es desde su nacimiento una falsedad, que asumió todas las desventajas de una política de conquistas –el militarismo– sin ninguna de sus ventajas –el triunfo radical sobre los pueblos nuevos y su oportuna asimilación.

La solución de César es totalmente opuesta a la conservadora. Comprende que para curar las consecuencias de las anteriores conquistas romanas no había más remedio que proseguirlas, aceptando hasta el cabo tan enérgico destino. Sobre todo urgía conquistar los pueblos nuevos, más peligrosos en un porvenir no muy lejano que las naciones corruptas de Oriente. César sostendrá la necesidad de romanizar a fondo los pueblos bárbaros de Occidente.

Ambas cláusulas de la política republicana partían, como de algo indiscutible, de que era preciso perpetuar el Estado-ciudad, las viejas instituciones. La razón última de este empecinamiento conservador no está, como suele creerse, en el interés de los beneficiados por el antiguo régimen. Ni por un momento niego que este interés exista y colabore en la inspiración conservadora; pero no me parece decisivo. En la época de que hablo, lo mismo que en la actual, ha corrido mucha historia. Los conservadores de entonces, como los de ahora, habían ya pasado cien veces por la experiencia de que la política conservadora puede ser todo menos radical, quiero decir, conservadora a todo trance. Siempre que intentaron sostener lo insostenible, no sólo fueron vencidos, sino que –una de dos– o provocaron una revolución más exigente todavía o causaron la aniquilación del Estado. ¡Qué le vamos a hacer! Todo tiene sus límites, y el del temple conservador está en el radicalismo. No puede ser radical ni de sí mismo. Sin embargo, se observa que esta constante experiencia no sirve de nada, y los conservadores no renuncian a conservar todo[1]. Por esta razón es preciso buscar a su terquedad otra causa que el interés. Yo creo que se trata simplemente de una incapacidad imaginativa aneja al tipo de hombre conservador. Si el noble romano se enjota en perpetuar el Estado-ciudad es porque no puede representarse otro perfil de institucio-

---

1. Sólo hay una excepción, que por lo única y ejemplar resulta casi escandalosa y desde luego misteriosa: la del conservatismo inglés.

nes públicas. De aquí la extraña actitud en que se colocan los conservadores cuando sobreviene una época de crisis profunda, que convierte la vida del Estado en un puro caos. En vez de reconocer que la realidad presente es ella el auténtico caos, piensan que si se modifican las instituciones vendrá el caos. Pero el caos no tiene que venir; está ya ahí.

*El Sol*, 22 de junio de 1930

## II

El perfil de la política de César aparece claro cuando lo recortamos sobre el fondo de la política conservadora, cuya antítesis fue. Y ya he indicado que esa política conservadora se resumía en dos cláusulas: primera, renuncia a toda nueva conquista; segunda, instauración de un *príncipe* encargado de proteger el funcionamiento de las instituciones republicanas.

No podían desconocer los conservadores que el Estado tradicional sucumbía ante la nueva realidad creada por el Destino. Hacía falta alguna reforma. Es un error creer que los conservadores no reforman. Lo característico de ellos es precisamente que reforman al revés. Quiero decir lo siguiente: cuando el Estado sufre una crisis porque la realidad histórica ha cambiado, parece natural que se reforme el Estado a fin de conseguir su readaptación a la nueva circunstancia. Pues bien: el conservador hace todo lo contrario. Su reforma consiste en introducir algunas modificaciones de arbitrio para lograr que la nueva realidad se adapte al invariable Estado. Esto es lo más razonable mientras las mutaciones sobrevenidas sean superficiales, es decir, mientras cambien sólo las cosas de la vida; pero no el hombre, no la sociedad misma y su estructura. Pero, ¡ahí está!, acontece que de tiempo en tiempo cambia el tipo de hombre sobre el cual se ejerce el gobierno, y entonces es perfectamente vano todo empeño de sostener el viejo Estado. Intentarlo es utopismo. Y en efecto, el conservador suele ser tan utopista como el radical. Ambos son presa de dos quimeras opuestas: aquél cree que, *en el fondo*, la sociedad no cambia nunca; y éste, inversamente, cree que se puede cambiar a capricho.

Tras cincuenta años de contiendas civiles, los conservadores esperaban todavía la salvación de un hombre que convocase unas elecciones normales. Pedían simplemente el retorno a la Constitución, y encargan de ello, uno tras otro, a varios generales –Sylla, Pompeyo. El encargo tiene un nombre oficial: *Rem publicam constituendam*; por tanto, *constitucionalismo*. Ni por un momento se les ocurre que la causa de todos los males está no en la realidad social, en los pecados de estos o los otros ciudadanos, en los abusos que se cometían, sino precisamente en la Constitución, que por reflejar una estructura social arcaica obligaba sin remisión al desconcierto. Nunca había sido la realidad romana más floreciente. No era ella la enferma, sino el Estado, las instituciones –en suma, la República, que los conservadores querían conservar poniéndole a la vera un tutor, un *príncipe*.

Durante su juventud César había pertenecido al partido democrático. ¿Cuál era la política de los demócratas romanos? Los partidos democráticos no suelen tener una política: tienen sólo unos deseos. A desgañitarse en su manifestación llaman hacer política y definirse, cuando lo interesante y lo difícil en una situación compleja de la vida pública es definir ésta. Sin embargo, es preciso reconocer que entre esos deseos confusos, y en gran parte ineptos, de las masas democráticas se halla casi siempre escondido el futuro. Para descubrir la profecía oculta en ellas conviene no hacer caso de lo que dicen los demócratas. Lo que dicen no vale nada. Con sus palabras y fórmulas y actitudes traicionan su profundo sentir, que es lo valioso. ¿Qué decían en Roma? Mommsen resume la lista de los deseos democráticos, viejos casi todos ellos, de un siglo o más: el alivio de deudas, la fundación de colonias en ultramar, nivelación gradual de los derechos entre las diversas clases del Estado, emancipación del Poder político frente al Senado aristócrata. La verdad es que César permaneció siempre fiel a estas aspiraciones democráticas, hasta el punto de ser el único que logró realizarlas. Pero lo logró gracias a haberse evadido del partidismo democrático angosto, incompleto, ineficiente y anticuado. No creo imposible reconstruir la opinión que César se formó pronto de aquellos grupos radicales en que había pululado su turbulenta mocedad. Podría formularse así: los demócratas tienen razón en casi todo lo que desean; pero la pierden por no desear más que unas cuantas cosas que el azar ha inspirado a su apetito. Política no es simplemente desear. El deseo es un estado íntimo del individuo o del grupo; mas la política no sólo no es acción privada, pero ni siquiera bastaría denominarla acción social. Un grupo religioso o industrial que actúa sobre otras partes de la sociedad no hace política. Ésta es precisamente acción sobre la *totalidad* de un cuerpo social, ya que actúa al través del Estado, el cual gravita sobre el área social íntegra. No empieza, pues, a haber política hasta que el hombre que siente estos o los otros deseos no sale de sí mismo y, analizando como un zoólogo la sociedad donde vive, descubre sus nuevas necesidades orgánicas, es decir, la figura de nuevo Estado que la nueva sociedad trae dentro germinante y preformado. Esto no es desear. Tal vez una buena parte de lo que se descubre como necesidad pública no nos es simpática. Sin embargo, hay que aceptarla. Sólo el que articula sus deseos íntimos con las necesidades públicas es un político.

César vio pronto que el demócrata no sabía salir de sí mismo y que era incapaz de esa profunda sumisión a lo que es necesario. El tono pueril que casi siempre han tenido los grupos democráticos provino de esto; como los chicos, quieren tomar sólo la porción que les gusta y se desentienden de lo que necesita la sociedad. Así, en Roma hacían falta cosas mucho más decisivas que las solicitadas por los demócratas. Por lo pronto hacía falta un nuevo Estado, sin el cual las aspiraciones de aquéllos eran inasequibles. Querían arrancar a los aristócratas la exclusiva del Poder público; pero no comprendían que para ello era imprescindible acabar con la República, indisolublemente adscrita a los optimates. Pero la República era Roma. Por tanto, había que mediatizar a Roma y crear un nuevo Estado que se *apoyase en las provincias*, sobre todo en las de Occidente. César, con la resolución de quien ve claro, procede en derechura a la ejecución inexorable de este tremendo destino. César somete a Roma a la operación cesárea. Quiere matarla para salvar el nuevo Estado que ha germinado dentro de ella. En su triunfo lleva galos y españoles, y al día siguiente los nombra senadores, cuyo número aumenta hasta novecientos. Los demócratas no entienden, se indignan. Siguen aferrados a la idea del Estado-ciudad y cantan por las calles: *Los galos de César se quitan las bragas y se visten el laticlavo,* o bien pegan pasquines donde se dice: *Prohibido enseñar el camino del Senado a los nuevos senadores.* Era la soberbia petrefacta de los urbanos, de la capital incapaz de comprender que había llegado la hora de las provincias, que en las provincias estaba el secreto del futuro –como luego lo demostraron veinte siglos de historia universal. El árbol romano había crecido fabulosamente, y para sostenerlo era preciso ampliar sobre manera el campo de sus raíces, ampliarlo y renovarlo.

César no se hacía ilusiones: los demócratas pertenecían al pasado tanto, por lo menos, como los conservadores. Unos y otros eran fauna del viejo Estado, de la República, del Estado-ciudad, de la colectividad angosta junto al Tíber. Él vislumbraba un Estado universal, sobre cuyo fondo gigante los viejos aristócratas pareciesen pigmeos y donde todos los hombres –de Occidente y de Oriente, de Italia y de la provincia– tuviesen un estatuto de libertad y garantía. Ésta era la efectiva democracia. Pero ella suponía un poder extrarromano, antiaristócrata, infinitamente elevado sobre la oligarquía republicana, sobre *su príncipe,* que era sólo un *primus inter pares.* Ese Poder ejecutor y representante de la democracia sólo podía ser la Monarquía, con su sede fuera de Roma.

¡República, Monarquía! Dos palabras que en la historia cambian constantemente de sentido *auténtico*, y que por lo mismo es preciso en todo instante triturar para cerciorarse de su eventual enjundia. ¿Qué sería hoy César en España? ¿Monárquico, republicano?

*El Sol*, 6 de julio de 1930

# ¿Qué pasa en el mundo?

## ALGUNAS OBSERVACIONES
## SOBRE NUESTRO TIEMPO

I

Esta pregunta –¿qué pasa en el mundo?– se la hacen hoy muchos hombres y es lo más curioso que los que no se la hacen ellos mismos clara y paladinamente se encuentran con que les [es] hecha contra su voluntad por un extraño personaje que llevan dentro, allá en no se sabe qué hondón del alma –por un extraño personaje cuya existencia se reduce a ser una vocecita inquisidora, inquietante, impertinente–, que parece animada por una mala intención de azorarnos y ponernos en zozobra. Porque no se trata de una metáfora: es un hecho innegable, que la pedantería contemporánea ha intentado pasar por alto aunque no se ha atrevido a negarlo, es un hecho innegable que el hombre lleva en sí con suma frecuencia voces íntimas, de muy vario carácter, voces que sin ruido le llegan de una misteriosa región de sí mismo que está más allá de donde termina su personalidad deliberante y voluntaria. En tiempos de más fino oído para las cosas verdaderamente humanas que los nuestros, se advirtió perfectamente la existencia de estas voces que ascienden de nuestro ser subterráneo, a las cuales no mandamos, antes bien nos imponen, queramos o no, sus juicios, sus sugestiones, sus incitaciones. De aquí que se inventase la maravillosa palabra vocación para esa efectiva llamada a ser fiel a su auténtico destino que el hombre siempre percibe, aunque de ordinario procure desoírla. La voz de la conciencia, que es como un juez que llevásemos alojado en el vientre y no nos deja vivir con sus sentencias. Habría mucho que hablar y tal vez muy jugoso sobre este tema de las voces anónimas que nos suenan dentro, sobre toda esta ventriloquia espiritual. Acaso hay en ello una cuestión muchísimo más importante, decisiva para el hombre que cuanto se puede, sin más, suponer.

Pero no es ese mi tema y lo vamos a dejar a un lado. Sólo me interesaba al partir hacia nuestro asunto hacer constar el hecho de que algo en cada uno de nosotros que está más allá de cada uno de nosotros nos pregunta con voz más fuerte o más débil, a sabiendas de que nos perturba: ¿qué pasa en el mundo?

No se trata, pues, de un movimiento trivial de nuestra curiosidad. Las excitaciones de la curiosidad se producen, por decirlo así, en la piel de nuestra alma y al ser curiosos somos nosotros mismos quienes libremente, por nuestro gusto, adelantamos la pregunta. Pero ésta de que ahora hablamos brota en el polo opuesto de la curiosidad y no la hacemos por gusto. Surge irremediablemente en nosotros, contra nuestro albedrío y viene rezumando preocupación. Ahora bien, mientras la curiosidad va siempre en línea de cosas ajenas a nosotros, la preocupación es siempre, en última instancia, preocupación por nosotros mismos. Con esto anotamos ya una condición extraña de esta pregunta: que al preguntar lo que pasa en el mundo pregunta, en rigor, qué nos va a pasar a nosotros. Si ese mundo sobre el cual se pide información no fuese el mundo en que tendremos que vivir, no surgiría la pregunta.

Analicemos ésta ahora por otra cara completamente distinta. Evidentemente no se nos ocurriría preguntarnos ¿qué pasa en el mundo? si no hubiese llegado a nosotros noticia de ciertas cosas que pasan y nos parecen raras. Comenzamos, pues, por saber que pasa esto y aquello y lo de más allá y precisamente porque sabemos que pasa eso es por lo que nos preguntamos: ¿señores, qué pasa aquí? ¿No es esto paradójico? ¿Por qué en vez de contentarnos con saber que pasan esas cosas, es este saber mismo quien nos hace caer en la cuenta de que ignoramos lo que verdaderamente pasa?

La situación es, pues, la misma que aquella otra vulgarísima en que nos hallamos cuando encerrados en nuestra habitación oímos de pronto un gran ruido que llega de la calle. En vez de contentarnos con tomar noticia de él, el oírlo nos sirve sólo como indicación de que ha pasado algo pero no sabemos qué y por eso, abrimos el balcón e inspeccionamos la calle a fin de averiguarlo. El ruido era sólo síntoma equívoco de una realidad, síntoma que puede tener diferentes significaciones entre las cuales oscilamos inquietos sin saber a qué atenernos. Sin el ruido estaríamos tranquilos en la convicción de que pasaba sólo lo habitual, la realidad con que desde siempre contábamos –pero el ruido insólito nos hace sospechar que necesitamos contar con una realidad nueva sin que sepamos cuál.

Pues algo muy parecido acontece al hombre actual: oye ahí fuera, por el mundo, ruidos extraños, hechos de significación desconocida. Alguien en términos de fábula pesimista acaso nos diga: se oyen por toda Europa grandes golpes como de martillos sobre tablas. ¿Qué pasa? Es Noé que siempre precavido comienza, por si acaso, a fabricar de nuevo su arca.

Sería insincero desconocer que esta inquietud, esta profunda desazón respecto al porvenir fermenta hoy en todos los hombres del mundo civilizado. Unos se la confiesan, otros parecen hacerse una cuestión de honor en ocultársela a sí mismos, pero todos la sienten cada cual a su modo los viejos y los jóvenes, los que en apariencia triunfan y los que en absoluto se encuentran vencidos.

Todo lo aparente, todo lo que pasa a nuestra vista es jeroglífico. La figura jeroglífica está ante nosotros clarísima pero su claridad sirve sólo para anunciarnos que hay bajo ella un sentido oculto que es preciso adivinar. Así, cuanto vemos y oímos de nuestros prójimos es sólo dato, jeroglífico que nos incita a adivinar la realidad latente, enigmática de su carácter. El hombre, quiera o no, está condenado a ser constantemente descifrador de estas charadas que son los hechos. Porque los hechos perceptibles no tienen nunca una significación unívoca –pueden ser síntoma de realidades ocultas muy diversas. De los hechos habituales nos hemos formado una interpretación fija en la cual descansa tranquila nuestra vida. Pero cuando el suelo de la historia comienza a poblarse de hechos nuevos, diferentes de los que venían produciéndose no sabemos a qué atenernos respecto a la realidad de subsuelo, que es la importante. Por eso no nos contentamos con los hechos que pasan en la superficie sino que éstos nos consignan y transfieren a otro pasar más decisivo que acontece en las entrañas de la historia y que viene a ser la secreta oficina y arcana fábrica de que han salido como productos aquellos hechos ya sabidos y lo que importa más, van a salir los hechos futuros. Por ese esencial y secreto pasar nos preguntamos al decirnos: ¿qué pasa en el mundo?

Yo no voy a intentar responder a fondo y con ambiciosa pretensión de agotarla esa interrogación. Ni en las dos horas que vamos a pasar juntos habría tiempo para ello ni el estado de superlativo agotamiento en que la labor intensísima de este curso universitario me ha hecho caer habría de permitírmelo. Vamos simplemente a asomarnos a esa secreta y subterránea oficina donde se cuece el porvenir y vamos a atisbar algunos de sus enigmas.

A este fin conviene que dividamos esta somera investigación en dos partes: primero, debemos pensar un poco algunos de esos hechos raros cuya súbita emergencia nos ha hecho sospechar que en lo profundo pasa algo grave. Segundo: una vez filiado el cariz general de esos hechos, vamos a inquirir de qué sustancia vital emanan, esto es, cuál es la situación a que ha llegado la vida humana para engendrar tales hechos y hacer probables tales otros en el próximo futuro. Porque no haya duda: todo lo que el hombre hace o deja de hacer lo hace o lo deja de hacer porque se halla en una determinada situación. Como el libro se compone de hojas y la materia de átomos, la vida humana sea individual, colectiva o histórica se compone de situaciones. Vivir es, quiérase o no, estar siempre haciendo algo como reacción ineludible a la situación en que nos encontramos. Eso que se llama una época histórica no es sino el esquema de una amplia y típica situación en que el hombre se halló.

Vamos hoy a subrayar algunos de esos hechos sintomáticos, extraños e inquietadores.

Pero siempre que se trata de vida humana importa mucho la precisión cronológica. Los primeros hechos en que plenamente aparece la nueva y heteróclita fauna histórica se producen en torno a 1917. Es muy interesante destacar esta precisa fecha. Aún no ha concluido la guerra y, sin embargo, coincide la iniciación en ese año de los siguientes fenómenos que parecen, al pronto, tan inconexos entre sí:

1.º El llamado arte joven –que primero se llama cubismo y luego ha recibido veinticinco nombres más. Sus afirmaciones, sus programas –fue un arte que casi no consistió más que en fabricar programa– pretendían ser muy diversos pero todos coincidieron en una negación radical del pasado. Quieren hacer su arte sin comunicación alguna con la tradición artística –quieren ser como un absoluto comienzo.

2.º En ese mismo año empieza el frenesí expansivo del deporte por todo el mundo, aun en los países que más se habían resistido a él. Al propio tiempo se hace pasar a primer término de la preocupación lo que jamás había preocupado al europeo: su cuerpo. Comienza la era del culto al cuerpo.

3.º En conexión con el arte joven y el culto al cuerpo la juventud proclama su independencia frente a las otras edades, lo que llamaremos la subversión de la juventud como tal juventud.

4.º ¡Coincidencia rara! 1917 es la fecha en torno a la cual se abre el proceso de la revolución bolchevista, esto es, maximalista en Rusia, y del primer brote del fascismo en Italia. Aparentemente opuestos, ambos movimientos mutuamente se halagan y flirtean como presintiendo bajo sus diferencias superficiales una comunidad de estilo y de matriz generadora.

Quedémonos, por ahora, con esta primera tanda de hechos raros en gracia a haber surgido en una misma fecha y ser, por tanto, los más antiguos, los que ya a estas horas tienen un pasado, han cursado una trayectoria de quince años. Si luego se han producido otros es evidente que la observación de sus hermanos más viejos nos facilitará la comprensión de los más recientes. Nuestro interés al analizarlos rapidísimamente se limita, conste, a fijar aquellas de sus facciones que al enfrentarnos por primera vez con ellos nos causaron la impresión de que no se trataba sólo de fenómenos distintos sino de algo más, de fenómenos extraños, heterogéneos a todo lo habitual. No nos importan, pues, por ellos mismos sino como síntomas de ese pasar profundo hacia el cual quisiéramos penetrar.

De todos ellos, el que más velozmente va a teñir todo el paisaje europeo y a hacerse en todas partes más visible es el arte joven. En él, por vez primera aparece con pretensiones de sustantivo ese vocablo «joven» que hasta ahora se había tenido por un mero adjetivo.

Nada extraño es este aventajamiento del arte que le hace ser cronológicamente el primer síntoma de un viraje en la vida total del hombre. No pocas veces ha acontecido ya que cuando va a cambiar el horizonte histórico lo primero que llega del tiempo que va a venir es una nueva actitud estética, como esa ágil golondrina de ribera que es lo primero que envía al navegante una costa todavía invisible. Así aconteció en el Renacimiento: entonces el arte se adelantó varias generaciones a la transformación religiosa, científica y política. Se comprende que esto sea así, se comprende que cuando en los senos profundos de la humanidad germina un cambio radical de vida sea en la dimensión etérea del arte donde por [así] decirlo se atreve primero a manifestarse. En todas las demás actividades de nuestra existencia —religión o economía, política o ciencia— está demasiado inexorablemente acusado el atributo de responsabilidad; de terrible seriedad que actúa, queramos o no, en el fondo de toda la vida humana. El arte, en cambio, es la única dimensión de irresponsabilidad, de irrealidad que el hombre posee. De aquí que una vez y otra, aunque a mi juicio siempre con error, cuando se ha querido definir qué es eso del arte se haya recurrido a la idea del juego. Repito que me parece un error, pero error tan repetido no puede andar demasiado lejos de la verdad. Y la verdad, tal vez está en que el arte es vida descargada de su condición de ser algo irremediable por ser inexorable realidad. Lo que en la vida somos y nos pasa tiene una efectividad absoluta. El dolor no es una imagen de dolor sino el realísimo estarnos doliendo. La equivocación en ciencia o en política es de efectos ineludibles. En cambio el arte es una órbita de irrealidad que ha sido dada al hombre como una vacación o un sanatorio para que pueda escapar unos instantes al peso abrumador de responsabilidad, de seriedad que grava el resto de la vida. El arte es siempre evasión: el prisionero que sueña con que no [lo] es. Si el hombre no fuese en su última sustancia el encarcelado por excelencia, el prisionero de la realidad no sería artista.

Pero dejemos esto. Ello es que en el llamado arte joven aparecieron ya, para quien fuese capaz de percibirlos, los caracteres fundamentales de lo que luego se ha ido viendo bien a las claras en los demás ordenes de la vida –en política, en los usos sociales y en la moral. Entonces, allá por el año 1920 ó 1921 no se daba importancia alguna a este arte nuevo. Se contentaba la gente con no entenderlo y atribuirlo a simple farsa o avilantez de unos cuantos. Se llevó muy a mal que yo dedicase un libro a analizarlo y no conseguir hacer ver, a pesar de hacerlo constar muy formalmente en mis páginas, que mi propósito era, como el del médico cuando hace un análisis de sangre, diagnosticar a tiempo un cambio total en el escenario histórico.

¿Cuáles eran las facciones más sorprendentes de aquel nuevo estilo artístico? Por lo pronto: está un rompimiento radical con toda la tradición artística, un no querer tener nada común con ella. El artista comenzaba por quemar las naves que le traían formas del pretérito y sentía, forzoso es decirlo, un extraño asco hacia todo lo que se había llamado arte. Si algo le resultaba simpático era precisamente lo que hasta entonces se consideraba como la negación del arte, la irrisión del arte: el arte de los pueblos salvajes, es decir, un arte que se produce antes de que empiece verdaderamente el arte. El arte salvaje viene a ser el feto artístico. Y la simpatía súbita hacia él de los nuevos artistas revelaba un carácter negativo:

aplaudían en él lo que tenía de blasfemia contra toda la tradición estética de Europa.

Comprenderán ustedes el efecto que este fenómeno de *insolidaridad radical con el pasado* causaría a quienes estaban como yo con el presentimiento de que iba a producirse un cambio profundo en la vida humana y mantenían la pupila abierta sobre los gestos del presente. Mas ¿por qué ese presentimiento? ¡Ah! muy sencillo. Estas previsiones puede tenerlas cualquiera: no suponen ninguna extraordinaria perspicacia. Basta una cosa que debía ser facilísima, aunque por lo visto no lo es para la mayor parte de la gente. Basta con saber ser sincero consigo mismo. Basta con descubrir si los principios vigentes en el aire público encuentran en nuestro fondo personal auténtica adhesión. Cuando la raíz de nuestra persona no se siente adscrita a esos principios, es que éstos han perdido ya su eficacia histórica: siguen por inercia algún tiempo con vigencia pública aparente pero por dentro han fenecido ya, como después de muertos siguen un rato en pie los elefantes. En cambio, cuando un principio de vida –moral, político, filosófico o artístico– se halla aún con pleno vigor objetivo, en plena eficiencia de sentido, es inútil que por razones particulares de nuestro temperamento o individual ideológica, le combatamos. Aun combatiéndole con entera sinceridad por nuestra parte, la raíz de nuestra persona está adscrita a él, esto es, lo respetamos y reconocemos en ese subsuelo de nuestra conciencia adonde no llegan nuestra voluntad ni nuestras reflexiones, lo respetamos y reconocemos como puedan hacerlo sus más declarados entusiastas. Los reaccionarios de la segunda mitad del siglo XIX, cualesquiera fueren sus invectivas y aparente oposición, sentían irremediablemente en su decisivo fondo que el racionalismo y la democracia liberal y el impresionismo pictórico eran la verdad del tiempo. Comprenderán ustedes que no habría historia si no existiese en cada época normal lo que podríamos llamar una verdad del tiempo que está más allá de nuestras opiniones individuales. Por el vértice o raíz de nuestra personalidad estamos, queramos o no, prendidos a esa verdad del tiempo aunque los estratos menos profundos de nuestro pensar y querer aparezcan opuestos a ella. Bueno fuera que en última y radical sinceridad los hombres de una época pudiesen de verdad opinar como a cada cual y en puro azar le viniese en gana.

Como antes he hablado de que hay dos pisos en el pasar histórico –lo que en la superficie pasa y lo que pasa en el subsuelo–, hay también en nuestra persona dos estratos de veracidad –lo que opinamos por cuenta propia y lo que opinamos por cuenta de nuestro tiempo. Y claro es que aquello es incomparablemente menos importante y decisivo que esto. En cada época el hombre, no éste o aquél, sino todos los que conviven en una comunidad histórica están, quieran o no, en ciertas creencias y sienten, quieran o no, la vigencia de ciertas normas. Dentro del marco que ellas limitan y sobre el cimiento que ellas representan puede el individuo poner todos los arabescos que su inspiración privada le proponga. Pero si estos arabescos u opiniones personales están por completo desvinculados de esa verdad básica que nuestro tiempo pone en nosotros, entonces no hay remedio: nuestra vida será una pura falsedad.

Yo no sé bien cómo expresar esta idea en forma sencilla y plástica. Tal vez donde puede aparecer más clara es en el orden político. ¿Qué es lo que ordinariamente entienden hoy, sobre todo en España, los hombres que se ocupan de la cosa pública por tener unas determinadas opiniones políticas? Pongámonos en el mejor caso: que la persona sea sincera en el sentido corriente de la palabra. Pues bien, ese hombre buscará qué tipo de leyes, de formas sociales le resultan a él mismo simpáticas, le parecen preferibles: de ellas hará su credo político.

Imaginemos un hombre que ajusta con toda pulcritud, conste, pues, que elijo el caso más favorable, que ajusta con toda pulcritud su situación a sus opiniones políticas. De este hombre, diremos que es sincero en política. Sin embargo, nos preguntamos qué es lo que este hombre ha hecho para tener esas opiniones políticas y entonces nos encontramos con que ha hecho una cosa muy sencilla: ha buscado qué ideas tenía ya en su cabeza sobre cómo debe ser el Estado y a eso, sin más, llama su credo político y hasta será capaz, en este caso más favorable que imaginamos, de dejarse matar por él. Pero lo que no se le ocurre ni por un momento es que opinar en política consiste en una operación opuesta a ésa, consiste en suspender las opiniones que el hábito o el azar de lecturas o conversaciones o simplemente el gusto íntimo ha despertado en nosotros y salir de ellas a buscar cuál es la verdad política de nuestro presente. En vez de preguntarse ¿qué pienso sobre la vida pública de mi país? habría de preguntarse: ¿qué debo pensar sobre ella aunque contradiga mis gustos y preferencias espontáneas? ¿Por ventura, al preguntarnos cuántos son diez y ocho y veinticinco nos decidimos por el primer número bonito que surge en nuestra mente? En modo alguno: salimos de nuestras ocurrencias a buscar en las cifras mismas su verdad trascendente. Aquel hombre, pues, será todo lo sincero que se quiera en el área superficial de sus devaneos intelectuales pero al no coincidir con la verdad política de su tiempo, que está ahí fuera de nuestro *caprice* y hay que salir a buscarla, vivirá políticamente en falso y los sucesos, a golpes rudos, se lo irán demostrando.

Pues esto acontece en todo y quien quiera llevar una vida coincidente con su destino histórico procurará antes que nada poner en claro la adhesión o no adhesión a lo que se oye y se dice y se tiene en la cabeza. El que haga esto y esté siempre bien en claro respecto a esas reacciones indominables de su subsuelo íntimo podrá sin más vaticinar hoy cómo va a ser la vida de mañana, porque esa vida de mañana, eso que va a pasar en el mundo no viene del aire sino de la raíz misma de nuestro ser actual. Inclinándonos hacia ella y sabiendo con denuedo y desinterés observar sus afirmaciones y negaciones seremos, sin otra magia, profetas y adivinos. Por desgracia, hacemos de ordinario lo opuesto: nos afanamos denodadamente en cegarnos para esa nuestra sinceridad ultrapersonal, para esa verdad de entrañas que el hombre lleva siempre consigo.

Me he detenido un poco en este punto porque es, a mi juicio, decisivo para entender lo que ahora pasa y aún pasará en el mundo. Hay, en efecto, tiempos en que esa falta de autenticidad histórica se hace epidémica y ataca a casi todos los hombres y se entra en una zona de universal falsificación de la vida. Si los últimos quince años de Europa son de este linaje es cosa que iremos viendo en el transcurso de estas observaciones.

Pero no nos perdamos. He dicho todo esto a propósito de que al aparecer el arte joven algunos, por lo menos yo, como lo prueban mis escritos, presentíamos ya un cambio integral de la vida humana. Y lo presentíamos porque los principios tradicionales en arte como en política, en filosofía como en modos sociales no encontraban ya adhesión suficiente en nuestro ser profundo.

Ésta es la porción de verdad que el arte joven tenía: que no era posible quedarse en los estilos artísticos tradicionales, ni menos una vuelta atrás. Todo el volumen del arte se había hecho problemático. Por entonces publiqué yo un artículo titulado «Apatía artística» en que hacía notar la súbita sordera y como embotamiento para los valores estéticos del arte que muchas gentes comenzaban a sentir. Claro es que éste como tantos otros artículos míos comenzó por irritar a los que viven siempre detrás de sí mismos, en perpetuo anacronismo. Hoy el hecho es de sobra claro. Nótese que veníamos de una edad que había exaltado al extremo el rango del arte, que se había querido hacer de el, por ejemplo, en el wagnerismo una religión. Jamás se había dedicado tanta atención, tanto entusiasmo, tanta devoción y tanto dinero al arte como entre 1890 y 1914. Muchos hombres creían que merecía la pena de vivir *porque existía* el arte. Y he aquí que de pronto parecía alejarse de nuestra sensibilidad, esfumarse, perder vigor incitativo, trasponer el horizonte de los efectivos resortes vitales. Hoy la cosa es incuestionable: pocos años han bastado para que el arte quede relegado al último rincón de los intereses humanos.

Por eso, pronto va a hacer diez años, me ocurrió ya escribir.

«Si ahora echamos una mirada de reojo a la cuestión de qué tipo de vida se sintomatiza en este ataque al pasado artístico nos sobrecoge una visión extraña, de gigante dramatismo. Porque al fin y al cabo, agredir al arte pasado, tan en general, es revolverse contra el Arte mismo, pues ¿qué otra cosa es concretamente el arte sino el que se ha hecho hasta aquí?

»Pero ¿es que, entonces, bajo la máscara de amor al arte puro se esconde hartazgo del arte, odio al arte? ¿Cómo sería posible? Odio al arte no puede surgir sino donde germina también odio a la ciencia, odio al Estado, odio, en suma, a la cultura toda. ¿Es que fermenta en los pechos europeos un inconcebible rencor contra su propia esencia histórica, algo así como el *odium professionis* que acomete al monje, tras largos años de claustro, aversión a su disciplina, a la regla misma que ha informado su vida?»

Esto por lo que hace a la negación y saboteo de la cultura artística que se ocultaba tras los aspavientos del arte joven. Pero es interesante observar qué fue lo que los nuevos artistas pusieron en su lugar. Tampoco hoy es cosa cuestionable: la frivolidad con que se sucedieron afirmaciones artísticas dispares, cuando no era un mismo artista quien cambiaba cada dos años de definición del arte, han demostrado que lo que afirmaban era puramente arbitrario, era un capricho. Podía haber en ello tal cual ingrediente razonable pero bien se ha visto que no era esto lo que les interesaba sino el capricho como tal, la imposición de una arbitrariedad. Este dato es sumamente importante: he aquí que una generación de artistas cree que el arte consiste en lo arbitrario, como tal, en imponer lo que a uno le da la gana. ¿Qué tal si al asomarnos luego a los nuevos movimientos políticos sorprendiésemos en ello no poco de eso mismo?

Por eso, aunque a muchos de los que me oyen esté pareciendo enojoso que detenga la atención excesivamente sobre el arte del último tiempo –porque en efecto el arte no es cosa seria– no ha sido tiempo perdido. Precisamente por no ser cosa seria fue el primer hecho de cariz raro, por ser el primero es el que ha cumplido más pronto su carrera, el que ha mostrado cuanto tenía dentro y... el que a estas fechas con toda evidencia ha fracasado. Nos sirve, pues, como un paradigma de todos los demás fenómenos más serios. Fíjense ustedes: puede con bastante fundamento afirmarse que en 1932 da sus estertores el famoso arte joven. 1917-1932 –son justamente quince años. No olviden ustedes el paradigma –ténganlo presente siempre que mediten sobre las cosas de nuestro tiempo.

El culto al cuerpo y el frenesí del deporte significaron también una audaz negación de lo que estos últimos siglos ponían sobre todas las cosas: la cultura, el espíritu. Tenemos lo mismo: es evidente que los últimos siglos habían desatendido demasiado nuestra carne para embarcarse con indebido exclusivismo en la nave de lo espiritual. Alguna compensación era conveniente, pero de eso al cinismo agresivo con que se empezó a no ocuparse en serio más que del cuerpo, a orearlo en público y ejercitarlo, va demasiado trecho. Esta manía del cuerpo, este corporalismo tenía también una intención negativa y era una ofensiva contra lo que la beatería moderna llamaba espíritu. También hay aquí como un deseo de jugar al hombre primitivo. El europeo hace lo que jamás había hecho: se desnuda. Es que quiere volver a empezar y se finge Adán en el Paraíso. Y como el cuerpo por sí mismo es siempre pueril, la generación del fin de la guerra cayó dondequiera en la más decidida puerilidad. Y no sólo ella: todos más o menos nos dejamos invadir por este infantilismo, todos hemos sido en estos últimos quince años un poco más pueriles de lo que debíamos. Por lo demás, también este corporalismo anda ya en irremisible decadencia. Se comprende: el cuerpo, abandonado a sí mismo, es tonto y su repertorio muy escaso. El hombre se cansa de él muy pronto y es bien característico que los más jóvenes de hoy, los de 18 y 20 años son mucho menos deportistas y beatos de su cuerpo que la generación anterior.

Pero es oportuno intercalar ya aquí una observación que aunque no lo parezca es de gran trascendencia. El artista joven que destila en su obra un corrosivo odio al arte mismo, [se] beneficia del enorme interés público que el siglo anterior y los comienzos del presente habían acumulado en torno a la producción artística. Este saboteador del arte cobra pingües beneficios por su faena destructiva del arte y si no los cobra –no es el hecho financiero lo que me interesa– sabe que puede gozar de una atención, halagos y prestigio social grandes. Él saboteará la herencia cultural de Europa pero conste que esta generación de artistas se aprovechó de ella. ¿Hubieran hecho lo mismo, se hubieran dedicado a sus gráciles escándalos cubistas dadaístas y super realistas en un mundo donde nadie presta atención al arte? Es por lo menos muy discutible.

Y lo mismo estos jóvenes que se dedicaron a tomar baños de sol, a hacer de la vida una broma pueril. Se sentían herederos de un formidable bienestar económico que el pasado con quien pretendían romper había construido esforzadamente. ¡Ah!, es de suma importancia –decía– la precisión cronológica. Los años que todos estos fenómenos invadieron el mundo –conste– son los años de mayor bienestar económico que ese mundo ha atravesado. Estaban ya en crisis las ideas y valoraciones en política, moral, arte pero menos que nunca, menos que nunca se creía posible una honda crisis económica. Son los años de la inflación y la *prosperity*. Conste, pues, esta generación del culto al cuerpo y la puerilidad era una generación de herederos que maldecían de su herencia pero la aprovechaban y, sobre todo, se creían en todo lo material seguros, demasiado seguros. Cuando el hombre se cree demasiado seguro, cuando pierde contacto con la radical inseguridad que es sustancia de la vida, el hombre se hace pueril. Es la eterna historia de la degeneración en que caen las aristocracias, de puro irles demasiado bien. En 1929 se inicia la gran crisis. Primero se la cree superficial y breve, mas cuando a fines de 1931 su prolongación hace sospechar que se trata de un absoluto peligro comienzan a fruncirse las frentes e *ipso facto* sucumbe el arte joven, mengua el deporte, los trajes femeninos tapan más y la puerilidad comienza a evaporarse. Desde esa fecha el hombre se siente de nuevo inseguro: un nuevo cariz de azoramiento se extiende sobre la vida. Ya veremos, ya veremos si esos hechos raros de los últimos quince años nacidos de la seguridad pueden seguir fructificando en la nueva gleba de azoramiento, en la nueva situación en que el hombre ha caído.

## II

Esto que acaban ustedes de oír* expresaba, según creo, con suficiente exactitud la situación dominante todavía cinco o seis años hace. En buena parte sigue valiendo para la actualidad. Y sin embargo, estoy casi seguro de que al oírlo ustedes, como me ha pasado a mí al releerlo ayer después de haber perdido casi la memoria de sus fórmulas, habrán notado que ya no encaja del todo con la silueta del presente. Nos parece que sí, todo eso no se puede negar que es aún verdad pero empieza ya a no serlo plenamente. Esa triunfante petulancia juvenil, esa vida *in modo juventutis* comienza a sonar a falso, a cosa gastada, a amaneramiento, a pretérito. Es innegable que el juvenilismo retira sus manifestaciones en los modos sociales, en la vida literaria y artística –pero, en cambio, se acusa más que nunca en la vida política de ciertos pueblos. En Italia todavía el himno más popular del fascismo se llama *Giovinezza*. Como me repugna hablar de las cosas de otro mundo que, en la medida estricta en que creo verlas con evidencia, diré que me falta intuición suficiente de cuál es la efectiva realidad de Italia en la fecha en que hablo y sé que no pue-

---

* [Ortega parafraseó en el inicio de su conferencia algunos párrafos de sus artículos «Los momentos supremos. ¡La jornada de la juventud!», publicado en *El Sol* el 19 de octubre de 1918, y «Dinámica del tiempo. Juventud», aparecido en el mismo periódico el 9 de junio de 1927. Así resumió este diario el 3 de junio de 1933, en una reseña titulada «A beneficio del crucero por el Mediterráneo. ¿Qué pasa en el mundo?», el comienzo de la disertación del filósofo: «Señoras, señores, la conferencia anterior nos dejó ante el análisis del tercero de los hechos extraños: el de la subversión de la juventud como tal. Allá por el año 1919 hice yo el primer trabajo sobre ella. El primero; y se publicó en un periódico.

do fiarme de los diagnósticos que escucho porque la mayoría de la gente no sabe ver, es ciega para la fina estructura de la realidad histórica. Sólo luego expresaré una leve y vacilante sospecha. Pero es, en cambio, indudable que en estas semanas llega al máximum en Alemania el encrespamiento político de la masa juvenil como tal y es sumamente probable que, si el supremo poder rector de la historia humana no lo evita, el año que viene dará su explosión en España el juvenilismo político.

Por el contrario, puede hoy ya afirmarse con evidencia un fenómeno cuya meditación recomiendo a ustedes sobremanera. Mientras todo el mundo sin excepción se em-

---

Después he tratado otra vez el tema, y también para uno de esos libros míos que seguramente no publicaré. Pues bien, de ese libro quiero leer a ustedes esto: "Me parece, de todas formas, que nuestra época se caracteriza por un predominio de lo joven debido posiblemente a consecuencias de la guerra. Es un predominio que se realiza muy de prisa, este de la sustitución por la juventud del hombre moderno. No sé si es un fenómeno pasajero, o un fenómeno que caracteriza la época. Tampoco he de opinar hasta qué punto será ello posible. Ha habido en la historia otras épocas que se han caracterizado también por la hegemonía de los jóvenes, aunque no de un modo tan exclusivo.

"En Grecia la vida se organiza en torno al efebo, mas contaban en todo momento con la inspiración necesaria de los viejos. Sócrates y Alcibíades sintetizan con exactitud la pareja dinámica de ese tiempo. El joven Alcibíades triunfa; pero a condición de obedecer a la norma del viejo Sócrates. Roma en cambio prefiere al viejo y somete al país a la jerarquía del Senado, de sus miembros, los senadores, o sea los padres de familia. Repase el lector el panorama europeo. El romanticismo, como subversión contra el pasado inmediato, tuvo el mismo significado: el triunfo de la juventud revolucionaria hizo tabla rasa de los prejuicios sociales. Pero también entonces ese revolucionarismo juvenil era sólo el ejecutor de viejas ideas desarrolladas ya durante dos siglos. Nadie como Robespierre podía representar ese *camouflage* de lo viejo. El mal del siglo entonces era la desgana del joven y [la imitación] de lo viejo. Todas las generaciones del siglo XIX aspiraban a que sus hombres

barcó, con más o menos decisión y generalidad, pero al cabo se embarcó en el movimiento del arte joven y del culto al cuerpo, hay dos naciones que hicieron alto ahí, dos naciones en las cuales no se han producido los otros dos hechos ya de mayor gravedad: la subversión de la juventud y la modificación radical de la política. Y esas dos naciones son nada menos que Inglaterra y Francia. Ahora bien, Inglaterra y Francia representan el papel de espina dorsal de Europa, no sólo de la Europa actual –no–, lo importante es subrayar que han sido siempre la Europa esencial. Otros pueblos como España, Italia o Alemania arrimaban el hombro un rato a la gran obra de construc-

fuesen viejos. Compárese, por ejemplo, con los hombres del siglo actual. Si damos un paso atrás caemos en el siglo XVIII, que es el siglo del entusiasmo por los decrépitos y que admira en Voltaire también a un viejo viviente. Al llegar al siglo XVII, hemos de preguntarnos necesariamente: ¿dónde estaban los jóvenes en esos tiempos? Todos parecen tener allí cuarenta años. De Ninón se admira indudablemente su madurez completa; pero nunca su juventud. Interesa la teología y las polémicas de los jesuitas. Como en todos los siglos anteriores, la juventud admiraba a los maduros. La vida social, los usos y costumbres se ajustaban al tipo de vida de ellos. El joven se había de contentar con las zurrapas o tenía que lanzarse a la calaverada. No tenía más remedio. El traje mismo era de viejos y los jóvenes tenían que vestir como ellos.
"El joven actual vive con tal denuedo, con tal ímpetu, que le importa poco lo demás. Hoy el hombre y la mujer maduros viven con la impresión de que no tienen derecho a existir. Imitan, por tanto, a los jóvenes y visten, viven y gozan como ellos, puesto que todo está cortado a la medida de aquéllos. En toda Europa la existencia social es de forma que sólo pueden vivir los jóvenes y la masa. Los mayores y las minorías de selección están fuera del régimen de vida impuesta por ellos. La juventud y la masa se asocian para disfrutar de todo lo creado". Esto que se ha oído expresar como una situación dramática y que he expuesto en un libro mío, es la realidad. Al leerles estos párrafos quería hacer la experiencia de confrontarlos con los hechos más recientes. Sin embargo, parece que ya no se trata de la realidad del momento actual»].

ción occidental pero pronto desertaban por fatiga o desmoralización. Sólo dos pueblos han estado en la brecha sin descanso ni fallo. Córtese por donde venga en gana la historia europea desde el siglo XII y se sorprenderá siempre a estas dos naciones tensas, manos a la obra, haciendo frente a todas las dimensiones características de la vida occidental –religión, política, guerra, industria, ciencia, artes y amor. ¿Por qué ellas, precisamente ellas se niegan a embalarse en estos usos nuevos? Habría mucho que hablar sobre esto y yo voy con prisa, sin derecho a detenerme. Claro es que hay quien dice, sin más, con esa facilidad del decir que es característica de este tiempo ingrávido y audaz, quien dice que están de decadencia. ¡Cómo si los otros pueblos pudiesen a estas horas presentar triunfos positivos comparables con lo que esas naciones han hecho y siguen haciendo! Yo no entro jamás a sentenciar si están o no en decadencia, conste –dejo la cuestión intacta. Lo que me importaba era dejar en la meditación de ustedes, prendido como un insecto, este hecho insinuante de que ni Francia ni Inglaterra han participado hasta ahora ni en la subversión juvenil ni en la transformación radical del Estado. Y lo más curioso del caso es que la invención tanto del juvenilismo como de los modos políticos nuevos se hizo precisamente en Francia, a principios de siglo. Los inventó, los exportó y, por lo visto, se quedó sin ellos, es decir, los eliminó de sí.

Pero todo esto revela que la insubordinación de los jóvenes ha tomado una forma que desemboca en los grandes fenómenos políticos, que eran el cuarto hecho raro enunciado por mí el otro día.

Yo no voy a estudiar el comunismo aislado y por sí –ni por sí y aislado el fascismo. Mi compromiso se reduce a analizarlos en cuanto síntomas de un cambio radical en la actitud vital del hombre. No son, pues, sus frondas y flores lo que nos interesa ahora sino su raíz, la porción de sí mismos que pertenece al subsuelo. Sus frondas y flores visibles variarán rápidamente, de hecho ya han tomado varios aspectos diferentes no obstante su corta vida: en cambio permanece su sentido radical.

Pues bien, vistos en esta perspectiva encontramos que lo que tienen de más sustantivo es lo que tienen de común. He aquí alguno de estos caracteres comunes:

1.º Ruptura completa con todos los principios, normas y usos de la tradición política y jurídica europea, especialmente, con las formas modernas de la democracia liberal. Por tanto, insolidaridad absoluta con el pasado y, en tal sentido, revolucionarismo integral.

2.º Decisión de crear una realidad política que sea un absoluto comienzo. En el comunismo esto se extrema hasta el punto de pretender crear en la sociedad un suelo económico totalmente nuevo.

3.º Renuncia declarada a hacer consistir la política en un credo que aspire a persuadir a los demás ciudadanos. Nada de convencer. Política es, por lo pronto, ni más ni menos, que conquista del poder, por un grupo o masa particular, y conquista, sea como sea, sin contención alguna frente a ninguna presunta legalidad, saltando si es preciso por encima inclusive del derecho de gentes. De esta manera, se reduce la política a una técnica de asalto al Poder público y su retención.

4.º Ambos movimientos han comenzado por no poseer teoría alguna sobre el Estado –salvo esa técnica para la conquista del Estado. En el fascismo esto es de sobra notorio. En el nacionalsocialismo oímos estos días a sus jefes decir paladinamente que no ha tenido aún tiempo su partido de pensar en lo que va a hacer del Estado. En el comunismo, cuyos jefes primeros eran viejos, se aparentó gran entusiasmo por la teoría marxista pero la diferencia entre él y el resto de los partidos marxistas revela que esa teoría no era sino pretexto: lo genuino en él fue también detestar las teorías y ser pura acción.

5.º Una vez dueños del Poder proclaman que el Estado, por lo tanto, la política, se entiende la suya, debe absorberlo todo y acaparar toda la Sociedad. Se acaba la distinción y fronteras entre Sociedad y Estado, entre persona y ciudadano. El hombre y todo en él –por lo menos, en potencia– queda estatificado, socializado.

Señores, como no me siento inclinado a ninguna beatería ni siquiera a lo que yo mismo bauticé hace muchos años con el nombre de beatería de la cultura, como no creo que exista principio ni norma alguna que sean intangibles e invariables, advierto que tanto esas palabras con que en postrera brevedad he intentado describir lo más característico del comunismo y el fascismo como las que puedan seguir no significan más que lo que significan, no implican, pues, por mi parte calificación alguna. Yo no hago aspavientos –lo que me importa es que las cosas consten bien claras y lo primero que es forzoso hacer constar es que esos caracteres antedichos significan la más estricta contradicción de lo que Europa ha sido siempre; que ha sido algo y que para hallar alguna facción o gesto en el pasado que se parezca remotamente a eso hay que recurrir a sus períodos de dramática crisis histórica, es decir, a los períodos en que Europa había dejado de ser una cosa y aún no había logrado ser otra. Conste así.

Comunismo y fascismo al maldecir de la democracia liberal y procurar triturarla creen que con ello quebrantan sólo la obra del siglo XIX que tan cordialmente detestan, pero la verdad es que lo específico de Europa frente a los demás ciclos y modos de humanidad ha sido siempre la democracia liberal, modulada claro está en cada siglo según los medios de la época. La Edad Media no fue menos demócrata y liberal que la última centuria sólo que lo fue de otra manera, de la que podía. No puedo aceptar que se confunda, sin más ni más, la esencia de la democracia liberal con las formas que vistió en el siglo XIX. Esas formas son las superiores entre las hasta ahora conocidas, mas el que sean las superiores comparadas con el pasado no asegura lo más mínimo que no estén ya muertas sin remedio y sean incompatibles con la estructura de la sociedad actual, pero, al mismo tiempo, me parece incuestionable que Europa –frente al mundo greco-romano y a las civilizaciones asiáticas– representa y es en sus tuétanos democracia liberal. Niego profundamente que la democracia sea, por fuerza, sufragio universal secreto y directo o que sea parlamentarismo, como niego que liberalismo sea sinónimo de manchesterismo. Por lo que hace a esto último bastaría anecdóticamente recordar que la palabra «liberal» brotó en España, donde no creo que nunca hayan interesado mucho los problemas económicos, manchesterianos o de cualquier otro jaez. A diferencia de todos los demás tipos de Estado que ha habido en el planeta, Europa se orientó desde luego hacia la creación de Estados nacionales y esto significa a la postre organizaciones de poder público fundadas en la adhesión espontánea de todos los que convivían bajo una autoridad. Esa adhesión, ese *consensus* se produjo y manifestó bajo las especies más diversas pero, bajo unas o bajo otras, siempre actuó la inspiración según la cual Poder público, esto es, mando, no era ni podía ser pura imposición de unos sobre otros sino que, al revés, implicaba la voluntad de ejercerlo contando con todos. Esto es en su esencia democracia: deseo de contar con todos. Lo demás, las instituciones determinadas, son fórmulas mecánicas que se descubren un día, se usan otro y se arramblan al tercero.

Ahora bien, a esto es a lo que más se oponen comunismo y fascismo –a que mandar a alguien suponga al propio tiempo contar con él. Eso no les cabe en la cabeza como no le cabe a un árabe, a un sudanés ni le cupo a un persa o a un romano. Por eso el fascismo, cuando, bien entendido, *a posteriori* ha querido fabricarse una tradición, de un brinco se ha saltado la historia de Italia, de la Italia europea y ha ido a desempolvar nada menos que el Imperio romano ¡Es posible, es posible –que resucite! ¡Ya veremos!

Cuando se advierte que democracia en el sentido europeo no es sino la expresión jurídica variable del deseo en quien manda de contar con todos, se comprende que lleve adscrito el liberalismo, es decir, la renuncia a absorber por entero al hombre en el Estado. En esa absorción, en esta estatificación del hombre consistió la suma del mundo antiguo, eso fue, especialmente el Imperio romano y no comprendo cómo, precisamente hoy, cuando se empieza a ver claro lo que fue el Imperio romano –cosa que no habían logrado las generaciones anteriores– precisamente hoy se nos proponga como ejemplo. Pero aquí no se trata de que yo comprenda las cosas sino de que las presente como son.

Pasa exactamente lo mismo que con los fenómenos menos serios que el miércoles describía yo. Como dije que el arte joven llevaba razón al declarar que era insincero seguir alojados en los estilos artísticos tradicionales y que el culto al cuerpo subrayaba el error utópico y absurdo del desdén con que la edad moderna lo había tratado, estos nuevos movimientos políticos han podido triunfar porque la última centuria cometió tres grandes pecados en la gobernación. Uno fue que durante esa etapa casi todos los pueblos hicieron revoluciones más o menos auténticas para transformar radicalmente sus Estados –pero esta transformación consistió no más que en traducir e imitar servilmente instituciones que con histórica espontaneidad habían surgido en Inglaterra y Francia: de aquélla toman las formas del liberalismo, viejas de siglos entre los ingleses, de ésta las formas de la democracia. Que en España o Italia se instalase el parlamentarismo, era, ya en el siglo XIX, una falta tal de autenticidad histórica, revela carencia tal de responsabilidad ante los peculiares destinos de estas naciones que por fuerza se habrían o se habrá de pagar. Hay irresponsabilidad –sea en la vida personal, sea en la vida pública– siempre que el hombre evita el esfuerzo de inventar su quehacer. Porque hay, señores, obligación constante de inventar. La invención vital no es una especie de *plus* que merece un premio especial, ni mucho menos es una pretensión indebida de originalidad o una petulancia. Es que como la vida es siempre la de alguien, la mía o la tuya o la suya, la de éste o del otro pueblo y es un destino intransferible que cada cual tiene que irse viviendo por su cuenta, no hacerse cuestión de ese individualísimo destino, aceptar ligeramente modelar nuestra existencia en moldes ajenos es falsificarla, quitarle realidad. El que no vive por sí sino según otra vida casi siempre no hace otra cosa que aniquilar, que desvivir la suya. Fuera de Francia e Inglaterra las instituciones diecinuevescas de la democracia liberal han sido, en enorme dosis, farsas históricas. ¡Qué le vamos a hacer! Sobre el hombre pesa inexorablemente un imperativo de originalidad, de invención, de autenticidad. Y cuando en un pueblo se hace un nuevo Estado hay que saber inventar, en vez de contentarse cómoda e irresponsablemente con tomar un pedazo de cada constitución forastera y hasta del Elíseo el uniforme de los coraceros de la Presidencia.

El otro error fue dejar subsistir las arcaicas expresiones del liberalismo en un siglo en que, como aconteció en el pasado, creció y se complicó gigantescamente la sociedad. El viejo liberalismo sólo había tenido primero en cuenta las libertades del individuo, luego las extendió a las pequeñas agrupaciones entonces existentes pero no imaginó que, al margen del Estado, la sociedad creciendo se organizase en ingentes, formidables corporaciones, a veces casi tan poderosas como el Estado mismo. Quedó la libertad prácticamente indefinida e ilimitada –y es de ley del universo, que, salvo Dios, todo lo que no se constriñe dentro de los límites no es nada de puro querer serlo todo.

Hace veinticinco años requería yo a los liberales de entonces para que ellos, precisamente ellos, hiciesen un estatuto de la libertad, que limitándola, la salvase. Pero claro es que no me hicieron caso entonces como no me lo hacen ahora ni me lo harán mañana ¡Cada cual su sino!

El tercer error fue simplemente tolerar que las instituciones tradicionales de la democracia liberal, cambiados los tiempos, comenzasen a marchar ineficazmente, en vez de modificarlas sin contemplaciones. Pero la beatería democrático-liberal, toda beatería se pasa, dejó la bandera de la eficacia en las manos del primer audaz.

Pero tales errores explican sólo superficialmente el triunfo expresivo de estos extraños movimientos políticos sobre tantos pueblos. Es más, a mi juicio, equivale a no hacerse bien cargo de esos monumentos cuando se cree que son sólo políticos. Retumba con ellos, como he dicho, una negación demasiado extrema de todas las ideas sobre que había estado montada la vida pública europea para que podamos ver en ellos no más que variaciones puramente políticas. Por lo mismo, me interesó dedicar la primera conferencia a analizar otros fenómenos remotos de la política y en apariencia sin importancia, aunque a sabiendas de que produciría extrañeza. Ahora hemos visto la perfecta coincidencia de síntomas en aquellos órdenes menos serios y en éstos más graves. No hay que darle vueltas ni hay que hacerse ilusiones: lo que pasa en el mundo con profundo y sustancial pasar no ha sido cubismo, ni culto al cuerpo, ni subversión juvenil, ni comunismo, fascismo o nacionalsocialismo. Todas esas cosas son consecuencias muy secundarias, transitorias y casi anecdóticas de lo que verdaderamente pasa.

Y yo voy a decir a ustedes con el mayor laconismo –pero sin la pretensión de tener la verdad definitiva en el bolsillo–, voy a decirles cuál es mi idea de lo que verdaderamente pasa.

Nuestra vida, que es lo único que tenemos, que es nuestra única realidad, consiste en que un ente, al que cada uno de nosotros llama yo, se encuentra pronto y sin saber cómo teniendo que sostenerse en un contorno o circunstancia o mundo que le es ajeno cuando no hostil. Basta, en rigor, con que nos sea ajeno y por tanto, desconocido, enigmático, misterioso –para que sin más, nos sea hostil. Para sostenerse en él no tiene el hombre más remedio que estar siempre haciendo algo. La vida es siempre algo que hay que hacer. La vida da mucho que hacer. Pero como esto que hay que *hacer* no nos es dado ya decidido de antemano sino que tenemos que decidirlo nosotros, no podemos dar un paso ni mover una mano sin hacernos antes alguna idea sobre lo que es el mundo y el hombre y lo que éste puede esperar de aquél. Es decir, que el hombre, quiera o no, vive siempre desde ciertas creencias y sobre lo que es la realidad. El hombre sin creencias no existe, es puro modo de hablar. Aun en el caso extremo de que considere dudosas todas las ideas sobre la realidad no por eso suprime ésta. Ese extremo escéptico que por lo demás es un ser utópico que jamás ha existido –ese extremo escéptico– está también en una creencia, en la creencia de que todo es dudoso, y lo dudoso es un contorno, una circunstancia, un mundo tan real como otro cualquiera con el cual tiene que habérselas. La duda, pues, es una situación vital como cualquiera otra y el lenguaje vulgar, tan perspicaz para todo lo fundamental en la existencia humana, expresa esa situación diciendo que el hombre está en un mar de dudas, que es un paisaje como otro cualquiera sólo que peor que otro cualquiera porque en lo dudoso no se hace pie. Por eso la duda es un mar y en ella el hombre un náufrago, un desesperado.

Pues bien, cada época histórica significa un repertorio de creencias básicas desde las que el hombre vive.

El hombre antiguo: está en la creencia de que la naturaleza es providente.

En la Edad Media.

*Credere deo.*

*Credere in deum.*

Se deja esta creencia: el Renacimiento.

El hombre perdido.

Falta de sinceridad –Sin encaje.

Sólo queda *detritus* de mundo: cosas y apetitos.

Placer, gloria, poder.

Terminante fe en el hombre.

*Vivere risolutamente.*

Técnica Conquista del poder.

Maquiavelismo –*Rebarbarización*\*.

---

\* [De la parte final de esta conferencia sólo se han conservado estos apuntes. *El Sol* del 3 de junio de 1933 resumió lo que dijo el filósofo de la siguiente manera: «Así, el hombre antiguo estaba seguro de que vivía en un mundo natural. Cuando pierde esa creencia se encuentra perdido, y esto supone también el hundimiento de aquella cultura y de aquel ciclo histórico. De allí sale el cristianismo. El hombre de la Edad Media vive de la fe o de la creencia en Dios, que es, en definitiva, creer en alguien por encima de todo. Por eso San Agustín, claramente dice que la fe es primero creer a Dios, y después creer en Dios. (*Credere Deo –Credere in Deum*).

»Pues bien, el hombre vuelve a encontrarse perdido en el Renacimiento; había perdido la fe del hombre antiguo en la naturaleza, la fe en el Dios del hombre de la Edad Media, y sólo tenía fe en el hombre mismo. En el siglo XIV Petrarca vive de la idea de la gloria; que hoy nos parece ridícula. Como la vida no tiene sentido, trascendencia, se hace energía. Es aquello, que Ariosto glosa, del vivir con resolución (*vivere risolutamente*). La vida política entonces es la lucha por conquistar el poder. Se escribe sobre la técnica de asalto al poder y su retención: es el maquiavelismo; como ocurre ahora con esos nuevos movimientos políticos, y que se ve lo mismo en Trotsky que en Malaparte. Hay que atreverse a decir que el Renacimiento, tan lleno de atractivos, fue un momento de rebarbarización, porque siempre que hay crisis hay etapas de barbarismo. Así en Florencia, en Roma, con César, con Alejandro, que llenan sus existencias históricas de asesinatos y violencias.

»Se empiezan después a descubrir ciertas nuevas actividades intelectuales, que explican los secretos de la Naturaleza. Tras la física de Galileo, el hombre estudió ciertos hechos naturales y se admira de ellos. Viene la *Nuova Scienza*, Galileo descubre también ciertas leyes en su taller de Florencia. La técnica y la fuerza empiezan a actuar sobre la Naturaleza. Súbitamente una nueva fe tuvo creyentes. El hombre cree en la razón, en la inteligencia humana, y piensa que lo real, lo universal, es la cultura. Así vivió durante tres siglos. Es natural que entonces dominaran en el mundo los intelectuales y que se creyera que esa fe era definitiva. Lo curioso entonces es que el hombre hace experiencias con sus opiniones. Le produjo un deslumbramiento tal su descubrimiento que se cegó ante la razón, lo que es desde luego una cosa justa, explicable, y que se disculpa fácilmente. Pero había de llegar el momento de comprender que todo aquello tenía límites y que la razón no podía resolver todos los problemas que rodean al hombre. Son los tiempos de los grandes descubrimientos científicos. Pero al llegar aquí se produce un hecho curioso y que yo he citado en uno de mis libros. Es un dato estadístico. En doce siglos Europa no había pasado de una población de ciento sesenta millones, y de 1800 a 1914 pasa a cuatrocientos sesenta.

»En un solo siglo se triplica la población de Europa. Estos datos indican que la vida europea tenía forzosamente que cambiar. Advienen al mundo unas masas que tienen derecho y muchos medios para adquirirlos, por medio de una serie de técnicas sencillísimas. Bien fácil es manejar un automóvil, y así creer que la cultura, la inteligencia, la razón, no tengan que hacer nada. El hombre del siglo pasado se creyó que estaba solo en el Universo y cae en el idealismo, que es el gran pecado de la Edad Moderna. El hombre no creyó en una realidad eterna que está por encima de él. Yo he de recordar ahora palabras de la otra conferencia mía reciente, en Granada. Me parece bien claro –dije– que el entusiasmo por la inteligencia decrece. Es un hecho innegable o una realidad dura.

»Las consecuencias han sido esa especie de *odium professionis* actual, y sobre todo, que la hora del intelectual haya pasado en todos los órdenes. Alguien desde Alemania lo negó, y el pobre anda hoy de la Ceca a la Meca, porque es judío y no le dejan vivir en su patria.

»La política hoy se debe a que las nuevas generaciones no quieren tener razón, no porque no la tengan, sino porque les tiene sin cuidado el tenerla o no. No quieren la idea de las cosas, sino las cosas mismas. No se estima al que las planea, sino al que las quiere. En definitiva, que se prefiere la voluntad sobre la inteligencia.

»La voluntad, ¿será una nueva diosa, como la razón? La acción directa, la violencia, son formas del culto a la libertad. Pero ¿será la libertad norma estable? ¿Y el voluntarismo como doctrina? Lo que es cierto es que el hombre perdió la fe en la cultura en casi todo el mundo, si se exceptúa el caso de Francia e Inglaterra.

»El descendiente de Descartes, el idealista del último siglo, cree que pensar es suficiente al hacerlo por sí. La potencia intelectual se traslada a la volitiva, como si se resistiese el idealismo a morar y adoptase otras formas para resistir. Por tanto las nuevas generaciones se encontrarán con que en lugar de crear, de descubrir, de inventar, se nutren de un pasado y de una tradición agonizante»].

# [Sobre *La rebelión de las masas*]

Hubiera preferido no hablar ante ningún público en este mi breve viaje a Inglaterra. Hubiera preferido que mi viaje fuese taciturno. Pues me interesa hacer constar que es, aunque parezca extraño, mi primer viaje a este país. Las causas de este sorprendente retraso no son para enunciadas aquí y ahora. Sólo diré que un primer viaje a Inglaterra pertenecía al repertorio de insospechadas virginidades que me había reservado para justificar ante mí mismo la prolongación de mi existencia, pues, siendo toda virginidad algo cuyo sentido está en que sea en alguna hora perdida, viene a significar como una promesa de futuro.

Pero es el caso que la Canning House ha insistido para que hable a ustedes informalmente durante un rato y aunque he procurado defenderme de tal proposición, he concluido por rendirme a ella a fin de que el señor Livermore no quede descontento de mí. Desgraciadamente para los efectos de éste, yo he sido estos días una pieza

[Sobre *La rebelión de las masas*]

en la magnífica pero inexorable máquina del festival con la que la Universidad de Glasgow ha celebrado su quinto centenario. Durante ellos no he tenido un solo minuto para recogerme un poco y premeditar debidamente esta conferencia. He tenido que andar vestido con los vivos colores de los atuendos universitarios que hacían de mí un pájaro de las Islas, he tenido que oír infinitos discursos, afrontar incontables conversaciones, por todo lo cual llego a ustedes exhausto y vacío. No esperen, pues, nada valioso de esta mi peroración. Voy simplemente a hablar un poco sobre un libro mío que ha tenido no sé si la fortuna o la malaventura de interesar a los lectores de habla inglesa. Lo único singular del caso es que por vez primera en mi vida hablo sobre ese tan conocido libro. Otra virginidad que voy a perder en esta exigente isla.

Como muchos de los que me escuchan aunque entiendan el español no lo oyen cómodamente, haré el esfuerzo de decir mi decir pausadamente, separando una palabra de otra. Los hispano-americanos aquí presentes me perdonarán las fatigas que esto les supone. En cuanto a los españoles están hartos de oírme, de manera que bien pueden aguantarse, con un ligero sacrificio a cuenta de la propaganda. Claro que esto quita el *tempo* y la melodía de la elocución.

Debo hacer constar que el tema para esta conversación en monólogo me fue prescrito, bien que amablemente, por el señor Livermore. Se quería que hablase sobre la actual situación del problema que hace un cuarto de siglo denominé «La rebelión de las masas». El caso es que no he vuelto a ocuparme públicamente de él. Hoy, por vez primera, voy a hacerlo de manera muy sobria porque el tema –a saber, qué pasa con las masas hoy en comparación con lo que yo creí entrever hace más de veinte años– reclamaría, para ser fecundamente tratado, muy amplios desarrollos.

Y una última advertencia preliminar que necesito expresamente hacer. Noten que se me ha invitado a hablar de lo que hoy –tal y como están las cosas– tendría que decir sobre mi viejo libro –por tanto, que quedo forzado a hablar de algo que es mío y de mí. Bien sé que los usos ingleses vedan el que alguien hable o escriba de sí mismo. Prefieren la anonimidad. Sobre el asunto tendría bastante que decir pero esto me obligaría a hacer algo aun más inoportuno que hablar de mí mismo, a saber: tendría que hablar de los ingleses y hablar a fondo, cosa que –me atrevo a insinuar– tal vez no se ha hecho nunca. El hombre inglés, el modo de ser hombre que en esta isla se ha producido y que es una de las más extraordinarias y extrañas figuras de la humanidad occidental, está aún completamente por esclarecer y por intentar su explicación, si es que ésta es asequible.

\* \* \*

Comencemos, pues, por mi libro y por mí. Ya verán ustedes cómo, al hacerlo, me las arreglo para distanciarme de mí, para convertirme en objeto, en un hecho que ha pasado ahí fuera, en la gran anchura del mundo, y que voy a referirme a mi persona como podría referirme a una jirafa o a un ornitorrinco.

Mi libro *La rebelión de las masas* comenzó a publicarse en 1927, pero buena parte de sus ideas están ya anticipadas en otro anterior, aparecido en 1921 bajo el título

[Sobre *La rebelión de las masas*]

*España invertebrada*. Se trata, pues, de ideas, de entrevisiones que datan de treinta años. Se trata, por tanto, de ideas ya muy viejas y lo que me sorprende es que el volumen aquel siga hoy leyéndose más que nunca. Traducido en las más diversas lenguas, creo que a estas fechas se ha vendido de él más de un medio millón de ejemplares. Ahora bien, esto no me enorgullece nada. Al contrario, el favor que ese volumen ha encontrado en todo el mundo, créanme, significa para mí una objeción contra el mundo, pues revela que en aquellos años nadie supo mejor aún que yo y en obra más madura y perfecta lo que empezaba a pasar. Porque acontece que mi volumen titulado *La rebelión de las masas* no tuvo nunca, por mi parte, la pretensión de ser un libro ilustre. Más aún, no tuvo nunca ni siquiera la pretensión de ser un libro. Es simplemente una serie de artículos publicados en un periódico popular, de gran circulación –*El Sol*. Se trata, pues, ni más ni menos de una pura improvisación. Esos artículos, que hoy son sus capítulos, han sido escritos a la carrera, muchos de ellos sin ser siquiera leídos por mí una vez redactados al galope –urgencia motivada porque tenían que ir inmediatamente a la imprenta, a veces cuartilla tras cuartilla para aparecer al día siguiente. Esta urgencia, a su vez, tenía una causa poco frecuente en la vida de los intelectuales ingleses: la necesidad de cobrar inmediatamente los escasos metales preciosos que por el artículo me pagaban, con los cuales yo tenía que alimentar a algunos descendientes que había contribuido a poner sobre la costra del planeta. Mas no se crea que digo esto para mover a piedad y suscitar benevolencia, no. Tal vez piense yo que el intelectual, al menos el intelectual cuya vocación es tener visiones, crear ideas no debe ser tratado con mimos. Su misión reclama acaso sufrir la áspera presión de su medio, tener que reobrar contra él, luchar con él. Puede que más adelante tenga ocasión de mostrar cómo en esa forma surgió la primera gran manifestación de intelectualidad propiamente tal que ha habido en la historia, allá en Grecia, veintiséis siglos hace.

Sin duda hay que proteger las ciencias y las letras porque la producción científica y literaria es y tiene que ser, en gran parte, obra no de la inteligencia creadora sino de una continuada y cotidiana laboriosidad. Mas la inteligencia propiamente tal no puede convertirse en un oficio, en una profesión. La inteligencia, por su naturaleza misma, ni es un trabajo ni puede ser una magistratura. Consiste en súbitas, instantáneas visiones y entrevisiones que nadie sabe cuándo ni si van a producirse. La gracia mayor de la inteligencia, que es a la vez condición de su ejercicio, es que no está nunca segura de sí misma. El hombre inteligente, precisamente porque es inteligente, no sabe nunca si en el momento inmediato va a ser inteligente. El que cree con seguridad en la permanencia de su perspicacia es precisamente el tonto. El inteligente camina teniendo siempre a la vista las posibles tonterías que se le pueden ocurrir y por eso las evita y viene a ser como el ciclista del circo.

Si de alguien puede decirse que fue de verdad inteligente es del gran Descartes. Pues bien, él nos dice que si había llegado a tan ingentes resultados en matemáticas y en filosofía fue porque había dedicado muy pocas semanas al año a pensar en cuestiones matemáticas y muy pocas horas a pensar en la filosofía. Está esto –que no ha sido suficientemente subrayado– en relación con su idea de la *bona mens*, de la inteligencia que sólo da sus verdaderos rendimientos en instantáneas advertencias, en subitáneas fulguraciones. Por eso, señores, digo que la inteligencia no puede ser una magistratura, ni se puede burocratizar, que es inoperante quererla proteger y que ya ella por sí, sostenida por la más venturosa y radical vocación que puede darse, procura entre las asperezas y dificultades de la vida, independiente, libre de todo –incluso libre de protección– recibir las siempre inesperadas revelaciones.

La autoridad que mi libro, sin pretenderlo yo, ha ganado en el mundo se debe a que en él se hacían algunas graves profecías que a estas horas, desgraciadamente, se han cumplido.

Y las gentes han sentido siempre una admiración, en que se mezcla la desazón con el respeto, hacia esos hombres extraños que preveían el futuro. Porque el futuro es la región del tiempo donde los hombres, en realidad, vivimos. La vida, no se olvide, es una faena que se hace hacia adelante. Lo que nos importa e inquieta es lo que pueda pasar en el momento que va a venir, el inmediato o el remoto. El hombre está en todo instante proyectado sobre ese pavoroso vacío que es el porvenir. Ahora bien, digo que el futuro, el porvenir es algo vacío ante nosotros porque es la dimensión problemática de nuestra vida. No sabemos nunca lo que va a traernos, lo que nos va a pasar. Es lo esencialmente inseguro. Por eso, ante la petulante confianza en su estrella de Napoleón –petulancia común a todos los dictadores– Víctor Hugo gritaba:

*Sire, l'avenir n'est* [*qu'à Dieu!*]

Pues bien, se comprende que las gentes quisieran prever el futuro y se comprende que al ser incapaces de ello, se* ante todo lo que aparezca como profecía, pronóstico y vaticinio. A esto se debe la atención que a mi libro se presta hoy. Pero aquí tiene una vez más comprobación la inutilidad de los profetas. Con la claridad de mediodía que gozaron las mentes griegas, ya en Esquilo hacen decir a la primera profetisa, a Casandra que profetizar es la operación más vana de todas porque una de dos: si el profetizar un mal futuro sirviese, los hombres lo evitarían y la profecía, quedando incumplida, no sería profecía, pero si se cumplía quiere decirse que no había servido de nada prever el fiero porvenir. Por eso Apolo otorgó a Casandra el don de ver el futuro con una condición: la de que nadie le hiciese caso.

Por lo demás, el que yo hace treinta años pudiera vislumbrar lo que iba a acontecer en los siguientes no tiene nada de particular.

Nota del libro: que ha sido normal el que la historia fuese prevista. La historia humana, a pesar de la constante intervención del azar, es algo así como una melodía y quien sabe recibir en sí con intensidad y pureza el trozo de ella que hasta una fecha ha sonado, siente dentro de sí brotar el resto de la melodía que suena hacia el futuro. Sólo es preciso para ello tener absolutamente libres las raíces de su ser; y como los pueblos que son grandes en determinada actualidad están demasiado prisioneros del presente, es insólito que en ellos haya hombres radicalmente liberados y suficientemente abiertos a esas etéreas

---

* [Aquí se interrumpe el manuscrito].

visiones del porvenir. Por eso las profecías son más frecuentes en pueblos periféricos que fueron grandes y dejaron de serlo, que tienen a su espalda todas las experiencias, que las han visto ya de todos los colores, que están depurados al fuego de las dichas y las desdichas. Ahora bien, no se olvide que portugueses y españoles somos los viejos chinos de Occidente. Sobre todo los españoles tenemos la ventaja de ser el primer pueblo que mandó en Occidente, como Inglaterra ha sido el último, y quien es perspicaz descubre siempre en un hombre individual que ante él se presenta si pertenece a un pueblo que alguna vez mandó. Éste es el caso del español. Recuerden los archiconocidos versos de Manuel Machado:

> *Yo soy como las gentes [que a mi tierra vinieron*
> *—soy de la raza mora vieja amiga del sol—*
> *que todo lo ganaron y todo lo perdieron.*
> *Tengo el alma de nardo del árabe español].*

Quiero decir con todo esto que mis profecías no son obra personal mía —es mi viejísima raza quien en mí las suscitó. Yo no puse en ello sino un poco de atención —que es lo que no suelen poner en nada mis queridos compatriotas.

Dos grandes pronósticos había en mi casi libro. Uno anunciaba que las masas, no sólo ni siquiera principalmente las masas obreras, iban a proclamar su independencia frente a las minorías que hasta entonces las habían dirigido e iban a imponer en todos los órdenes su predominio. Pero mi libro tenía una segunda parte que en las ediciones inglesas no queda suficientemente destacada por su título. Ese título decía: «¿Quién manda en el mundo?» Porque es preciso que en el mundo mande siempre alguien. Decir la razón de que esto sea ineludible nos llevaría un poco lejos pero puede resumirse así: llamar a la convivencia de hombres una sociedad –sea ésta lo que fuere– suele ocultarnos la verdadera realidad, a saber: que no existe ninguna colectividad o convivencia humana que sea propiamente una sociedad. La idea recibida por nosotros de Aristóteles según la cual el hombre es por naturaleza social, al no expresar sino un lado de la verdad que deja encubierto el otro, es una idea falsísima. Pues la verdad es que en toda convivencia humana hay, claro está, fuerzas y tendencias de socialidad –de otro modo los hombres vivirían dispersos– pero junto a ellas existen siempre fuerzas y tendencias de disociación, disociales o antisociales. El criminal no es sino el caso más grueso y menos importante de ello. Toda sociedad es, pues, a la vez *di*-sociedad –o enunciado de otro modo, toda sociedad humana es, en cuanto pretensión de ser sociedad, un fracaso, esto es, una realidad enferma. De aquí que a las fuerzas y tendencias *disociativas* tenga que oponer la convivencia o colectividad una fuerza artificialmente organizada –que es el poder público, en suma, el Estado. Es una ingenuidad de los anarquistas creer que es posible prescindir del Estado o poder público pero es también una beatería, un utopismo de los juristas creer que el Estado es, por sí, algo bueno y sano. En modo alguno: la existencia e ineludibilidad del Estado procede de que la sociedad está, más o menos, siempre enferma y necesita terapéuticamente regularse mediante un poder público que reprime e impide el triunfo de las fuerzas disociales. El Estado es un aparato ortopédico que la colectividad se pone a sí misma para subsistir. Ahora bien, un aparato ortopédico es ya, por sí y sin más, un mal y por perfecto que sea es siempre deficiente. Mas creado para evitar las luchas dentro de la sociedad, para imponer orden, trae consigo que cada grupo social aspire a hacerse dueño del poder público, es decir, del Estado, con lo cual engendra nuevas luchas. La lucha por adueñarse del poder público es lo que, con una vaguísima palabra que casi nadie sabe lo que, en rigor, significa, se llama Política. De donde resulta que siendo el Estado síntoma de una inevitable y constitutiva enfermedad en el cuerpo social, la Política es otra enfermedad que a las primarias se añade. Los pensadores, con una frivolidad increíble, se han ocupado en definir lo que sería la *buena* Política frente a la mala pero, que yo sepa, ninguno hasta ahora se ha puesto a pensar –por derecho y sin escape– sobre qué es *la* Política en sí misma, tanto la buena como la mala. De haberlo hecho habrían reparado en que, siendo algo conexo con la enfermedad permanente de toda Sociedad, no es posible que haya una política buena y sólo cabe una política menos mala. Ésta es la constante experiencia humana, y no se comprende cómo los pensadores no han sabido formular esa experiencia tantas veces milenaria.

Pues bien, esto nos hace ver –aun enunciado tan brevemente– que en toda sociedad tiene alguien que mandar, y como siempre un mayor o menor número de sociedades han convivido formando una sociedad, más tenue pero más amplia, que era en cada fecha un «mundo», siempre ha sido preciso que alguien gobierne en el mundo.

Mando – fuerza – *manu-dare*
pero
principios, normas, formas ejemplares de vida – de ideas, sentimientos, disciplinas. Estado – lo estable.

En 1920 mandaba aún Europa, pero yo creí ver que de ese mando quedaba sólo la perduración inercial.

En cada país las masas de todo orden se disponían a asaltar el poder, a hacerse dueñas del Estado. Masas ha habido siempre pero su papel normal es seguir las sugestiones de determinadas minorías – Obedecer, *Ob-audio*.

Las minorías se exigen mucho a sí mismas. La vida para ellas es obligaciones. Su misión es crear.

Pero lo creado se va extendiendo – convirtiéndose en algo mecánico – Idea y tópico o lugar común:

$$1 + 1 = 2.$$

La llamada «cultura» al extenderse pierde espiritualidad, se mecaniza al convertirse en uso. Lo que hacemos porque se hace lo hacemos mecánicamente, no por evidencia y auténtica convicción. Esta recepción mecánica hace que las masas crean que son como las minorías, que no tienen por qué obedecer, que tienen que suplantar a aquéllas. Eliminación de las minorías.

En lo económico: herencia de la riqueza.

Reparto y expoliación.

Falta de «clases disponibles».

En lo político: Tiranía – El *demos* es tiránico.

Confusión en el nombre *democracia*. Dos respuestas a dos preguntas. Cuando esto acontece nadie puede oponerse. Las masas arrollan todo. Sólo tienen una posible corrección. Las «catástrofes» – Su necesidad. Éstas anunciaba yo. Éstas han acontecido y siguen aconteciendo.

Cansancio de las masas. *Pérdida de fe en sí mismas.*

Lo propio acontece entre las sociedades – Insubordinación de los pueblos que antes aceptaban ser dirigidos.

La insubordinación contra Inglaterra, que era la cúspide del mundo europeo.

Inglaterra previó al mismo tiempo que yo lo que iba a pasar.

Pesimismo del tercer imperio.

Nueva Zelanda.

Al tiempo difícil, soltar lastre – Se habla de la decadencia de Inglaterra.

Lo que piensa un extraño.

A la hora actual – los hechos no manifiestan decadencia.

Buenos navegantes, se ciñen al viento.

Lo que ha cambiado son las circunstancias exterior e interior.

Cambio de los otros pueblos respecto al que mandaba.

Cambio de las clases sociales más populares frente a las superiores. Biblia y *snobismo*.

Revolución – lánguida.

Pero ¿no es todo eso que parece decadencia la certera reacción intuitiva de Inglaterra para seguir flotando en el porvenir?

La Isla de las sutilezas.